墨香会计学术文库

U0674713

审计质量、公司债务违约与利益相关者反应

Audit Quality, Corporate Debt Default and Stakeholders' Responses

许浩然 著

东北财经大学出版社
Dongbei University of Finance & Economics Press
大 连

图书在版编目（CIP）数据

审计质量、公司债务违约与利益相关者反应 / 许浩然著. 一大连：
东北财经大学出版社，2019.10
（墨香会计学术文库）
ISBN 978-7-5654-3537-9

Ⅰ．审…　Ⅱ．许…　Ⅲ．审计质量-影响-公司-债务管理-研
究　Ⅳ．F276.6

中国版本图书馆 CIP 数据核字（2019）第 100288 号

东北财经大学出版社出版
（大连市黑石礁尖山街 217 号　邮政编码　116025）
网　　址：http://www.dufep.cn
读者信箱：dufep@dufe.edu.cn

大连永盛印业有限公司印刷　　　东北财经大学出版社发行

幅面尺寸：170mm×240mm　字数：216千字　印张：11.25　插页：1
2019 年 10 月第 1 版　　　　　　　2019 年 10 月第 1 次印刷
责任编辑：李　彬　孔利利　　　　　责任校对：嘉　佳
封面设计：张智波　　　　　　　　　版式设计：钟福建

定价：45.00 元

前 言

近年来，公司债务违约问题广受关注，"云投债事件""超日债事件"等一系列债务违约案例都引起了资本市场的强烈反应。债务违约的背后，是公司债务规模的持续膨胀。根据国际评级机构标准普尔的统计，我国公司债务规模2007年为2.6万亿美元，约为同期国内生产总值的72%；至2013年，我国公司债务规模达到14.2万亿美元，约为同期国内生产总值的1.5倍，跃居世界首位；至2015年7月，我国公司的债务规模进一步上升至16.1万亿美元，约为同期国内生产总值的1.6倍。庞大的公司债务规模会增大国民经济的系统性风险，其解决难度可能不亚于控制股市的暴跌风险。①正是在这一背景之下，2015年12月召开的中央经济工作会议明确提出，把"去杠杆""控风险"作为2016年经济工作的主要任务之一；2017年3月，李克强总理在十二届全国人大五次会议的政府工作报告中进一步指出，降低企业杠杆率是2017年政府工作的"重中之重"；2018年12月，中央经济工作会议重申把巩固"去杠杆"成果作为2019年的工作重点。而在微观层面，债务规模的快速增长往往伴随着资金错配、产能过剩等问题，进一步增大了公司债务违约风险。近年来商业银行不良贷款余额和不良贷款比率的大幅度增长也在一定程度上说明了这一问题（不良贷款比率已由2011年的0.96%上升至2018年的1.89%）。

综上可见，公司债务违约已经成为我国资本市场上迫切需要引起重视的问题之一。实际上，学术界已对公司债务违约问题展开诸多探讨，既包括公司债务违约的影响因素，又包括公司债务违约的经济后果。关于公司债务违约的影响因素，学者们主要关注公司财务状况、股价表现、宏观经济状况等方面；关于公司债务违约的经济后果，学者们主要关注公司债务违约对公司投资、员工聘用等经营或财务决策的影响。近期，在探讨公司债务违约有关议题时，有学者开始将研究视角引向市场中介组织。例如，Cheng and Subramanyam（2008）考查了分析师对公司债务违约的影响，发现较多的分析师关注能够降低公司发生债务违约的概率。受这一研究成果的启发，本书拟研究资本市场上另一重要中介组织——审计师——对公司债务违约的影响。具体而言，本书尝试探讨以下两个研究议题：

第一，审计质量能够对公司是否发生债务违约产生影响吗？

第二，公司发生债务违约以后，利益相关者（债权人、投资者、管理层、审计师）将如何反应？审计质量又会对利益相关者的反应产生怎样的影响？

上述两个研究议题之间存在密切的逻辑关系，这体现在以下两个方面：第

---

① 标准普尔2015年研究报告。

一，从第一个研究议题到第二个研究议题，在时间维度方面，体现了由"事前"到"事后"的先后顺序。具体而言：第一个研究议题是从"事前"（债务违约发生之前）的视角，探讨审计质量将对公司发生债务违约的概率产生何种影响；第二个研究议题则是从"事后"（债务违约发生之后）的视角，进一步探讨公司发生债务违约以后利益相关者的反应，以及审计质量对利益相关者反应的影响。这体现了对公司债务违约的动态考查。第二，从第一个研究议题到第二个研究议题，在思维过程方面，体现了由探讨"前因"到探讨"后果"的研究范式。

本书的研究具有重要的理论和实践意义。其中，理论意义主要体现在以下几个方面：第一，本书的研究可以丰富审计质量经济后果领域的研究成果。现有关于审计质量经济后果的研究，多关注公司的信息披露质量或盈余管理行为，其他方面的研究则相对有限（Francis，2004、2011）。本书从公司债务违约的视角出发考查审计质量的经济后果，可以丰富相关领域的研究成果。第二，本书的研究可以丰富公司债务违约领域的研究成果。当前关于公司债务违约的研究，在研究视角上局限于少数几个方面。本书从审计质量的视角出发并结合利益相关者理论，考查公司债务违约的影响因素和经济后果，可以丰富公司债务违约领域的研究成果。第三，本书的研究对于拓展公司债务违约预测模型具有借鉴价值。从现有的公司债务违约预测模型来看，预测因子主要包括公司财务指标、股价指标和宏观经济指标等少数方面，很少考虑其他方面的因素。本书对审计质量与公司发生债务违约概率之间关系的考查，可以为拓展公司债务违约预测模型提供借鉴。第四，本书的研究可以在一定程度上丰富和拓展Freeman（1984）提出的利益相关者理论。关于公司行为对利益相关者行为的影响，现有研究大多在特定的场景下展开（如公司避税、公司财务舞弊等）。据笔者所知，本书是较早以公司债务违约为场景来探讨公司行为引发利益相关者反应的研究，因而可以在一定程度上丰富和拓展利益相关者理论。

实践意义主要体现在以下几个方面：第一，本书的研究可以为决策部门进一步推动审计行业的发展提供政策依据。近年来，财政部等有关部门相继出台了一系列政策来推动审计行业的发展，其目的是充分发挥审计在提高经济信息质量、维护市场经济秩序等方面的积极作用。以公司债务违约为考查对象，本书将探讨高质量审计能否在公司债务市场中发挥积极作用，其结论可以为决策部门进一步推动审计行业的发展提供政策依据。第二，本书的研究可以为公司和监管部门管控债务违约提供参考。当前，如何管控债务违约是公司和监管部门需要面对的重要课题。本书对审计质量与公司债务违约之间关系所进行的探讨，可以为公司和监管部门管控债务违约提供一个新思路，即借助于审计师等市场中介组织的力量。第三，本书的研究可以较为全面地揭示公司债务违约的经济后果，从而有助于投资者、监管部门等有关方面做出合理决策。债务违约一旦发生，有关方面即需要全面评估其实际影响，以实现决策最优。本书基于利益相关者反应的视角，较为全面地考查公司债务违约的经济后果，有利于使投资者、监管部门等有关方面对公司债务违约的经济后果形成全面、清晰的认知，并做出合理决策。第四，本书的研究结论可以为审计师的风险评估及应对决策提供参考。近年来，风险导向审计模式在我国逐步确立，这对审计师的风险识别和应对能力提出了更高的要求。本书对公司债务违约经济后果的考查，能够揭示公司债务违约的潜在风险，从而有助于审计师在面对债务违约风险较高的客户时，全面、准确地评估风险并采取恰当的应对措施。

本书以我国沪深两市 A 股上市公司为研究样本，针对前述两个研究议题进行理论分析和实证检验，得出以下研究结论：

针对第一个研究议题，本书研究发现高质量审计有助于降低公司发生债务违约的概率。但是，高质量审计对公司发生债务违约概率的降低作用受公司产权性质的影响，具体而言，在国有企业里，由于预算软约束的存在，高质量审计对公司发生债务违约概率的降低作用显著弱化。进一步研究的结果显示，当公司的信息环境较差、治理水平较低时，审计质量对公司发生债务违约概率的降低作用更加明显，从而验证了高质量审计通过其信息功能和治理功能来降低公司发生债务违约概率的作用机制。

针对第二个研究议题，本书研究发现：（1）公司发生债务违约以后，债权人（银行）会减少信贷供给规模并要求更高的利息水平；当审计质量较高时，信贷供给规模的减小程度和利息水平的增加程度均较小。（2）公司债务违约宣告期间，投资者会给予债务违约事件负面评价，表现为显著为负的累计超额报酬率，此外，公司发生债务违约以后，投资者所要求的必要报酬率（公司权益融资成本）上升；当审计质量较高时，投资者在债务违约宣告期间的负面评价程度以及债务违约之后投资者所要求的必要报酬率的上升程度均较小。（3）公司发生债务违约以后，管理层超额在职消费减少，同时，管理层在进行风险信息披露时，更加强调公司外部的宏观风险；当审计质量较高时，管理层超额在职消费的下降程度更大，而风险信息披露中宏观风险比重的增加程度减小。（4）公司发生债务违约以后，审计师会收取更多的审计费用、出具更多的非标准无保留审计意见；当审计质量较高时，审计师在审计收费和审计意见方面的反应会更加强烈。

本书的特色与创新之处主要体现在研究选题、研究视角、研究方法和研究结论等方面。

第一，本书的研究选题与当前我国的社会经济现实紧密相连，体现了以探讨实际问题为导向的研究宗旨。近年来，我国公司的负债规模迅速增长，违约风险呈增大趋势。这引起了政府部门的高度重视，已多次召开会议研究应对之策。在此背景之下，本书选择对公司债务违约相关议题进行考查，体现了着眼于探讨实际问题的研究导向。

第二，本书以审计质量为研究视角，探讨了资本市场上重要的中介组织——审计师——对公司债务违约的影响。从现有文献来看，关于公司债务违约的影响因素，学者们主要关注公司财务状况、股价表现、宏观经济状况等方面的影响，尚未有研究关注到审计师的影响。

第三，本书从利益相关者反应这样一个更为广阔的视角出发，较为系统地考查了公司债务违约的经济后果。关于公司债务违约的经济后果，现有研究主要考查了公司债务违约对公司投资、员工聘用等少数几个方面的影响，研究视角局限于公司自身的经营或财务决策。与现有研究不同，本书以利益相关者反应为切入点，探讨了公司债务违约所导致的经济后果，这有利于对公司债务违约的经济后果做出全面、准确的评价。

第四，本书利用我国上市公司的大样本数据，对公司债务违约的相关议题进行了实证检验，并采用Heckman两阶段模型、倾向得分匹配（PSM）、固定效应模型等一系列方法来解决潜在的内生性问题。国内现有关于公司债务违约的研究，以案例分析方法为主，内生性问题比较严重。

第五，本书在研究结论方面有一些新发现，且这些发现具有重要的政策含义。首先，审计师的审计质量对公司债务违约具有重要影响，包括违约事前对违约概率的降低作用以及违约事后对利益相关者负面反应的弱化作用。这表明，当前有关部门大力推动审计行业发展的举措具有重要的现实意义。其次，公司债务违约的经济后果是多方面的，债务违约发生以后，各利益相关者均会做出反应，且这些反应对于公司而言大多较为负面。鉴于此，对于债务违约，公司应充分重视，并努力提升业绩、改善信息环境和治理水平；政府部门应进一步加强管控，如规范企业融资行为、强化银行风控体系、充分发挥审计师等市场中介组织的积极作用等，以降低微观企业乃至系统性债务违约风险，促进资本市场健康有序发展。

本书在上述方面的研究仅仅是一次努力的尝试，欢迎同仁们批评指正！

本书在写作的过程中，得到了中国人民大学会计系荆新教授的精心指导，同时，袁淳教授、廖冠民教授、崔学刚教授、张敏教授提出了诸多宝贵建议。本书在出版的过程中，得到了东北财经大学会计学院以及东北财经大学出版社的大力支持和帮助，在此一并致以深深的谢意！

许浩然

2019年9月于东北财经大学

目　录

第**1**章 导 论

1.1 研究背景

近年来，公司债务违约问题受到了越来越多的社会关注。"云投债事件""超日债事件"等一系列债务违约案例都引发了资本市场的强烈反应。以"超日债违约事件"为例，2014 年 3 月 4 日，在上海超日太阳能科技股份有限公司正式宣布无法按期偿付债务之后，债权人陷入了极大的恐慌，纷纷赴信访部门、证监局和超日公司进行协商、谈判，以减少可能需要承担的损失。同时，政府、银行等也接连涉入其中，寻求解决该事件的妥善办法。应该说，这些债务违约事件反映了我国公司债务潜在的信用风险。根据国际评级机构标准普尔的统计，我国公司的债务规模 2007 年为 2.6 万亿美元，相当于同期国内生产总值的 72%；至 2013 年，我国公司的债务规模达到 14.2 万亿美元，相当于同期国内生产总值的 1.5 倍，跃居世界首位；至 2015 年 7 月，我国公司的债务规模进一步增至 16.1 万亿美元，相当于同期国内生产总值的 1.6 倍。需要注意的是，我国公司债务规模的迅速扩大不仅体现在时间维度上，而且体现在空间维度上。具体而言，与世界上其他国家相比，我国公司债务总额与国内生产总值之间的比率亦处于高位水平。例如，美国公司债务总额与国内生产总值之间的比率为 75%，德国公司债务总额与国内生产总值之间的比率为 55%，日本公司债务总额与国内生产总值之间的比率为 100%，法国公司债务总额与国内生产总值之间的比率为 110%，而经济合作与发展组织（Organization for Economic Cooperation and Development，OECD）将公司债务总额与国内生产总值之间比率的警戒上限设置为 90%。[①]庞大的公司债务规模会增大国民经济的系统性风险，其解决难度可能不亚于控制股市的暴跌风险。[②]正是在这一背景之下，2015 年 12 月召开的中央经济工作会议明确提出，把"去杠杆""控风险"作为 2016 年经济工作的主要任务之一。2017 年 3 月两会召开期间，李克强总理在政府工作报告中进一步指出，降低企业杠杆率是 2017 年政府工作的"重中之重"。而在微观层面，债务规模的快速增长往往伴随着资金错配、产能过剩等问题，从而

[①] 以上数据为 2012 年统计结果，这是笔者在写作时能够从公开渠道搜集到的最新数据。
[②] 标准普尔 2015 年研究报告语。

进一步增大了公司的债务违约风险（吴迪，2014）。特别是在债务规模不断增长的同时，我国公司的现金流和杠杆使用能力有所下降，[1]这进一步放大了债务规模对于公司偿债能力的不利影响。近期商业银行不良贷款余额和不良贷款比率[2]的大幅度增长也在一定程度上说明了这一问题。根据中国银行业监督管理委员会的统计，2011年，我国商业银行的不良贷款余额为4 279亿元，不良贷款比率为0.96%；至2014年，不良贷款余额上升至8 426亿元，不良贷款比率上升至1.25%；而至2018年，不良贷款余额上升至20 000亿元，不良贷款比率上升至1.89%（如图1-1所示）。[3]

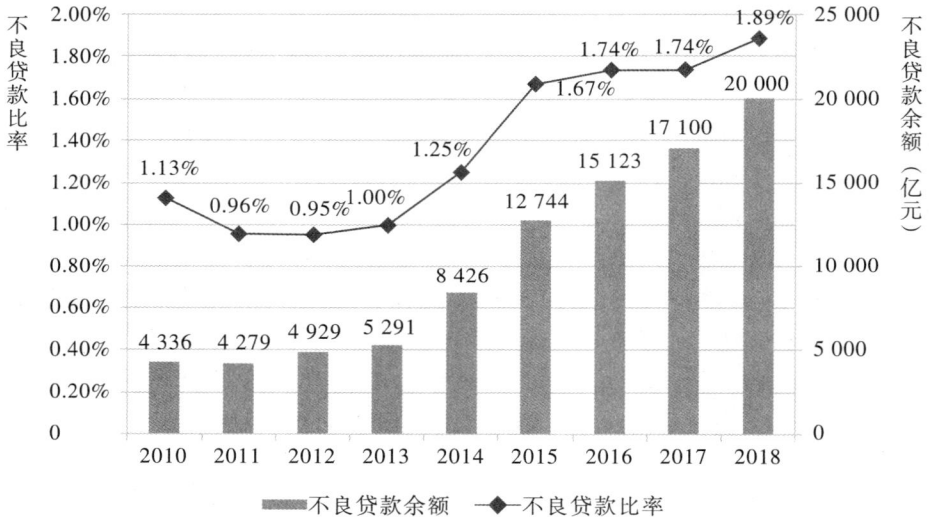

图1-1　商业银行不良贷款余额和不良贷款比率（2010—2018年）
数据来源：中国银行业监督管理委员会网站。

由此可见，公司债务违约已经成为我国资本市场上一个迫切需要引起重视的问题。而该问题的解决，不仅需要公司努力提升经营业绩、监管部门制定合理的管控政策，同时也需要学术界对相关问题展开深入探讨以提供必要的理论支持。实际上，对于公司债务违约，学术界早有关注。例如，关于公司债务违约的影响因素，Beaver（1966）的研究发现，公司财务状况（如资产收益率、权益负债比等）对公司债务违约具有重要影响；Merton（1974）的研究发现，公司股价及其波动水平是公司发生债务违约与否的重要决定因素；Wilson

---

[1]　根据标准普尔的评估，2009年年初，中国公司的现金流和杠杆使用能力明显好于全球同行，但在之后几年里不断下降。
[2]　不良贷款比率是指不良贷款余额与贷款总额之间的比率，下文同。
[3]　债务违约对银行不利影响同样存在于美国，例如，2007年，美国爆发了次贷危机，由于借款人未能及时还款，造成了大量的银行倒闭。2007年及之前的10年里，美国共有43家银行倒闭，而在2008—2011年间，各年平均有105家银行倒闭。以上数据来源于美国联邦存款保险公司（Federal Deposit Insurance Corporation，FDIC）。

（1998）的研究发现，GDP 增长率、失业率、政府财政支出、汇率水平等能够对公司债务违约产生重要影响。关于公司债务违约的经济后果，Chava and Roberts（2008）的研究发现，公司发生债务违约以后，资本性支出明显减少，且当公司代理问题较严重时，资本性支出的减少幅度更大。Falato and Liang（2016）的研究发现，公司发生债务违约以后，会进行大规模地裁员，而且当员工谈判力较弱、宏观经济形势较差、公司融资约束较严重时，裁员力度更大。应该说，对于公司债务违约的相关探讨，现有文献的研究视角还比较有限。具体而言，对于公司债务违约的影响因素，学者们主要关注于公司财务状况、股价表现、宏观经济状况等少数方面；对于公司债务违约的经济后果，学者们主要关注公司债务违约对公司自身经营或财务决策的影响。近年来，个别学者开始将研究视角引向市场中介组织。例如，Cheng and Subramanyam（2008）探讨了分析师对公司债务违约的影响，发现分析师关注能够强化投资者对公司的认知水平并改善公司治理，使得公司现金流量增加且波动减小，因而在分析师关注较多的公司里，公司发生债务违约的概率明显减小。受这一研究启发，本书拟研究资本市场上另一重要中介组织——审计师①对公司债务违约的影响（包含违约事前和违约事后两个方面）。之所以研究审计师对公司债务违约的影响，还有以下几个方面的原因：（1）近年来，随着我国资本市场的发展壮大，审计行业也取得了空前的发展。根据中国注册会计师协会的统计，2002 年，我国会计师事务所的业务收入总额为 106 亿元，注册会计师共计 56 940 人，而至 2017 年，我国会计师事务所的业务收入总额达到 918.41 亿元，较 2002 年增长 766.42%，注册会计师人数达到 105 570 人，较 2002 年增长 85.41%。资本市场和审计行业的迅速发展，使得审计师对资本市场的影响日益凸显，审计师成为促进资本市场健康有序发展的重要力量。因此，与之前历史阶段（20 世纪末审计行业的重建和改革初期）相比，在当前阶段研究审计师的审计质量在资本市场上的经济后果，与审计行业在当前阶段的地位和作用相符合。②（2）审计师会对公司债务违约问题保持较高的关注度。我国审计准则明确要求审计师在从事审计工作时需加强对上市公司偿债行为的关注，例如，《中国注册会计师审计准则第 1324 号——持续经营》规定，审计师应当关注上市公司营运资金出现负数、资不抵债、无法偿还即将到期的借款、无法偿还到期债务等情况。（3）根据审计需求理论，审计师是资本市场上重要的信息中介，具有提高公司信息披露质量、降低信息不对称水平的作用；同时，审计师

---

① 本书所说的"审计师"指"会计师事务所"，若无特殊说明，二者通用。
② 例如，2009 年 10 月，财政部发布了《关于加快发展我国注册会计师行业的若干意见》，明确指出："审计在提高经济信息质量、引导资源合理配置、优化企业治理结构、维护市场经济秩序和社会公众利益方面发挥着重要作用……注册会计师行业作为经济工作的基础和社会审计监督体系的重要力量，充分发挥其在保增长、调结构中的作用，有助于落实国家重大宏观经济政策，确保投资安全和投资效益，为建设经济运行风险防范机制提供强有力的专业支持"。

还具有治理功能，能够缓解代理冲突、降低代理成本（陈汉文，韩洪灵，2009）。而信息不对称和代理冲突与公司债务违约密切相关，因此，以审计需求理论为基础，研究审计质量对公司债务违约的影响具有理论上的合理性。此外，诸多文献已对"审计与公司债务"这一领域进行过探讨（如：陈超，李镕伊，2013；Mansi，Maxwell and Miller，2004；Ahmed，Rasmussen and Tse，2008；Dhaliwal，Gleason，Heitzman and Melendrez，2008；Chu，Mathieu and Mbagwu，2009；Li，Xie and Zhou，2010；Kim and Song，2011；Kim，Song and Tsui，2013；Ghoul，Guedhami，Pittman and Rizeanu，2016；Chen，He，Ma and Stice，2016），这为本书的研究奠定了坚实的文献基础。但是，尚未有文献考查审计质量对公司债务违约的影响这一具体研究议题，从而又为本书提供了研究的契机和探索的空间。

1.2 研究目标

基于上述理论和实践背景，本书尝试研究资本市场上重要的中介组织——审计师对公司债务违约的影响，具体研究目标如下：

（1）考查审计质量对公司发生债务违约可能性的影响。这是从违约"事前"的视角出发，来探讨审计质量对公司债务违约的影响。

（2）考查公司发生债务违约以后，利益相关者将做出何种反应，更进一步，考查审计质量对利益相关者反应的影响。这是从违约"事后"的视角出发，来探讨公司债务违约的经济后果以及审计质量对该经济后果的影响。在时间维度上，第二个具体研究目标可视为第一个具体研究目标的自然延伸。

在考查上述问题的过程中，应注重理论推导过程的合理性，并对现有的实证方法或实证模型进行适当改进（例如实证模型中解释变量的选取与重新定义）。笔者期望，本书的研究能够有助于人们深入理解审计师在公司债务违约过程中（包括违约"事前"和违约"事后"两个方面）所发挥的作用；同时，有关结论能够为公司债务违约预测模型的拓展以及公司债务违约经济后果的揭示，提供新的视角和理论洞见，并能够为监管部门、公司及其利益相关者的决策提供参考。

1.3 研究意义

1.3.1 理论意义

本书研究的理论意义主要体现在以下几个方面：

第一，本书的研究可以丰富审计质量经济后果领域的研究成果。Francis（2004）在其综述性文章中指出，关于审计质量的经济后果，虽然已有诸多探讨，但现有文献大多关注于审计质量对公司信息披露质量或盈余管理行为的影响，其他方面的研究仍相对匮乏。Francis（2011）进一步呼吁，学术界应该加强对审计质量经济后果方面的研究，以使人们能够对高质量审计在资本市场中的作用有更为深刻地认知。此外，笔者在梳理文献的过程中还发现，与探讨审计质量在股票市场中经济后果的研究相比，探讨审计质量在公司债务市场中经济后果的研究相对有限。本书从公司债务违约的视角出发考查审计质量的经济后果，可以回应 Francis（2004，2011）的呼吁，并丰富相关领域的研究成果。

第二，本书的研究可以丰富公司债务违约领域的研究成果。近年来，有关公司债务违约的议题越来越多受到学者们的关注，但是在研究视角上，局限在少数几个方面。例如，关于公司债务违约的经济后果，学者们仅对公司投资决策、员工聘用决策等少数领域有所探讨（如：Chava and Roberts，2008；Falato and Liang，2016）。在国内学术界，有关公司债务违约的研究非常有限。[①]本书从审计质量的视角出发并结合利益相关者理论，考查公司债务违约的影响因素和经济后果。这是一个未被之前文献关注到的研究议题，因此，本书的研究可以丰富公司债务违约领域的研究成果。[②]

第三，本书的研究对于拓展公司债务违约预测模型具有借鉴价值。从现有的公司债务违约预测模型来看，预测因子主要包括公司财务指标、股价指标和宏观经济指标等，很少考虑其他因素的影响。本书对审计质量与公司发生债务违约可能性之间关系的考量，可以为拓展公司债务违约预测模型提供借鉴。

第四，本书以公司债务违约为特定研究场景，考查利益相关者在公司发生债务违约以后的反应情况，在一定程度上可以丰富和拓展 Freeman（1984）提出的利益相关者理论。从现有文献来看，关于公司行为对利益相关者行为的影响，相关研究大多在特定的场景下展开（如公司避税、公司财务舞弊等）。据笔者所知，本书是较早以公司债务违约为场景来探讨公司行为引发利益相关者反应的研究，因而可以在一定程度上丰富并拓展利益相关者理论。

---

① 笔者查阅了《经济研究》《管理世界》《经济学（季刊）》《世界经济》《金融研究》《会计研究》《审计研究》等几本在经济、财务、会计等领域较具影响力的期刊，发现目前专门探讨公司债务违约问题的论文非常有限。

② 实际上，在更大的文献范畴上，本书还与"融资摩擦（Financing friction）的经济后果"这一研究领域相关。在"融资摩擦（Financing friction）的经济后果"这一研究领域，现有文献的研究视角同样局限于投资、员工聘用等少数方面（Whited，1992；Benmelech，Bergman，and Seru，2011），因此，本书的研究对于"融资摩擦的经济后果"这一领域的相关文献同样具有启示意义。

1.3.2 实践意义

除理论意义外，本书的研究还具有重要的实践意义，主要体现在以下几个方面：

第一，本书的研究可以为宏观决策者进一步推动审计行业的发展提供政策依据。近年来，财政部、中国注册会计师协会等有关部门相继出台了《关于加快发展我国注册会计师行业的若干意见》《关于推动会计师事务所做大做强的意见》《会计改革与发展"十三五"规划纲要》等一系列政策来推动审计行业的发展，其目的是充分发挥审计在提高经济信息质量、引导资源合理配置、优化企业治理结构、维护市场经济秩序和社会公众利益等方面的积极作用。[①]以公司债务违约为考察对象，本书将探讨高质量审计能否在公司债务市场中发挥积极作用，其结论可以为宏观决策者进一步推动审计行业的发展提供政策依据。

第二，本书的研究可以为公司和监管部门管控债务违约提供参考。随着公司债务违约事件的增多，如何管控债务违约成为公司和监管部门需要面对的重要课题。本书对审计质量与公司债务违约之间关系的探讨，可以为公司和监管部门管控债务违约提供一个新思路：借助审计师等市场中介组织的力量。具体而言，对于上市公司，可以考虑聘请审计质量较高的会计师事务所来帮助自身改善信息环境、缓解代理冲突，从而减小发生债务违约的可能性；对于监管部门，可以考虑进一步推动审计行业的发展，并针对公司债务违约风险，加强对审计师的职业技能培训，使审计师在促进公司债务市场健康发展的过程中发挥更大的作用。

第三，本书的研究可以较为全面地揭示公司债务违约的经济后果，从而有助于投资者、监管部门等有关方面做出合理决策。债务违约一旦发生，有关方面即需要全面评估其影响，以实现决策最优。而仅仅基于某一特定方面的评估，可能会导致最终决策有失偏颇。本书基于利益相关者反应的视角，较为全面地考查公司债务违约的经济后果，有利于使投资者、监管部门等有关方面对公司债务违约的经济后果形成全面、清晰的认知，进而做出合理决策。

第四，本书的研究结论可以为审计师的风险评估和应对决策提供参考。随着我国审计准则与国际审计准则的持续趋同，风险导向审计模式（Risk-orientated audit mode）在我国逐步确立。风险导向审计模式对审计师的风险识别和应对能力提出了更高的要求，需要审计师对被审计单位的经营活动风险有充分的了解。

---

① 2009年10月，财政部颁布了《关于加快发展我国注册会计师行业的若干意见》，明确指出："审计在提高经济信息质量、引导资源合理配置、优化企业治理结构、维护市场经济秩序和社会公众利益方面发挥着重要作用……注册会计师行业作为经济工作的基础和社会审计监督体系的重要力量，充分发挥其在保增长、调结构中的作用，有助于落实国家重大宏观经济政策，确保投资安全和投资效益，为建设经济运行风险防范机制提供强有力的专业支持"。

本书对公司债务违约经济后果的考查，可以揭示公司债务违约的潜在风险，从而有助于审计师在面对债务违约风险较高的客户时，对有关风险做出全面、准确的评估并采取恰当的应对措施。

1.4 核心概念界定

1.4.1 审计质量

目前，关于审计质量的定义，学术界存在不同的观点。例如，Francis（2011）认为，审计质量是对于被审计单位财务报告是否遵循会计准则，审计师所发表的审计意见的恰当程度。DeFond and Zhang（2014）认为，审计质量是审计师对于被审计单位财务报告是否如实反映其经营和财务状况的保证程度。我国学者徐政旦、谢荣、朱荣恩、唐清亮（2002）认为：审计质量即为审计师提供的审计服务的质量，可以通过与既定审计目标进行比较来评价审计结果的有效性；审计质量的本质就是经过审计师的工作后，被审计单位财务报告的可信度在多大程度上得到提升。

上述观点是学者们基于自身理解、从不同视角出发，对审计质量所做出的定义，均有其内在道理。但目前来看，影响最大、应用最广的定义当属DeAngelo（1981）对审计质量所做出的定义（陈汉文、韩洪灵，2012）。DeAngelo（1981）认为，审计质量是审计师发现公司财务报告中重大错弊的概率与报告该重大错弊的概率的乘积。按照这一定义，"审计师发现公司财务报告中重大错弊的概率"和"审计师报告公司财务报告中重大错弊的概率"是审计质量的两大构成要素，任何一个方面的增大（减小）都会造成审计质量的提高（下降）。其中，"审计师发现公司财务报告中重大错弊的概率"与审计师的专业胜任能力（Competence）正相关，"审计师报告公司财务报告中重大错弊的概率"与审计师的独立性（Independence）正相关。很多学者或机构的观点都借鉴了DeAngelo（1981）的定义（陈汉文、韩洪灵，2012）。例如，美国注册会计师协会（American Institute of Certified Public Accountants，AICPA）在制定审计准则时即参考了DeAngelo（1981）对审计质量的定义。美国注册会计师协会认为："审计风险是审计师对存在重大错弊的财务报告未发表非标准无保留审计意见的风险"（AICPA，1983）[1]，显然，这与DeAngelo（1981）对审计质量的定义颇有关联，都强调审计师是否发现并报告公司财务报告中的重大

---

① 美国注册会计师协会对审计风险的这一定义与中国注册会计师协会所给出的定义颇为相似，中国注册会计师协会对审计风险的定义为："审计风险是指会计报表存在重大错报或漏报，而审计人员在审计后发表不恰当审计意见的可能性。"

错弊。

本书对审计质量的定义与 DeAngelo（1981）一致，即审计质量是审计师发现并报告公司财务报告中重大错弊的联合概率。

1.4.2 公司债务违约

按期还本付息是债务契约中的基本约定，也是债权人最为关心的问题。因此，本书所研究的公司债务违约是指公司未按照债务契约的规定，如期偿还本金或利息的情形。举一例说明：2017 年 1 月 1 日，A 公司从某银行取得贷款 100 万元，贷款协议规定，A 公司须于 2018 年 1 月 1 日一次性偿还本金及利息共计 106 万元；此后，A 公司因经营不善而陷入财务困境，至 2018 年 1 月 1 日，未能按协议规定向银行偿付所欠借款；此时，A 公司发生债务违约。

1.4.3 利益相关者

1984 年，Freeman 在其编著的 Strategic Management：A Stakeholder Approach（《战略管理：利益相关者方法》）一书中，首次明确提出了利益相关者理论[1]。Freeman 认为："利益相关者是能够影响一个组织目标的实现，或者受到一个组织实现其目标过程影响的所有个体和群体"。按照这一定义，企业的利益相关者相当广泛，包括投资者、债权人、管理层、供应商、客户、审计师、社区、媒体、政府等。后续研究进一步对各利益相关者在企业中的作用进行了探讨，例如，Cornell and Shapiro（1987）和关健、李世辉、李伟斌（2011）认为，当企业陷入财务困境时，作为企业资本供给方的利益相关者，投资者和债权人将受到直接影响，并且他们将在企业的经营和财务决策中发挥更为重要的作用。

结合研究主题，本书将针对以下四类利益相关者在公司发生债务违约以后的反应进行探讨：债权人、投资者、管理层、审计师。之所以选择这四类利益相关者作为研究对象，主要存在以下几个方面的原因：（1）债权人和投资者是公司的"首要"利益相关者，对公司的生存发展至关重要（Clarkson，1995），而且当公司陷入财务困境时，他们受到的影响较为直接、重大（Cornell and Shapiro，1987；关健、李世辉、李伟斌，2011），因此，有必要针对债权人和投资者的反应展开研究。（2）在现代企业制度之下，公司的所有权和经营权相分离，管理层对公司的经营管理负责（Jensen and Meckling，1976），因此，管理层对公司债务违约负有直接责任，而且公司债务违约对管理层的影响也比较直接（如：薪酬水平下降、被解聘风险增加等），进而引发管理层做出相关反

---

[1] 本书所说的利益相关者理论，是指企业利益相关者理论。

应。鉴于此，有必要针对管理层的反应展开研究。（3）审计师须对财务报告是否如实反映公司经营和财务状况负责（DeFond and Zhang，2014），且与公司之间存在经济联系（如：向公司收取审计服务费用），因此，审计师属于公司的利益相关者；在前文已经探讨审计师的审计质量是否影响公司发生债务违约可能性的基础上，进一步考查公司发生债务违约以后审计师的反应，在逻辑上具有连贯性、合理性，有益于全面、深入地了解审计师在整个公司债务违约过程中所发挥的作用。

此外，这四类利益相关者对于整个利益相关者群体具有良好的代表性，因此，选择这四类利益相关者进行研究，有益于较为全面地了解公司发生债务违约以后利益相关者群体的反应。温素彬、方苑（2008）将企业的利益相关者划分为货币资本利益相关者、人力资本利益相关者、社会资本利益相关者、生态资本利益相关者。其中，货币资本利益相关者是指向企业投入货币资本的主体，主要包括投资者和债权人；人力资本利益相关者是指向企业投入人力资本的主体，主要包括企业管理层和员工；社会资本利益相关者是指拥有社会网络资本的利益相关者，如社区、审计师、媒体等；生态资本利益相关者是指关注企业生态贡献的利益相关者，如自然环境、后代人、野生动物等。因此，本书所探讨的四类利益相关者（债权人、投资者、管理层、审计师）涵盖了货币资本利益相关者、人力资本利益相关者和社会资本利益相关者，具有良好的代表性。

1.5 研究方法

本书拟采用规范研究与实证研究相结合的研究方法。首先，本书采用归纳法对国内外有关审计质量、公司债务违约、企业利益相关者的理论和实践进行全面回顾，并通过对审计质量、公司债务违约、利益相关者等领域的文献进行梳理与评述，总结出当前研究可能存在的不足之处，进而提出本书的研究议题。之后，结合既有理论和研究成果，采用演绎法和归纳法提出有关审计质量与公司发生债务违约可能性、公司发生债务违约以后利益相关者的反应、审计质量对利益相关者反应的影响等具体研究假设，为后文的实证检验指明方向。

在实证检验部分，主要采用统计和计量方法对有关数据和样本进行实证分析。具体来说：通过多元线性回归检验审计质量对公司发生债务违约可能性的影响，并进一步采用固定效应模型、倾向得分配对（PSM）、行业-年度-规模配对、Heckman两阶段模型等一系列方法解决内生性问题，以确保研究结论的可靠性；通过多元线性回归、事件研究法等检验公司发生债务违约以后利益相关者的反应，以及审计质量对利益相关者反应的影响。在这一过程中，本书注重模型设定的合理性（如：控制变量的选取），并从多个角度进行稳健性检验（如：度量指标的敏感性测试、改变样本区间、Heckman两阶段模型等），以确保研究结论的可靠性。笔者认为，对于本书的研究，采用大样本数据下的实证研究方法是适宜的。这是因为：（1）笔者已经取得我国A股上市公司债务违约的大样本数据，因而采用这种方法具有可行性；（2）国内现有关于公司债务违约的研究大多采用案例分析法，相关结论的理论与应用价值存在局限，本书采用大样本数据下的实证研究方法，可以在一定程度上弥补现有研究在研究方法上的不足，从而提高研究结论的理论与应用价值。

1.6 研究框架

1.6.1 研究思路

采用债权融资方式时，上市公司需要与债权人签订债务契约，以确保契约双方享有特定权利并履行相应义务。其中，按期偿付债务是上市公司需要履行的义务，相关法律对此已经做出明确规定。例如，《中华人民共和国合同法》第一百九十六条明确规定："借款合同是借款人向贷款人借款，到期返还借款并支付利息的合同。"第二百零五条明确规定："借款人应当按照约定的期限支付利息"。若上市公司没有按照债务契约的规定按期偿还债务，则发生债务违约。

本书的研究按照公司发生债务违约的时间脉络展开。首先，本书探讨审计质量对公司发生债务违约与否的影响，即研究在债务违约发生的"事前"（ex ante），审计质量能否降低公司发生债务违约的概率，这属于公司债务违约"影响因素"方面的研究。接着，本书探讨公司发生债务违约以后利益相关者的反应以及审计质量对利益相关者反应的影响，即研究在债务违约发生的"事后"（ex-post），各利益相关者将做出何种反应以及审计质量是否会强化或弱化利益相关者的反应，这属于公司债务违约"经济后果"方面的研究。由于公司利益相关者甚多，本书选择与公司债务违约及本书研究主题联系较为密切的四类利益相关者：债权人、投资者、管理层、审计师作为研究对象。[①]同时，按照受公司债务违约影响的直接程度和重大程度，将研究次序确定为：债权人、投资者、管理层、审计师。上述两方面研究内容之间存在密切的逻辑关系，即：由关注"违约事前"到关注"违约事后"、由探讨"公司债务违约的影响因素"到探讨"公司债务违约的经济后果"，前后呼应，逐步递进，构成本书完整的研究思路。

---

① 关于选取这四类利益相关者作为研究对象的原因，请参阅本章1.4.3节。

本书的研究思路如图1-2所示。

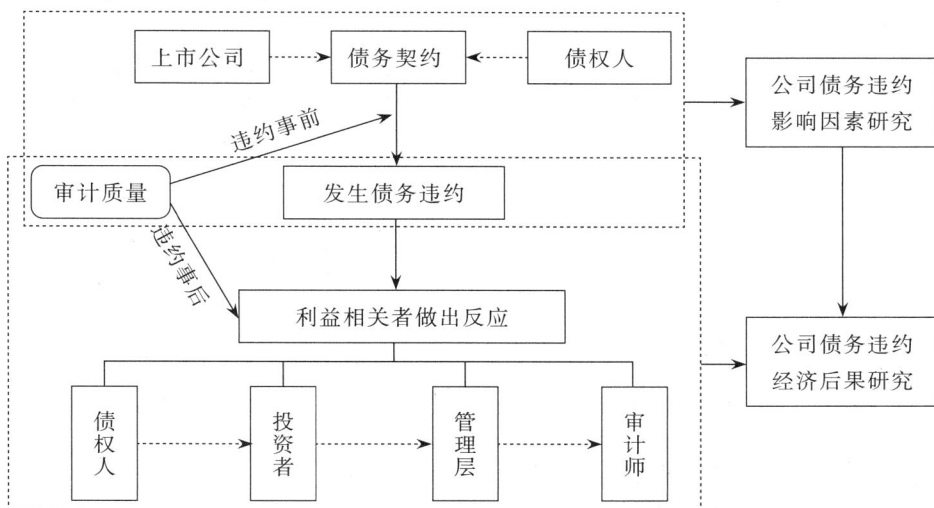

图1-2 研究思路

1.6.2 章节安排

本书的研究内容共分为9个章节,章节安排的具体情况如下:

第1章为导论。本章首先从选题的实践背景和理论研究现状出发,提出研究问题和研究目标;接着,指出本书研究的理论意义和实践意义;之后,对研究中涉及的核心概念进行界定,并介绍本书的研究方法;最后,阐明本书的研究框架。

第2章为文献综述。本章首先对审计质量、公司债务违约、利益相关者管理三个研究领域的文献进行梳理,并总结出现有研究的不足之处。在审计质量部分,本章分别对审计质量的定义、审计质量的度量、审计质量的经济后果三个方面的文献展开梳理;在公司债务违约部分,本章分别对公司债务违约的影响因素、公司债务违约的经济后果两个方面的文献展开梳理;在利益相关者管理部分,本章主要对有关公司行为和利益相关者行为相互影响的文献展开梳理。在本章的第四节,以上文对文献的梳理为基础,对现有文献进行述评并指出可能的研究不足。

第3章为制度背景与理论基础。本章第一节为制度背景部分,首先介绍我国审计市场的发展历程、现状以及与审计质量改善相关的制度变迁,接着介绍我国公司以债权融资为主要融资方式的现实背景、当前较为严峻的公司债务违约形势以及应对公司债务违约的相关政策和制度安排,最后介绍利益相关者理论的实践情况及相关的制度安排。本章第二节为理论基础部分,阐述与本书研究密切相关的三个理论，即审计需求理论、债务契约理论和利益相关者理论。

第4章为审计质量与公司债务违约。本章探讨本书的第一个研究议题，即审计质量对公司发生债务违约可能性的影响。本章首先检验审计质量对公司发生债务违约可能性的影响，以及二者关系是否在不同产权性质的公司中存在显著差异；之后，运用固定效应模型、PSM配对、行业-年度-规模配对、Heckman两阶段模型等一系列方法进行稳健性检验，以缓解内生性问题对研究结论可能造成的影响；最后，通过考查公司信息环境和治理水平的调节效应，进一步检验审计质量影响公司发生债务违约可能性的具体作用机制。

第5章为审计质量、公司债务违约与债权人反应；第6章为审计质量、公司债务违约与投资人反应；第7章为审计质量、公司债务违约与管理层反应；第8章为审计质量、公司债务违约与审计师反应。第5章至第8章探讨本书的第二个研究议题，即公司发生债务违约以后利益相关者的反应，以及审计质量对利益相关者反应的影响。具体而言：第5章探讨公司发生债务违约以后，债权人在贷款供给规模和利息水平方面的反应，以及审计质量对债权人反应的影响；第6章探讨公司债务违约宣告期间投资者给予的评价，以及债务违约发生以后，投资者所要求的必要报酬率（公司权益融资成本）的变化情况，并进一步考查审计质量对投资者反应的影响；第7章探讨公司发生债务违约以后，管理层在超额在职消费和风险信息披露方面的反应，以及审计质量对管理层反应的影响；第8章探讨公司发生债务违约以后，审计师在审计收费和审计意见出具方面的反应，以及审计质量对审计师反应的影响。

第9章为结论。首先，本章总结全书的主要研究结论，并根据研究结论提出政策建议；接着，阐述本书研究的特色与创新之处；之后，指出本书在研究过程中可能存在的不足之处；最后，提出未来研究展望。

根据上述研究内容和研究次序，笔者构建了章节安排示意图，如图1-3所示。

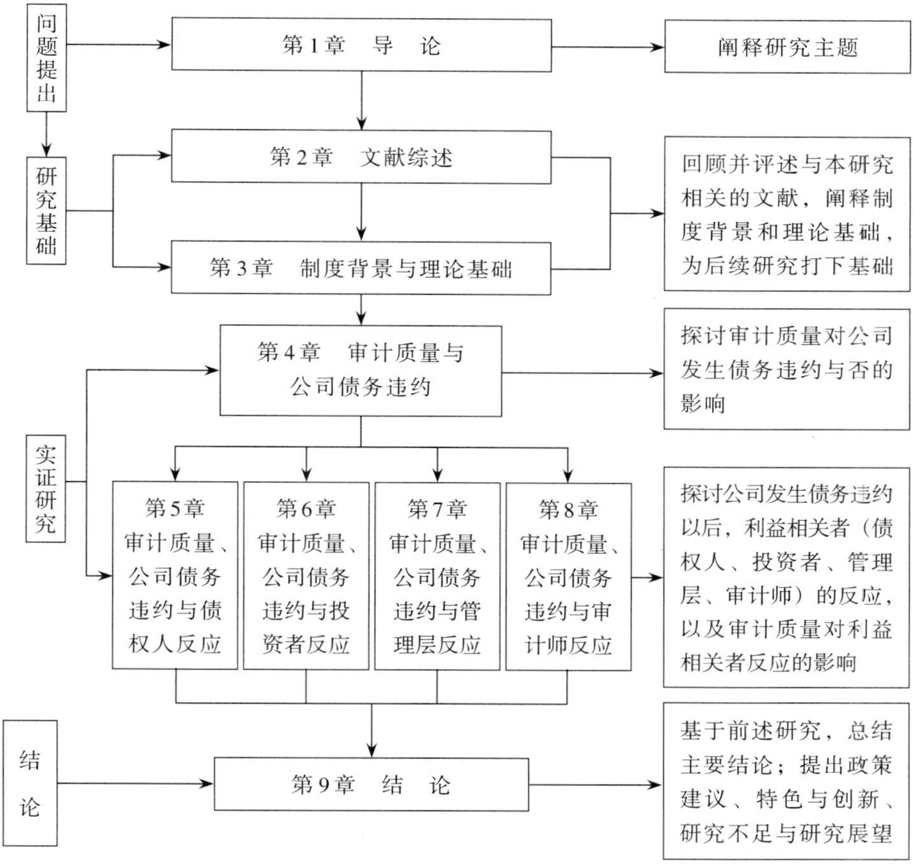
问题提出
研究基础
实证研究
结论
第1章　导　论
第2章　文献综述
第3章　制度背景与理论基础
第4章　审计质量与公司债务违约
第5章 审计质量、公司债务违约与债权人反应
第6章 审计质量、公司债务违约与投资者反应
第7章 审计质量、公司债务违约与管理层反应
第8章 审计质量、公司债务违约与审计师反应
第9章　结　论
阐释研究主题
回顾并评述与本研究相关的文献，阐释制度背景和理论基础，为后续研究打下基础
探讨审计质量对公司发生债务违约与否的影响
探讨公司发生债务违约以后，利益相关者（债权人、投资者、管理层、审计师）的反应，以及审计质量对利益相关者反应的影响
基于前述研究，总结主要结论；提出政策建议、特色与创新、研究不足与研究展望

图1-3　章节安排

第2章　文献综述

本章对审计质量、公司债务违约、利益相关者研究领域的有关文献进行研读和梳理。其中，对审计质量有关文献的研读和梳理包括三个方面：审计质量的定义、审计质量的度量、审计质量的经济后果；对公司债务违约有关文献的研读和梳理包括两个方面：公司债务违约的影响因素、公司债务违约的经济后果；对利益相关者有关文献的研读和梳理主要针对利益相关者管理方面的研究。最后，本章对现有文献进行述评。

2.1　审计质量相关文献

2.1.1　审计质量的定义

审计质量是监管部门和实务界关注的焦点，同时也是学术界研究的热点议题。应该说，近十几年来，审计领域的大多数研究均围绕审计质量展开（DeFond and Zhang，2014）。那么，一个首要的问题：什么是审计质量？

关于审计质量的定义，学术界存在诸多观点。其中，比较有代表性的观点如下：DeAngelo（1981）认为，审计质量是审计师发现公司财务报告中的重大错弊的概率与报告该重大错弊的概率的乘积。按照这一定义，"审计师发现公司财务报告中重大错弊的概率"和"审计师报告公司财务报告中重大错弊的概率"是审计质量的两大构成要素，任何一个概率的增大（减小）都会造成审计质量的提高（下降）。其中，"审计师发现公司财务报告中重大错弊的概率"取决于审计师的专业胜任能力（Competence），审计师的专业胜任能力越高，越有可能发现公司财务报告中的重大错弊；"审计师报告公司财务报告中重大错弊的概率"取决于审计师的独立性（Independence），审计师的独立性越高，越有可能报告公司财务报告中的重大错弊。与DeAngelo（1981）不同，Lee and Gu（1998）更加强调审计师的独立性，认为审计质量更多地体现为审计师与公司管理层之间合谋概率的大小。Wallace（1980）则认为，审计质量是审计师通过其工作减少公司财务报告信息中的"噪音"和"偏差"的能力。其中，"噪音"是指财务报告中的与报告使用者的决策不相关、具有干扰性的信息，"偏差"是指财务报告中的错报。若审计师能够通过其工作减少"噪音"和"偏差"，则审计质量较高。显然，Wallace（1980）将信息传播作为其定义审计质量的起点。这一观点在后续一些研究中得到了继承和发展，例如，DeFond and Zhang（2014）认为，审计质量是审计师对于被审计单位财务报告是否如实反映其经营和财务状况的保证程度。Dye（1993）则倾向于从审计意见类型的角度来定义审计质量，认为审计质量是当公司财务报告信息不实并最终经营失败时，审计师出具非标准无保留审计意见的概率。与学术界不同，实务界更倾向于以审计准则合规程度为标准来衡量审计质量，例如，Krishnan and Schauer（2001）认为，审计质量是审计活动符合适用的审计准则的程度，这要求审计师能够合理确信公司财务报告已按照公认会计准则表述，并且不存在由于错误或舞弊所导致的重大错报（General Accounting Office，2003）。显然，这一定义对审计准则的科学性和合理性要求较高，否则难以对审计质量的水平作出合理判断。[①]

应该说，上述各观点是学者们基于自身理解、从不同视角出发，对审计质量所做出的定义，均有其内在道理。但从影响力和应用范围来讲，DeAngelo（1981）对审计质量的定义更为经典，很多机构或学者的观点都借鉴了这一定义或由这一定义衍生而来（陈汉文、韩洪灵，2012）。[②]例如，美国注册会计师协会（American Institute of Certified Public Accountants，AICPA）在制定审计准则时即参考了 DeAngelo（1981）对审计质量的定义。美国注册会计师协会认为："审计风险是审计师对存在重大错报的财务报告未发表非标准无保留审计意见的风险"（AICPA，1983）[③]，显然，这与 DeAngelo（1981）对审计质量的定义颇有关联，都强调审计师是否发现和报告公司财务报告中的重大错弊。本章认为，DeAngelo（1981）对审计质量的定义之所以备受推崇，主要是因为这一定义注重从风险的视角来定义审计质量，这与当前审计模式的发展方向契合，即逐步由账项基础审计模式和制度基础审计模式向风险导向审计模式转变[④]。而且这一定义也便于对审计质量进行分解，从而可以较为直观地从审计师独立性和审计师专业胜任能力两个方面来对审计质量展开探讨。

需要指出的是，对于审计质量的定义，我国学者在研究过程中也逐渐形成了一些自己的观点和看法。例如，张龙平（1994）认为，审计质量可以理解为

---

① 除上述列举的观点外，还有学者从其他视角出发对审计质量进行了定义，例如，De and Sen（2002）认为，审计质量是审计师投入资源、花费成本并应用查账技术后的结果；Francis（2011）认为，审计质量是对于被审计单位财务报告是否遵循会计准则，审计师所发表的审计报告的恰当程度。限于篇幅，这里不再一一列举。

② 当然，DeAngelo（1981）对审计质量的定义可能也存在一定的局限性，例如，DeFond and Zhang（2014）指出，DeAngelo（1981）将审计过程视为一个简单的二维过程，审计师的角色仅限于发现并报告公司财务报告是否违反公认会计准则（Generally Accepted Accounting Principles，GAAP），这低估了高质量审计的作用。

③ 美国注册会计师协会对审计风险的这一定义与中国注册会计师协会的定义颇为相似，中国注册会计师协会对审计风险的定义为："审计风险是指会计报表存在重大错报或漏报，而审计人员审计后发表不恰当审计意见的可能性"。

④ 审计模式的发展经历了账项基础审计、制度基础审计、风险导向审计三个阶段（陈汉文、韩洪灵，2009）。

审计工作的优良程度，具体表现在审计人员的素质和审计过程（如审计计划、外勤工作和报告）的质量等方面，最终体现为审计报告的质量（符合性和可靠性），其核心是审计工作在多大程度上增加了会计报表的可信性。徐政旦、谢荣、朱荣恩、唐清亮（2002）认为，审计质量是审计结果达到审计目标的有效程度，以审计人员的素质和审计过程的质量为表现形式，最终体现为审计报告的质量。韩丽荣、高瑜彬、胡玮佳（2014）认为，审计质量是审计师发现客户违规行为并且报告这一违规行为的联合概率……审计质量体现在整个审计工作过程中，包括审计计划、实施和报告的过程……审计的作用或功能是保护利益相关主体的产权。由上述定义可知，国内学者在定义审计质量时亦注重对审计师独立性和专业胜任能力的考量，但与国外学者相比，更加强调审计工作的过程和审计服务的结果。

2.1.2 审计质量的度量

审计质量的度量是审计研究领域特别是实证审计研究领域的一个难点问题，这主要是因为审计投入的过程无法直接观测，而审计产出（主要指审计报告）的形式又相对标准化，造成难以对审计质量进行直接、有效地测度。应该说，审计质量的度量问题给审计研究造成了很大的挑战，因为度量指标的准确性直接关乎研究结论的可靠程度。根据本书的统计，截至目前，学者们已经开发出十几种用于度量审计质量的指标，这体现了学者们对审计质量研究的极大热情，但也反映出当前阶段仍缺乏公认可靠的审计质量度量指标。借鉴 DeFond and Zhang（2014）的研究思路，本章将现有的审计质量度量指标分为"投入类指标"（Input indicators）和"产出类指标"（Output indicators）两类，并分别加以介绍和讨论。这里所说的"投入"和"产出"是一个相对的概念，主要是从审计师的视角出发来进行划分的，例如，审计师行业专长属于投入类指标，反映了审计师在某些特定行业具有专长知识，因而能够通过投入其专长知识来提高审计质量；审计意见类型属于产出类指标，反映了审计师在经过一段时间的审计工作之后，所生产出的最终结果，是审计师专业胜任能力和独立性的综合体现。

（1）投入类指标

投入类指标度量审计质量的基本思路为：通过一些可观测的审计师特征或审计契约特征来推断审计工作的资源投入情况或审计独立性保持程度，进而预测审计质量的高低。一般来说，投入类指标包含以下三种指标：审计师规模、审计师行业专长、审计收费。

①审计师规模。该指标的度量标准是：审计师规模越大，审计质量越高。具体衡量指标为 Big N，即规模排在前 N 名的审计师，其审计质量较高，而其他

规模较小的审计师，审计质量较低。关于审计师规模与审计质量之间的正相关关系，可以从多个角度来解释：一是"投入观点"。该观点认为，规模较大的审计师，其资源更加丰富，因而能够在审计工作人员培养、风险控制、审计工作时间等方面投入更多，从而增强审计师的专业胜任能力，提高审计质量（张宏亮、文挺，2016）。二是"准租理论"（Quasi-rents theory）。该理论认为，审计师对其特定客户都占有准租，使审计师对客户形成经济依赖关系，如果审计师为了经济利益而损害审计质量，这一做法被市场发现后有可能使审计师丧失对其他客户的潜在准租，而审计师规模越大，其潜在的准租越多，也就越不可能为了某个特定客户去损害质量（DeAngelo，1981）。三是"深口袋理论"（Deep pocket theory）。该理论认为，在法律诉讼中，拥有更多财富的一方将更可能遭到起诉。当公司财务报告使用者遭受损失时，他们观测到规模较大的审计师财富较多、赔偿能力较强，因而更可能起诉规模较大的审计师，以求得更多的补偿，这无疑增大了规模较大审计师所面临的风险水平，因此，规模较大的审计师更加注重风险控制，投入更多资源并保持较高的审计独立性，从而提高审计质量。从已有文献来看，审计师规模是衡量审计质量一个较为成熟的指标（DeFond and Zhang，2014），因而在现有研究中得到了广泛应用（李海燕、厉夫宁，2008；陈超、李熔伊，2013；郑登津、闫天一，2016；DeFond，Wong and Li，2000；Chen，Chen，Loboand Wang，2010；Robin，Wuand Zhang，2016）。

②审计师行业专长。该指标的度量标准是：与不具有行业专长的审计师相比，具有行业专长的审计师的审计质量更高。其理由在于：具有行业专长的审计师不但具备对某一行业的专属知识，而且会因为注重自身声誉而保持较高的独立性水平。目前，这一观点已经得到大量研究的支持（Balsam，Krishnan and Yang，2003；Reichelt and Wang，2010）。关于审计师行业专长度量指标的计算，目前比较通行的方法是"行业市场份额法"，即：计算在特定行业-年度各审计师所占市场份额的大小，所占市场份额越大，越表明审计师具有行业专长。在计算审计师市场份额时，通常采用审计收费、客户总资产、客户营业收入等作为度量基础。从现有文献来看，学者们通常采用虚拟变量的形式来表示审计师是否具有行业专长，但判断边界（Cut-off）则因各地区审计市场集中度（Market concentration）的差异而有所不同。例如，在有关美国审计市场的研究中，鉴于美国审计市场的集中度较高，学者们通常选择20% ~ 30%为判断边界，或定义行业市场份额最大的审计师才具有行业专长（Reichelt and Wang，2010；Minutti-Meza，2013）；而在有关中国审计市场的研究中，鉴于中国审计市场集中度较

低，学者们通常选择5%～10%作为判断边界（刘桂良、牟谦，2008）。[1]目前，使用行业专长衡量审计质量已经成为审计研究领域一种较为常见的做法（龙振海、胡奕明，2011；郑登津、闫天一，2016；Robin and Zhang，2015；Robin，Wu and Zhang，2016）。

③审计收费。该指标的度量标准是：审计收费越多，审计质量越高。其理由在于：较高的收费能够保证审计师在从事审计工作时有较为充足的资源投入，从而提高审计质量。该指标的具体计算方法是审计收费的自然对数值。从现有文献来看，与审计师规模和审计师行业专长相比，使用审计收费来度量审计质量的文献相对较少（Ke，Lennox and Xin，2015）。本书认为，这与该指标的局限性有关，主要体现在以下两个方面。第一，较高的审计收费并不必然意味着较多的审计资源投入，也可能是审计师较高的利润水平或风险溢价所导致（DeFond and Zhang，2014）。事实上，有关审计收费与审计质量之间关系的实证检验，并未得出一致的研究结论。第二，学术界对审计收费的构成要素仍存在较大争议，特别是异常审计收费（Abnormal audit fees）部分，当前研究尚未能明确其真正含义（Francis，2011）。

（2）产出类指标

在数量上，与投入类指标相比，产出类指标相对较多。产出类指标度量审计质量的基本思路为：审计工作完成以后，通过评价审计报告、会计信息等产出的质量，来推断审计质量的高低。本章将着重介绍几类较为常用的产出类指标：审计意见类型、财务报表重述、盈余信息质量、投资者感知的审计质量。

①审计意见类型。审计意见是审计师工作结果的直接体现，反映了审计师对于公司财务报告的基本态度。大量的研究采用审计意见类型来度量审计质量，具体来说，当审计师发表非标准无保留审计意见时，表示其审计质量较高，否则表示其审计质量较低。[2]使用该指标度量审计质量的理由在于：当公司财务报告存在重大错弊而管理层又拒绝做出必要调整时，审计师会出具非标准无保留审计意见来告知财务报告信息使用者潜在的风险，这同时也反映了审计师没有向公司管理层妥协而保持了较高的独立性水平，因此审计质量较高（DeFond and Zhang，2014）。利用审计意见类型来衡量审计质量的优势是显而易见的，例如：审计师对审计意见类型的影响比较直接、重大，因而审计师漏发非标准无保留类审计意

---

[1] 除行业市场份额法外，还有行业组合份额法、加权市场份额法、自我标榜法等衡量审计师行业专长的方法（陈汉文、韩洪灵，2012）。其中，行业组合份额法是从特定的审计师出发，以审计师在某个行业中的收入占其全部行业总收入的比例来衡量该审计师在各行业的专门化程度；加权市场份额法是将行业市场份额法和行业组合份额法结合起来，以审计师行业市场份额为基础，以审计师行业投资组合份额为权重，来衡量审计师专门化程度；自我标榜法则是以审计师宣称的擅长领域作为判断其行业专长的标准，即如果审计师宣称对某一行业比较了解、拥有丰富的业务经验，则认为审计师在这一行业具有专长，否则认为不具有行业专长。

[2] 与中国审计市场研究不同，在美国审计市场研究中，主要以"是否为持续经营不确定性审计意见（Going-concern audit opinion）"来判断审计质量的高低。

见直接反映了审计质量的低下；测量误差较小。这些优势是大量研究采用审计意见类型来度量审计质量的重要原因（贺建刚、孙铮、周友梅，2013；王春飞、吴溪、曾铁兵，2016；Chen，Su and Wu，2010；Gul，Wu and Yang，2013；Ke，Lennox and Xin，2015）。但也应该认识到，使用审计意见类型来度量审计质量亦存在一些不足之处，例如，对样本公司的同质性要求较高[1]、将审计质量简单看作一个非连续的二维变量。

②财务报表重述。重大错弊是导致公司发生财务报表重述的重要原因，因此，财务报表重述的发生，表明审计师没有发现或报告公司财务报表中的重大错弊，反映了审计质量的低下。使用公司财务报表重述来度量审计质量时，通常采用二维分类形式，即当公司发生财务报表重述时，表明审计质量较低；当公司未发生财务报表重述时，表明审计质量较高。该指标的优点和局限与审计意见类型指标相类似，优点方面主要体现在直观明了且是审计师工作质量的直接度量，局限方面主要体现在对样本公司的同质性要求较高、将审计质量简单看作一个非"是"即"否"的二维变量（DeFond and Zhang，2014）。在国外有关研究中，财务报表重述是衡量审计质量的常用指标（DeFond，Erkens and Zhang，2016），但是在国内研究中，这一指标的应用范围相对较小，这可能与我国公司财务报表重述数据需要手工整理有关。

③盈余信息质量。保证公司财务报告如实反映其经营和财务状况是审计工作的重要目标（DeFond and Zhang，2014），因此，审计质量较高的一个重要体现就是公司财务报告信息真实可信。鉴于财务报告信息质量这一概念较为模糊且缺乏可量化的度量指标，学者们通常采用盈余信息质量来度量审计质量。从具体度量指标来看，应计盈余质量和会计稳健性是较为常用的两个指标。应计盈余质量和会计稳健性越高，表明审计质量越高。其中，应计盈余质量多采用琼斯模型（或其后续修正模型）计算而得（Jones，1991），会计稳健性则主要基于 Basu（1997），Khan and Watts（2009）等研究的实证模型来进行计算。从现有文献来看，利用盈余信息质量来度量审计质量的方法得到广泛应用（张娟、黄志忠、李明辉，2011；刘文军，2014；Reichelt and Wang，2010；Gul，Wu and Yang，2013；Minutti-Meza，2013）。国内学者的研究也表明，对于中国审计市场的研究，事务所规模和盈余信息质量是审计质量最理想的代理变量（张宏亮、文挺，2016）。采用盈余信息质量衡量审计质量的最大的优势在于它能够将审计质量看作一个连续变量，因而能够反映出幅度较小的盈余操纵行为。但是，也存在测量误差较大、计算过程缺乏统一标准等缺陷（DeFond and Zhang，2014），且对样本公司的同质性要求较高，这应该引起研究者的注意。

---

①　主要是指样本公司的固有特征（Innate charateristics）和财务报告系统（Financial reporting system），参见 DeFond and Zhang（2014）。

④投资者感知的审计质量。上述三类产出类指标属于"真实"的审计质量。除此之外，学者们还从"投资者感知"的视角出发提出了度量审计质量的其他方法，即以投资者感受到的审计质量水平作为评判审计质量高低的标准。具体的度量指标通常包括以下两种：盈余反应系数、权益融资成本。盈余反应系数越大、权益融资成本越小，表明审计质量越高。采用这两种指标来度量审计质量的理由在于盈余反应系数反映了投资者对公司盈余信息的信任程度，较高的审计质量能够保证公司盈余信息真实可靠，因而盈余反应系数较高（Balsam，Krishnan and Yang，2003）；当投资者面临的信息对不对称风险较大时，会要求较高的投资回报率，即增加公司权益融资成本，较高的审计质量能够降低投资者面临的信息不对称风险，因而可以降低公司权益融资成本（Khurana and Raman，2004）。投资者感知类度量指标的优势在于它真正体现了以财务报告信息使用者评价为导向的审计质量评价标准，且能够反映出审计质量的连续变化特征。但该类指标的局限性也比较明显，即：对审计质量的度量比较间接，噪音比较大（DeFond and Zhang，2014）。由于该类指标对审计质量的度量在视角上比较独特，可以与其他度量指标形成互补，因此，近年来越来越多的学者采用这类指标来度量审计质量（陈宋生、陈海红、潘爽，2014；Balsam，Krishnan and Yang，2003；Khurana and Raman，2004；Chi，Huang，Liao and Xie，2009；Lawrence，Minutti-Meza and Zhang，2011）。

需要说明的是，除上述指标外，还存在一些度量审计质量的其他指标，例如：监管部门处罚、分析师预测准确性等（Lawrence，Minutti-Meza and Zhang，2011），限于篇幅，此处不再详述。

以上介绍了当前审计研究领域常用的审计质量度量指标。虽然数量众多，而且也各有其道理，但目前学者们对这些度量指标的优劣程度并无统一看法，亦不存在公认的优劣程度评判标准（DeFond and Zhang，2014）。这对于未来的研究来说，既是机遇，又是挑战。

需要强调的是，虽然目前学术界对审计质量度量指标的优劣程度并无公认的评判标准，但在构建具体的实证模型时，对于审计质量度量指标的选取，仍有一定之规。一般而言，当研究审计质量的影响因素时，常采用产出类指标来度量审计质量，例如，当研究产品市场竞争、供应商-客户关系、股权性质、政治关联、股权分置改革、公司战略等对审计质量的影响时，宜选用审计意见类型、盈余信息质量、财务报表重述等指标来度量审计质量（刘继红，2009；方红星、张勇，2016；Wang and Chui，2015），此时，若选用投入类指标，如审计师规模、行业专长等就不太合适，因为投入类指标能更好地反映"因"而非"果"；而当研究审计质量的经济后果时，常采用投入类指标来度量审计质量，例如，当研究审计质量对权益融资成本、债务融资成本、股份崩盘风险、公司价值、代理成本等的影响时，宜选用审计师规模、行业专长等指标来度量审计质量（郑登津、闫天一，2016；Khurana and Raman，2004；Fan and Wong，2005；Dang and Fang，2011；Robin and Zhang，2015），此时，若选用产出类指标，如审计意见、盈余信息质量、财务报表重述等就不太合适，因为产出类指标能更好反映"果"而非"因"。[①]在本书的研究中，鉴于主要研究审计质量的经济后果，因此，宜选用投入类指标来度量审计质量。DeFond and Zhang（2014）在关于审计质量研究的综述性论文中指出：大量的文献已经证实，规模较大的会计师事务所，其专业胜任能力较强，且审计独立性较高，因而审计师规模是度量审计质量一个较为成熟的指标。[②]张宏亮、文挺（2016）基于中国资本市场数据对审计质量度量指标的适用性进行了检验，实证结果支持了DeFond and Zhang（2014）的观点。鉴于此，本书主要采用审计师规模来度量审计质量。

2.1.3　审计质量的经济后果

审计师对于资本市场的健康发展意义重大，是资本市场上不可或缺的重要中介组织。审计质量的经济后果相当广泛，通过对现有文献的研读和梳理，本章将有关审计质量经济后果的研究归纳为以下四个方面：审计质量与公司信息披露和公司治理、审计质量在股票市场中的经济后果、审计质量在公司债务市场中的经济后果、其他方面的研究。

（1）审计质量与公司信息披露和公司治理

本章将首先对"审计与公司信息披露和公司治理"的文献进行回顾，因为这些文献与审计的基本理论联系紧密，是后续相关研究的重要基础，首先对这一部分文献进行回顾，有利于对后续文献的理解和梳理。

审计质量对公司信息披露的影响受到了大量文献的关注，这些文献从不同视角验证了高质量审计对于提高公司信息披露质量的重要作用。具体来说，高质量审计更能够发现公司财务报告中的差错（Owhoso，Messier and Lynch，2002）、减少公司的盈余管理行为（Balsam，Krishnan and Yang，2003；Reichelt and Wang，2010）、增加盈余信息的稳健性程度（龙振海、胡奕明，2011）、促进公司自愿披露更多信息（于团叶、张逸伦、宋晓满，2013），并且公司财务报告经过高质量审计后，盈余反应系数也比较高（Balsam，Krishnan and Yang，2003）。总之，高质量的审计能够使得公司财务报告信息更加真实可信，这对促进资本市场资源优

---

① 之前研究也注意到了这一问题，例如，谭楚月、段宏（2014）的研究指出："本书在整理和阅读相关文献时注意到，审计实证类文献中，事务所规模常作为解释变量，而非因变量"。

② DeFond and Zhang（2014）承认对于采用审计师规模度量审计质量亦存在一些争论，但又指出这些争论并非是当前主流的研究观点，今后的研究应该转向探讨为何规模较大的会计师事务所的审计质量较高，而非规模较大的会计师事务所是否具有较高的审计质量。事实上，对于 Lawrence，Minutti-Meza and Zhang（2011）等人提出的关于"国际四大会计师事务所审计质量较高应归因为客户特征"这一说法，DeFond，Erkens and Zhang（2016）进行了反驳，并提供了丰富的实证证据。

化配置具有重要作用。同时，这一研究结论也是学者们进一步探讨审计质量在资本市场中其他方面经济后果的重要基础之一。

审计的公司治理功能同样广受关注，这是因为在现代企业制度下，审计已经成为公司外部治理机制的重要组成部分（Jensen and Meckling, 1976）。从现有文献来看，审计的公司治理功能已经得到学术界的认可，学者们也已从多个视角出发提供了相应的证据。例如，谢盛纹、蒋煦涵、闫焕民（2015）的研究发现，当管理层权力过大时，高质量审计可以作为公司内部治理机制的一种有效补充，对管理层的机会主义行为产生事前威慑和事后监督，从而减少管理层道德风险，降低代理成本。朱小平、刘西友（2009）的研究发现，高质量审计能够减少公司会计业绩的噪音，使之更加真实可信，从而使得会计业绩指标在薪酬契约中发挥更大的作用，具体表现为管理层薪酬-业绩敏感性的增大，这表明高质量审计能够提高管理层薪酬契约的效率。Gul, Cheng and Leung（2011）的研究发现，高质量审计对公司管理层的在职消费行为具有监督作用，能够将管理层的在职消费行为揭示给社会公众，从而降低管理层的在职消费水平。另有学者关注到了审计质量对内部人或大股东利益侵占行为的影响。例如，雷光勇、范蕾（2009）的研究发现，当地区法制环境较弱时，高质量审计能够有效监督和制约内部人对公司利益的侵占，从而保护中小投资者的利益。Fan and Wong（2005）以控股权-现金流量权分离程度较高的东亚国家企业为研究对象，发现高质量审计能够缓解大股东与中小股东之间的代理冲突，提升公司价值。

（2）审计质量在股票市场中的经济后果

关于审计质量在股票市场中经济后果的研究，可以概括为三个方面：审计质量与IPO抑价、审计质量与权益融资成本、审计质量与股价崩盘风险。

关于审计质量与公司首发上市（Initial public offerings, IPO）的研究，学者们主要关注于审计质量对IPO抑价的影响。Balvers, McDonald and Miller（1988）的研究发现，高质量审计能够降低财务报告中发生错误或舞弊的概率，减少投资者面临的不确定性，从而降低IPO抑价水平。Willenborg（1999）以初创型企业为研究对象，亦发现了与此结论相一致的证据。在我国，王兵、辛清泉、杨德明（2009）的研究表明，当公司聘请"国际四大"或"国内十大"会计师事务所进行审计时，IPO抑价水平显著较低，且在民营企业中这一关系更加明显。王成方、刘慧龙（2014）的研究也发现，高质量审计能够降低IPO抑价水平，但这一关系会随着国有股权比例的提高而弱化。但也有学者认为，高质量审计会提高IPO抑价水平，因为公司聘用审计质量较高的会计师事务所具有信号传递作用，可以向外界传递出公司发展前景良好、财务报告信息真实可信等"利好"消息，一旦这种信号被投资者捕捉，投资者就会愿意出更高的价格购买公司股票，从而推动公司股价上升、提高抑价水平（Datar, Feltham and

Hughes，1991）。这种观点也得到了一些研究的支持。例如，Chang，Gygax，Oon and Zhang（2008）以澳大利亚的企业为研究对象，发现审计质量与 IPO 抑价水平呈正相关关系。国内学者胡丹、冯巧根（2013）以我国 2009 年 7 月至 2011 年 4 月 A 股首发上市公司为研究对象，亦发现较高的审计质量会提高 IPO 抑价水平。本书认为，上述不一致甚至是相反的研究结论主要与研究对象、样本区间的差异有关，此外，各研究所采用的度量指标缺乏统一标准也可能是造成这种不一致结论的重要原因①。

　　权益融资成本是公司财务的核心概念之一，对于企业的生存和发展至关重要。近年来，关于权益融资成本的影响因素，学者们进行了大量的探讨，其中，审计质量即为探讨的对象之一。现有研究一致表明：高质量审计能够降低公司的权益融资成本（郝东洋、王静，2015；Khurana and Raman，2004；Chen，Chen，Lobo and Wang，2011；Krishnan，Li and Wang，2013）。这一研究结论主要是建立在信息不对称理论基础之上的，具体而言：投资者与公司之间存在严重的信息不对称，导致投资者面临较高的信息不对称风险，作为对自身所承担的信息不对称风险的补偿，投资者会要求较高的回报率，即公司权益融资成本较高；高质量审计能够对公司财务报告信息的真实性提供合理保证，因而会降低投资者面临的信息不对称风险；作为回应，投资者所要求的回报率随之降低，即公司的权益融资成本降低（郝东洋、王静，2015；Chen，Chen，Lobo and Wang，2011）。

　　近年来，随着金融危机的发生以及股市波动的加剧，大量文献开始关注股价崩盘风险这一研究议题（江轩宇、伊志宏，2013），其中，一些学者探讨了审计质量对公司股价崩盘风险的影响。这些研究均一致地发现，高质量审计能够降低公司股价崩盘风险（江轩宇、伊志宏，2013；Robin and Zhang，2015），其作用机制大致可以概括为以下几个方面：①高质量审计能够对管理层实行有效监督，减少其机会主义行为，使其隐藏"坏消息"变得更加困难（Jensen and Meckling，1976）；②高质量审计对管理层的监督能够抑制管理层的冒险行为，使管理层在决策过程中更加谨慎，进而减少过度投资（Godfrey and Hamilton，2005；Francis，Michas and Stein，2012）；③高质量的审计能够提高公司财务报告信息的可信程度，减小投资者对公司价值认知的异质性信念（Hutton，Marcus and Tehranian，2009）。此外，还有学者从其他视角出发，为审计质量与公司股价崩盘风险之间的负相关关系提供了一些比较间接的证据。例如，Callen and Fang（2016）研究了审计任期对股价崩盘风险的影响，发现

---

　　① 例如，计算 IPO 抑价水平时，胡丹、冯巧根（2013）采用的计算公式为：（上市首日收盘价－发行价）÷发行价－上市首日的市场回报率，而王兵、辛清泉、杨德明（2009）主要采用的计算公式为：（上市首日收盘价－发行价）÷发行价。

随着审计任期的延长，审计师独立性和审计质量降低，进而导致股价崩盘风险增大。Hackenbrack，Jenkins and Pevzner（2014）以审计费用变化来衡量审计师和客户的合谋行为，发现公司股价崩盘风险随着审计师和客户合谋行为的增多而增大。与上述研究相关，一些学者还考查了审计质量对股价同步性的影响，例如，Gul，Kim and Qiu（2010）的研究发现，与非国际四大会计师事务所审计的上市公司相比，经国际四大会计师事务所审计的上市公司的股价同步性更低。

（3）审计质量在公司债务市场中的经济后果

关于审计质量在公司债务市场中经济后果的研究，大致可以概括为三个方面：审计质量与债务融资成本、审计质量与债务评级、审计质量与银团结构。

其中，审计质量与债务融资成本之间的关系是受到学术界关注较多的领域。现有研究发现，高质量审计能够帮助公司实现较低的债务融资成本。以下是一些比较有代表性的研究成果。Kim，Song and Tsui（2013）的研究发现，当会计师事务所的审计质量较高时，公司向银行借款的利率水平显著较低，而且若公司改聘审计质量较低的会计师事务所，其向银行借款的利率水平会随之升高。这一发现与 Ahmed，Rasmussen and Tse（2008），Chu，Mathieu and Mbagwu（2009）的研究结论相一致。除银行贷款外，学者们的研究亦发现较高的审计质量具有降低公司债券融资成本的作用。例如，Mansi，Maxwell and Miller（2004）研究发现，当公司聘请的会计师事务所的审计质量较高时，其发行的公司债券的利差较小。

上述发现是审计质量影响公司债务融资成本的一些基本研究结论，在此基础上，一些学者的研究进一步发现，审计质量对公司债务融资成本的降低作用可能随公司财务状况的不同而有所差异。例如：Mansi，Maxwell and Miller（2004），Chu，Mathieu and Mbagwu（2009）的研究发现，当公司财务状况较差时，审计质量对债务融资成本的降低作用更加明显；Ahmed，Rasmussen and Tse（2008）的研究发现，当公司其他方面的治理机制（如董事会治理、机构投资者治理）弱化时，审计质量对债务融资成本的降低作用更加明显；Pittman and Fortin（2004）的研究发现，在企业初创阶段，公司与债权人之间的信息不对称比较严重，导致债务融资成本较高，而高质量审计能够缓解公司与债权人之间的信息不对称，从而降低公司债务融资成本。

还有一些研究发现了审计质量降低公司债务融资成本较为间接的证据。Ghoul，Guedhami，Pittman and Rizeanu（2016）以42个国家的企业为研究对象，经研究发现，高质量审计对短期借款的监督功能具有替代作用，具体表现为当会计师事务所的审计质量较高时，公司能够获得更大比例的长期借款。Dhaliwal，Gleason，Heitzman and Melendrez（2008）以审计费用（非审计服务费用）作为审计独立性的代理变量，发现对于投资级公司债券，其利差随着非审计服务费用的增加而变大；盈余水平与债券利差之间的负相关关系随着审计费用的增加而弱化；这表明审计独立性的降低将导致公司债券利差的升高。Lai（2011）探讨了完全权益公司（All-equity firm）的借债成本问题，发现由于存在投资不足和资产替代等问题，完全权益公司的借债成本相对较高，但若完全权益公司聘请审计质量较高的会计师事务所来负责财务报告审计工作，其借债成本显著降低。

此外，有研究探讨了审计质量对债务评级的影响。Li，Xie and Zhou（2010）以美国上市公司为研究样本，发现当公司聘用审计质量较高的审计师时，债务评级较高。Ben-Nasr，Ghouma and Alami（2014）以来自于世界上 35 个国家的企业为研究对象，发现当会计师事务所的审计质量较高时，公司更可能获得较高水平的债务评级。陈超、李镕伊（2013）以 2007—2011 年我国上市公司发行的公司债券为研究对象，发现审计质量与债券评级之间呈显著正相关关系，且该正相关关系在民营企业中更加明显。

在对上述文献进行梳理的过程中，本书发现，高质量审计之所以能够使公司获得较低的债务融资成本和较好的债务评级，其原因大致可以归纳为以下两点：第一，高质量审计能够提高公司财务报告信息的透明度和可信度，而透明、可信的信息能够帮助债权人更加准确地预测公司未来现金流量和违约概率，减小债权人面临的不确定性程度（Balsam，Krishnan and Yang，2003；Li，Xie and Zhou，2010；Reichelt and Wang，2010）；第二，高质量审计具有治理功能，能够缓解代理冲突，而且债权人也能够使用更加透明、可信的公司财务报告信息对管理层和股东进行监督，这降低了债权人的监督成本（Jensen and Mecling，1976；Pittman and Fortin，2004）。

最后，一些文献探讨了审计质量对银团贷款中银团结构的影响。银团贷款是指由两家或两家以上银行基于相同贷款条件，依据同一贷款协议，按约定时间和比例，通过牵头银行向借款人提供的本外币贷款或授信业务。①在美国，银团贷款主要采用辛迪加模式（Syndicated loan）。在辛迪加模式的银团贷款中，贷款合同的签订、贷款的发放、管理及回收主要由牵头银行（Lead bank）来负责，其他参与银行（Participant bank）的作用则相对有限，因此，牵头银行和参与银行之间存在委托-代理关系，而这可能导致牵头银行存在道德风险和逆向选择行为，损害参与银行的利益。作为回应，参与银行加入银团贷款的意愿减小，并且要求牵头银行提供更大比例的贷款资金（Pichler and Wilhelm，2001；Sufi，2007）。Kim and Song（2011）利用美国银团贷款的数据，考查了审计质量对银团

---

① 请参阅中国银行业监督管理委员会于 2011 年 8 月 1 日印发的《银团贷款业务指引》（银监发〔2011〕85 号）第一章第三节。

结构的影响，研究发现：当公司聘请的会计师事务所的审计质量较高时，参与银行的数量增多、牵头银行所提供贷款资金的比例下降；若参与银行能够在签订贷款协议之前收集到更多关于借款企业的信息，审计质量对银团结构的上述影响弱化。产生这一现象的原因可归结为：高质量审计能够使借款企业的财务报告信息更加真实可信，从而有利于参与银行对借款企业的财务状况做出准确评估，而这会降低参与银行与牵头银行之间的信息不对称程度，并进一步限制牵头银行的道德风险和逆向选择行为。

（4）其他方面的研究

除上述研究外，学者们还考查了审计质量对公司经营和财务决策、分析师行为、机构投资者治理等方面的影响。例如，当会计师事务所审计质量较高时，公司研发投入较多（Godfrey and Hamilton，2005），而且投资效率较高（Francis，Michas and Stein，2012）。Kanagaretnam，Lee，Lim and Lobo（2016）以世界上31个国家的企业为研究对象，经研究发现，高质量审计能够抑制公司的税收规避行为，且这种影响在投资者保护好、审计师诉讼风险高、审计环境好（审计师培训、审计师执业资格的取得等方面）、股票市场发育程度高的国家更加明显。Kim，Lee and Park（2015）的研究发现，高质量审计具有监督作用，能够减少管理层机会主义行为，并进一步提高公司投资效率，从而提高公司现金持有的市场价值。魏锋（2012）的研究发现，外部审计和现金股利都具有缓解代理冲突的功能，二者之间存在负相关关系，即当审计质量较高时，公司将支付更少的股利。梁上坤、陈冬、胡晓莉（2015）的研究发现，高质量审计能够减少公司管理层的机会主义行为，弱化其"建造企业帝国"（Empire building）的倾向，因而能够降低公司的费用黏性。Behn，Choi and Kang（2011）的研究发现，当审计质量较高时，分析师预测的准确度提高，并且分析师之间的预测分歧减小。冯慧群（2016）的研究发现，与其他类型的机构投资者相比，私募股权（Private Equity，简称PE）投资对控制股东"掏空"行为具有更强的抑制作用，而且当审计质量较高时，私募股权投资的这种作用更加明显，这说明私募股权投资和外部审计在公司治理方面存在一定的"协同效应"。

2.2 公司债务违约相关文献

2.2.1 公司债务违约的影响因素

关于公司债务违约影响因素的研究，现有文献以对违约预测模型的构建为主。相关的研究开始于20世纪60年代，经过几十年的发展，学者们已开发出多种预测模型。这些模型大致可分为两类：简约模型和结构模型。最早的简约模型可追溯至 Beaver（1966）和 Altman（1968）等的研究，主要是依靠判别分析法来评判公司债务违约风险的大小。在这些模型中，预测因子主要包括资产收益率、资产周转率、权益负债比等财务指标。在此基础上，Zmijewski（1984）进一步采用 logistic 回归方法来估计公司的债务违约概率。Jarrow and Turnbull（1992）正式提出了现代简约模型的预测方法，他们认为，债务违约属于突发性事件，公司是否发生债务违约取决于违约强度的大小。近年来，对于简约模型的改进和发展，仍以对违约强度的分析为基础，学者们正试图放宽之前模型中严格的假设条件限制（Duffie，Saita and Wang，2007）。

结构模型最早由 Merton（1974）提出。结构模型的基本思想为：将负债经营的公司看作是被债权人持有的证券，而股东则持有一个以该证券为标的的看涨期权，当公司资产的市值大于债务面值时，股东行使看涨期权并偿还债务，当公司资产的市值小于债务面值时，公司不能偿还债务并将公司出售给债权人。后续研究对这一模型进行了持续改进和拓展，其中最为著名的当属 KMV 公司开发的KMV 模型，该模型不仅得到了学术界的认可，而且在实务工作中得到了广泛应用。在结构模型中，预测因子包括权益市值、资产价值波动率等来自股票市场的指标。近年来，结构模型得到了很大的发展，学者们在违约边界的时间特性（Hurd，2009）、模型参数输入（Duan and Fulop，2009）等方面都取得了重要的研究进展。需要指出的是，在对债务违约预测模型进行开发和改进的过程中，一些研究已经考虑到宏观经济状况对公司债务违约的重要影响。例如，Moore（1961）的研究发现，在经济繁荣期，公司发生债务违约的可能性降低；Wilson（1998）的研究也发现，GDP 增长率、失业率、政府财政支出、汇率水平等会对公司债务违约产生影响。目前，国内学者对债务违约影响因素的探讨相对有限，现有研究主要集中于利用已有模型来预测债务违约概率的大小（如：米黎钟、毕玉升、王效俐，2007），只有极少的研究有所涉及（陈德球、刘经纬、董志勇，2013），这可能与我国公司的债务违约数据难以获取有关。

2.2.2　公司债务违约的经济后果

从现有文献来看，学者们多关注于公司陷入财务困境所产生的影响，但具体到债务违约的经济后果这一具体研究议题，相关研究则比较有限。现有关于公司债务违约经济后果的研究，可归纳为以下三个方面：

第一，公司债务违约对公司盈余管理及信息披露的影响。Sweeney（1994）的研究发现，公司发生债务违约以后盈余管理行为增加，这与管理层欲降低被解聘风险的动机有关（Nini，Smith and Sufi，2012）。[①]Vashishtha（2014）的研究发

[①]　Franz，Hassabelnaby and Lobo（2014）发现，公司在债务违约之前也会进行一定程度的盈余管理。

现，公司发生债务违约以后，其自愿性披露的信息减少，具体表现为管理层发布的盈利预测的数量显著减少。

第二，公司债务违约对员工聘用决策的影响。Falato and Liang（2016）利用断点回归方法研究了公司债务违约对员工聘用决策的影响，结果发现公司在发生债务违约以后，会进行大规模地裁员，而且当员工谈判力较弱、宏观经济形势较差、公司融资约束较严重时，公司的裁员力度更大。Nini，Smith and Sufi（2012）研究了公司债务违约对CEO被解聘的影响，研究发现，在债务违约之前的四个季度里，CEO被解聘的概率没有显著变化，但是在违约后的第一个季度，CEO被解聘的概率约增加100%；在违约后的第二个季度，CEO被解聘的概率约增加233%，这表明公司债务违约显著增大了CEO的职业风险。

第三，公司债务违约对公司投资决策的影响。Chava and Roberts（2008）的研究发现，公司发生债务违约以后，资本性支出（Capital investment）显著减少，且当公司代理问题较严重时，资本性支出减少幅度更大。Nini，Smith and Sufi（2012）也发现了类似的证据。

2.3　利益相关者管理相关文献

从现有文献来看，关于公司利益相关者方面的研究，大致可分为两类：利益相关者的定义和识别、利益相关者管理（施建军、张文红、杨静、孟源，2012）。其中，"利益相关者的定义和识别"主要探讨利益相关者的界定和分类问题，"利益相关者管理"则主要探讨公司和利益相关者的行为及相互影响问题。鉴于本书在"核心概念界定"（1.4节）和"理论基础"（3.2节）部分会对利益相关者的定义和识别的相关研究进行介绍，且利益相关者的定义和识别并非财务、会计研究领域所关注的焦点问题，本部分主要对"利益相关者管理"的有关文献进行梳理。

关于"利益相关者管理"的研究，可进一步分为两个子类：利益相关者的行为及其对公司的影响、公司行为及利益相关者的反应。相对而言，第一个子类的研究成果更为丰富，是利益相关者理论提出以后学术界考察的重点议题。在这一领域，利益相关者治理和企业社会责任履行两个研究议题备受关注：

（1）利益相关者治理。这一类文献大都肯定了利益相关者对改善公司治理的积极作用。例如，杨瑞龙、周业安（1998）指出，"股东至上"违背了制度变迁过程中的"路径依赖"原则，甚至扭曲了现代公司的制度特征，一个有效的企业治理结构在于责权利统一基础上利益相关者之间的长期合作。经济合作与发展组织（OECD）在其制定的《公司治理准则》中，将公司治理确定为五个方面：股东的权利、股东的公平待遇、利益相关者的角色、信息披露与透明度、董事会的责任。显然，利益相关者被置于一个非常重要的位置。关于利益相关者的治理功能，在近期的实证研究中也获得了大量证据的支持。例如，Chung，Firth and Kim（2002）的研究发现，机构投资者在信息处理、资源获取等方面具有优势，因而能够有效监督管理层，减少其机会主义行为。Fan and Wong（2005）的研究发现，在控股权和现金流量权分离程度较大的东亚国家企业，高质量的外部审计能够有效缓解大股东与中小股东之间的代理冲突。

（2）企业社会责任履行。这一类文献大都发现利益相关者能够促使公司更好地履行社会责任。例如，李志强、郑琴琴（2012）的研究发现，要确保企业充分履行社会责任，仅依靠企业的自律性是不够的，强化利益相关者对企业的监督并提高企业对监督成本的负担比重，才能够从根本上改善企业的社会责任履行状况。何德旭、张雪兰（2009）以商业银行为研究对象，发现银行治理的特殊性限制了债权约束和产品市场约束发挥治理功能，不利于形成对银行履行社会责任进行监督的机制，只有引进利益相关者治理机制，才能够有效监督银行履行社会责任。此外，另有一些研究考查了利益相关者对公司其他方面的影响。例如，李维安、唐跃军（2005）的研究发现，利益相关者能够通过治理机制增强公司的盈利能力，具体表现为较高的每股收益、净资产收益率和较强的股本扩张能力。

关于"公司行为及利益相关者的反应"方面的研究，近年来逐渐增多。例如，王端旭、潘奇（2011）的研究发现，公司履行社会责任以后，利益相关者会根据自身满足程度（经济回报）来决定下一步要采取的行动，且只有当自身满足程度较高时，利益相关者才会做出积极回应，进而有助于公司提高声誉、改善生存环境。张敏、马黎珺、张雯（2013）的研究发现，公司进行慈善捐赠以后，政府会给予更多的财政补贴，且这一关系在国有企业和市场化程度较低地区的企业里更加明显。Hasan，Hoi，Wu and Zhang（2014）的研究发现，当公司避税较严重时，债权人会将其视作一项风险，进而要求更高的利息水平、更多的抵押，且在债务契约中针对公司行为设定更多的约束性条款。Chen，Li and Zou（2016）的研究发现，当公司为董事和高管人员购买职业保险后，投资者会认为诉讼风险对董事和高管人员的监督作用遭到弱化，作为回应，投资者会提高所要求的必要报酬率（公司权益融资成本）水平。

2.4　文献述评

通过对上述文献的研读和梳理可以发现，国内外学者已经在审计质量、公司债务违约、利益相关者管理方面取得了颇有建树的研究成果。例如，在探讨公司债务违约的影响因素时，Cheng and Subramanyam（2008）首次将研究视角引向市场中介组织（分析师），这拓展了公司债务违约影响因素方面的研究视野；在探讨公司债务违约的经济后果时，Nini，Smith and Sufi（2012）证实了债务违约对CEO职业风险（表现为被解聘的概率）具有显著影响，这为进一步探讨CEO在公司发生债务违约以后的反应奠定了基础。应该说，这些研究成果对于本书研究议题的选定、研究框架的构建、研究方法的选择等都具有重要的启示作用，是本书开展进一步研究的重要基础。

但客观来讲，现有研究仍留下一些可以进一步深入研究的空间，具体包括以下几个方面：

第一，现有研究主要从公司财务状况、股价表现、宏观经济状况等视角出发来对公司债务违约的影响因素展开探讨（Moore，1961；Beaver，1966；Altman，1968；Merton，1974；Zmijewski，1984；Jarrow and Turnbull，1992；Wilson，1998；Shrmway，2001；Duffie，Saita and Wang，2007），而关于市场中介组织对公司债务违约的影响，学术界的关注还比较有限。据笔者所知，只有Cheng and Subramanyam（2008）探讨了分析师对公司债务违约的影响，发现较多的分析师关注能够减小公司发生债务违约的可能性。审计师亦是资本市场上重要的中介组织，能够通过治理功能和信息功能对资本市场参与者的行为产生重要影响（陈汉文、韩洪灵，2009），但尚未有研究关注到审计师对公司发生债务违约可能性的影响。

第二，现有研究对公司债务违约经济后果的探讨仍不够深入、全面，没有从利益相关者反应这样一个更为广阔的视角来考查债务违约对公司产生的影响。目前，关于公司债务违约经济后果的研究，主要集中在盈余管理（Sweeney，1994）、员工聘用（Nini，Smith and Sufi，2012；Falato and Liang，2016）、投资（Chava and Roberts，2008；Nini，Smith and Sufi，2012）等方面，这些研究议题主要集中在公司自身的经营或财务决策等方面。对于受到债务违约直接冲击的债权人、与债务违约密切相关的投资者和管理层，以及对公司偿债问题保持高度关注的审计师等利益相关者，现有研究却鲜有关注。显然，这不利于对公司债务违约的经济后果做出全面、准确的评价。

第三，国内学术界对公司债务违约的探讨相对有限。在对文献梳理的过程中，笔者发现现有关于公司债务违约的研究成果，主要来源于国外学者的相关探讨，国内仅有少数学者涉足这一领域（如：米黎钟、毕玉升、王效俐，2007；陈德球、刘经纬、董志勇，2013）。随着我国资本市场的发展以及公司债务违约事件的增多，对中国背景下的公司债务违约问题展开探讨显得愈发重要。

第四，现有研究对于"审计质量与公司债务"这一研究领域的探讨仍然较为欠缺。不可否认，近年来对于"审计质量与公司债务"这一研究领域，已经受到越来越多的学者关注（Kim and Song，2011；Kim，Song and Tsui，2013；

DeFond and Zhang，2014；Chen，He，Ma and Stice，2016；Ghoul，Guedhami，Pittman and Rizeanu，2016）。但是，与"审计质量与公司信息披露、公司治理""审计质量与股票市场"等研究领域相比，仍然存在较大的可探索空间。例如，在研究对象方面，可以对审计质量与债务违约、审计质量与银行信贷资源配置等未被研究或研究不够深入的领域展开进一步探讨；在时间维度方面，可以从长期、动态的视角来考查审计质量与公司债务契约之间的关系，而非局限在静态的某一时点。

第3章 制度背景与理论基础

本章介绍本书在研究过程中涉及的制度背景及相关理论。制度背景包括三个部分：审计行业发展与审计质量改善、公司债务融资与违约风险、利益相关者理论的实践及相关制度安排。理论基础包括三种理论：审计需求理论、债务契约理论、利益相关者理论。

3.1 制度背景

3.1.1 审计行业发展与审计质量改善

20世纪初，我国开始建立注册会计师审计制度。1918年，著名会计学家谢霖先生在北京创立了我国第一家会计师事务所——正则会计师事务所。随后，立信会计师事务所、正明会计师事务所、公信会计师事务所等一大批会计师事务所纷纷建立。至中华人民共和国成立前夕，全国注册会计师已达到2 619人。中华人民共和国成立以后，在一段时期内，由于多种经济成分共存，注册会计师行业继续存在并且为促进国民经济的健康有序发展做出了重要贡献。但随着社会主义计划经济体制的确立，注册会计师行业在经济活动中所发挥的作用不断减弱，至1962年，注册会计师行业在我国基本废止（Gensler and Yang, 1996）。

改革开放以后，党和国家的工作重心开始转移到经济建设上来，并采取了一系列的方针政策。以此为契机，我国注册会计师行业得到了恢复和发展。总体来说，这一时期大致可分为以下四个阶段：恢复重建阶段（1980—1991年）、规范发展阶段（1991—1998年）、体制创新阶段（1998—2004年）、国际发展阶段（2005年至今）。[①]其中，恢复重建阶段，主要是对已经废止的注册会计师审计制度进行重新建立。1981年1月，中华人民共和国第一家经财政部批准的会计师事务所——上海会计师事务所成立，主要从事中外合资企业的查账、验资等业务。1986年7月，国务院颁布了《注册会计师管理条例》，标志着注册会计师行业法律地位的初步确立。1988年11月，中国注册会计师协会成立，该协会是中国注册会计师行业的自律管理组织，它的成立标志着我国注册会计师行业开始步入政

---

① 阶段的划分参考了陈汉文、韩洪灵（2009）的研究成果。

府监督指导与行业协会自我管理并行的新时期。至 1988 年 12 月，我国共有会计师事务所 250 家，注册会计师逾 3 000 人（陈汉文、韩洪灵，2009）。规范发展阶段，主要是对已有审计制度进行规范，使之更加科学、合理。1991—1992 年，上海证券交易所和深圳证券交易所相继成立，并且实行上市公司年度报告强制审计制度。1991 年 12 月，财政部核准了首批 13 家会计师事务所具有从事上市公司审计业务的资格。无疑，股票交易市场的建立和发展对注册会计师行业的发展起到了巨大的推动作用。1995 年 12 月，中国注册会计师协会颁布了我国第一批独立审计准则，并要求于 1996 年 1 月 1 日起开始执行。[①]1997 年 8 月，注册会计师行业进行了大规模的清理整顿工作，大量滥设的会计师事务所及其分支机构被撤销，这促进了审计市场秩序的进一步规范。体制创新阶段，主要是指对原有体制的批判性改进并创建新的体制。1998 年以前，我国的会计师事务所属于政府部门或高等院校下的一个挂靠单位，由于行政力量干预过多，会计师事务所的独立性较弱。1998 年至 1999 年间，在财政部和证监会的大力督导下，会计师事务所脱钩改制工作全面展开，至 1999 年年末，全国会计师事务所的脱钩改制工作基本完成，会计师事务所成为自主经营、自负盈亏、自我发展的公司法人，独立性水平显著提高。从 2000 年开始，注册会计师行业的结构调整正式展开，主要目标是扩大会计师事务所的规模、提高会计师事务所的执业水平。此后，行业内掀起了合并的浪涛，截至 2000 年 12 月，全国有 300 多家会计师事务所进行了合并，其中，原有的 106 家具有证券资格的会计师事务所经合并后减少至 78 家。至此，行业内一些会计师事务所已经初具规模，行业结构也得到了优化。国际发展阶段，以向国际审计准则的趋同和会计师事务所的"做大做强"为主要特点。安然、世通等一系列财务舞弊丑闻发生以后，风险导向的审计模式愈发受到重视。2003 年 10 月，国际审计与鉴证准则委员会（International Auditing and Assurance Standards Board，IAASB）发布了三个新的国际审计准则，即《了解被审计单位及其环境并评估重大错报风险》《针对评估的重大错报风险实施的程序》《审计证据》，并对其他准则进行了大量的修订，成为近 15 年来国际审计准则体系最为彻底的一次变革（陈汉文、韩洪灵，2009）。中国注册会计师协会对国际审计准则的重大变化进行了深入分析和探讨，并于 2005 年 11 月发表了《审计准则国际趋同的整体构想》一文，阐明了完善审计准则、加快国际趋同的基本思想。2006 年 2 月，财政部颁布了新审计准则，并要求各相关单位于 2007 年 1 月 1 日起开始实施。新审计准则以国际审计准则为蓝本，引入了现代

---

　　① 　首批独立审计准则包括：《中国注册会计师独立审计准则序言》《独立审计基本准则》《独立审计具体准则第 1 号——会计报表审计》《独立审计具体准则第 2 号——审计业务约定书》《独立审计具体准则第 3 号——审计计划》《独立审计具体准则第 4 号——审计抽样》《独立审计具体准则第 5 号——审计证据》《独立审计具体准则第 6 号——审计工作底稿》《独立审计具体准则第 7 号——审计报告》《独立审计实务公告第 1 号——验资》。

风险导向审计模式，初步实现了我国审计准则的国际趋同。2007年5月，中国注册会计师协会发布了《关于推动会计师事务所做大做强的意见》《会计师事务所内部治理指南》两项文件，指出要通过改善会计师事务所内部治理以及提高人才、管理、标准的国际化水平，实现会计师事务所做大做强以及"走出去"的战略构想。

应该说，近年来我国审计行业取得了巨大的发展，这体现在事务所数量和规模的增长、注册会计师人数的增加、会计师事务所业务收入的增长、会计师事务所境外业务的拓展等诸多方面。为了更加清晰地展示出我国审计行业的发展成就，本章对近年来一些相关指标的变化情况进行了统计并报告如下：

图3-1报告了2001—2017年我国会计师事务所数量的变化情况。由图3-1可知，2001年，我国共有会计师事务所4 287家，之后年度大体呈现出稳步增长的态势（2010年有所下降但之后年度又有所回升），至2017年，我国会计师事务所的数量达到7 523家，比2001年增长了75.48%。

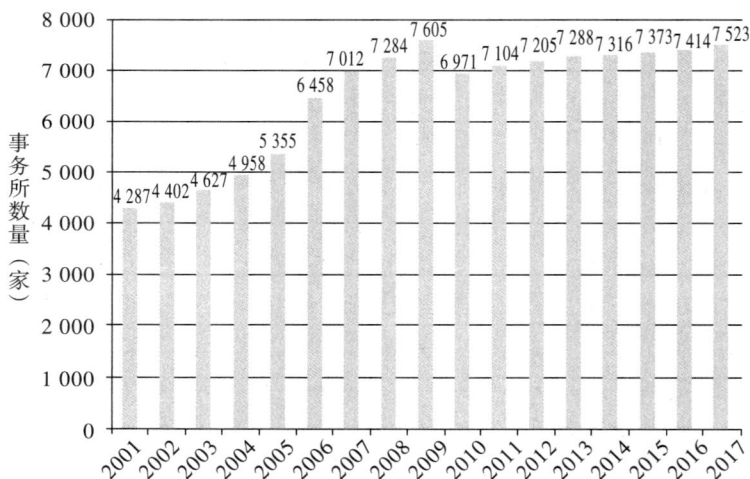

图3-1　2001—2017年我国会计师事务所数量

数据来源：2001—2009年数据来自于《中国注册会计师》2010年第5期发表的《2001—2009年全国注册会计师及会计师事务所统计表》；2010—2014年数据来自于财政部会计司于2015年12月发布的《中国注册会计师行业发展报告——基于会计师事务所2010—2014年度报备信息的数据分析》；2015—2017年数据来自于中国注册会计师协会网站。

表3-1报告了近年来我国会计师事务所分所的设立情况。由表3-1可知，对于全国百强会计师事务所，2003年分所的平均数量为1.62个，而到2009年上升至5.18个；对于具有证券资格的会计师事务所，2003年分所的平均数量为1.76个，2009年分所的平均数量为7.43个，而到2013年进一步上升至12.45个。这表明我国会计师事务所开设的分所数量在逐步增加，事务所规模不断扩大。

表 3-1 我国会计师事务所分所设立情况 单位：个

年度	百强会计师事务所		具有证券资格的会计师事务所	
	事务所数量	平均分所数量	事务所数量	平均分所数量
2003	100	1.62	68	1.76
2004	100	2.04	67	2.13
2005	—	—	—	—
2006	100	3.38	59	3.53
2007	100	4.01	59	4.24
2008	100	4.38	56	5.45
2009	100	5.18	51	7.43
2010	—	—	47	8.66
2011	—	—	46	9.30
2012	—	—	44	10.52
2013	—	—	40	12.45

数据来源：王春飞、吴溪、曾铁兵（2016）整理自中国注册会计师协会综合评价数据库、中国注册会计师协会各年度发布的会计师事务所综合排名前百家数据。

图 3-2 报告了 2001—2017 年我国注册会计师人数的变化情况。由图 3-2 可知，2001 年，我国共有注册会计师 55 897 人，之后年度稳步增长，至 2017 年，我国共有注册会计师 105 570 人，比 2001 年增长 88.87%。这表明我国审计行业在人才培养方面取得了显著成绩，专业人才数量不断增加。

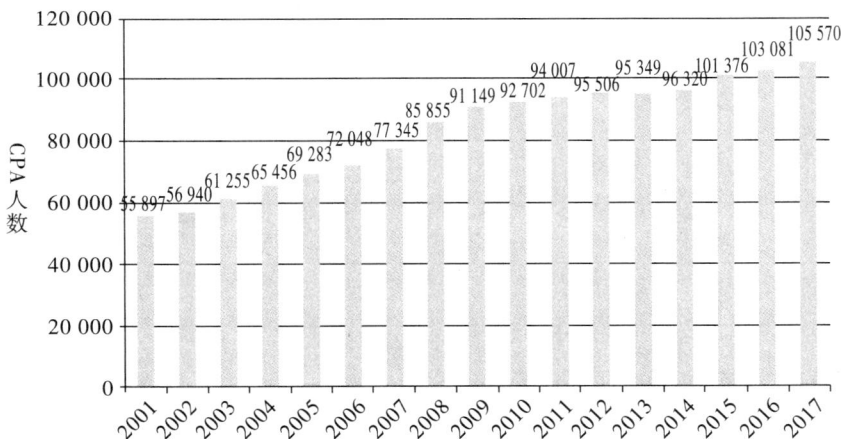

图 3-2 2001—2017 年我国注册会计师人数

数据来源：2001—2009 年数据来自于《中国注册会计师》2010 年第 5 期发表的《2001—2009 年全国注册会计师及会计师事务所统计表》；2010—2014 年数据来自于财政部会计司于 2015 年 12 月发布的《中国注册会计师行业发展报告——基于会计师事务所 2010—2014 年度报备信息的数据分析》；2015—2017 年数据来自中国注册会计师协会网站。

图3-3报告了2002—2017年我国会计师事务所的业务收入情况。由图3-3可知，2002年，我国会计师事务所的业务收入为106亿元，之后年度呈现出快速增长的态势，至2017年，我国会计师事务所的业务收入达到918.41亿元，比2002年增长了766.42%。这表明我国审计行业的业务范围不断扩大、业务回报水平不断提高，审计行业的发展前景良好。

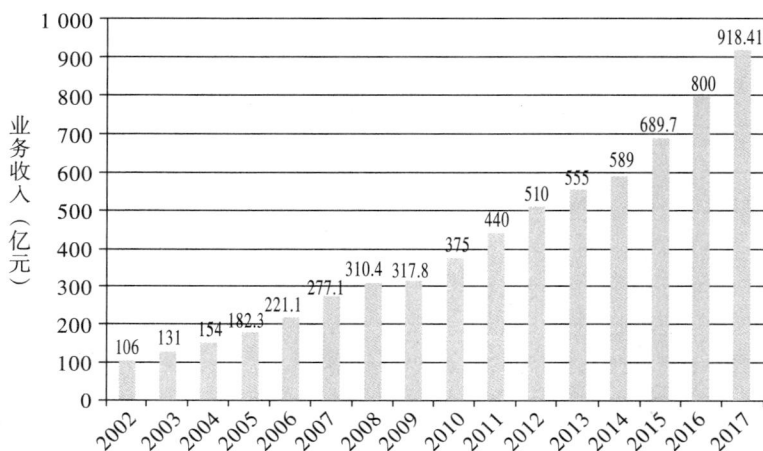

图3-3　2002—2017年我国会计师事务所业务收入

数据来源：中国注册会计师协会网站；财政部会计司于2015年12月发布的《中国注册会计师行业发展报告——基于会计师事务所2010—2014年度报备信息的数据分析》。

随着我国审计准则与国际审计准则的持续趋同，财政部大力推动大中型会计师事务所的国际化发展。根据财政部对会计师事务所报备数据的统计（2014年数据），我国会计师事务所开展境外业务的客户数量达826个，其中，亚洲和北美地区所占比例最大（合计比例约为95%），详细情况见表3-2。

表3-2　　　　　　　　　　　我国事务所境外审计业务情况　　　　　　　　　　单位：个

	主要境外业务所在地	客户数量	上市业务数量	境外事务所参与业务合作的项目数量
亚洲	中国香港、日本等	623	480	476
北美洲	美国、加拿大	163	84	44
欧洲	德国、英国、意大利	24	10	15
其他地区	澳大利亚等	3	0	3
多重业务区	中国香港、美国等	13	7	13
合计	—	826	581	551

数据来源：财政部会计司于2015年12月发布的《中国注册会计师行业发展报告——基于会计师事务所2010—2014年度报备信息的数据分析》。

需要指出的是，在审计行业取得巨大发展的同时，财政部、中国证券业监督管理委员会、中国注册会计师协会等有关部门先后出台多项政策，不断推动审计质量的提高。其中，比较有代表性的几项改革措施包括：

（1）2003 年 10 月，中国证券业监督管理委员会颁布了《关于证券期货审计业务签字注册会计师定期轮换的规定》，要求签字注册会计师连续为同一上市公司提供审计服务的期限不得超过 5 年（IPO 为两年），以减小审计任期过长对审计独立性的损害。

（2）2010 年 1 月，财政部联合发改委发布了《会计师事务所服务收费管理办法》，对会计师事务所服务收费进行规范。该文件突出了最低限价导向，明确了审计收费标准以及审计成本的核定要素，并要求各省依据该政策制定本地区的会计师事务所服务收费办法和收费标准。

（3）2010 年 7 月，财政部和工商行政管理总局联合发布了《关于推动大中型会计师事务所采用特殊普通合伙组织形式的暂行规定》，要求大型会计师事务所于 2010 年 12 月 31 日前转制为特殊普通合伙组织形式，鼓励中型会计师事务所于 2011 年 12 月 31 日前转制为特殊普通合伙组织形式，这增大了审计师在审计失败时需要承担的法律责任。

（4）处罚力度空前加大。仅在 2011—2013 年，被中国注册会计师协会以"公开谴责""行业内通报和训诫"等方式处罚的注册会计师就达到 821 人次（冉明东、王艳艳、杨海霞，2016）。

3.1.2　公司债务融资与违约风险

（1）以债权融资为主的融资方式

近年来，我国公司债务市场发展迅速，债权融资（以银行贷款为主）成为我国公司最主要的融资方式，来自债务市场的资金供给极大地促进了我国企业的发展（Ayyagari，Demirguc-Kunt and Maksimovic，2010）。尽管我国股票市场近年来亦取得了巨大发展，融资规模不断扩大，但债务融资仍然占据主导地位。本章统计了 2002—2017 年我国社会融资总规模[①]、债务融资规模、股票融资规模的变化情况（请参阅图 3-4）。在这一期间，我国社会融资总规模由 20 112 亿元增加至223 969 亿元，增长比率达 1 013.61%。与此同时，债务融资规模由 19 770 亿元增至 178 634 亿元，增长比率达 803.56%。可见，债务融资规模的增长是社会融资总规模增长的主要推动力量。

---

①　社会融资规模是反映金融部门对实体经济提供资金支持的总体指标，是指一定时期内实体经济从金融部门获得的资金总额，属于增量概念。在这里，金融部门所涵盖的范围比较广泛，债务市场、股票市场、保险市场以及中间业务市场等均在其范畴之内。近年来，社会融资规模这一概念日益受到重视，例如，2016 年 3 月，社会融资规模作为宏观调控的重要目标之一，被纳入到政府工作报告之中。

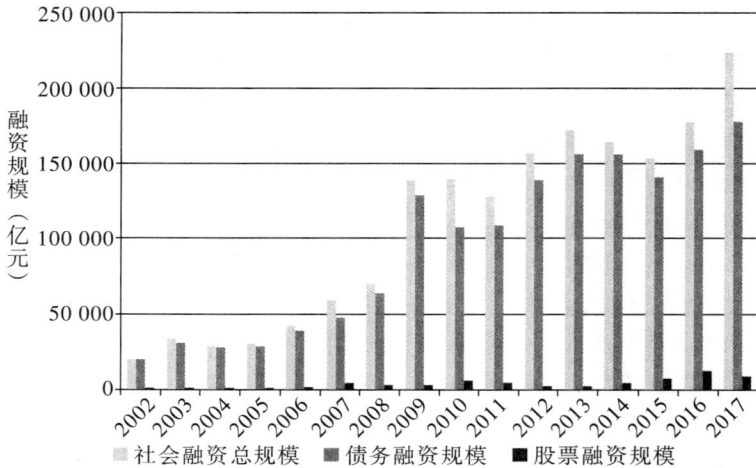

图3-4　2002—2017年社会融资总规模、债务融资规模、股票融资规模

数据来源：中国人民银行网站、万得金融数据库。

虽然债券融资在我国公司债务融资结构中所占比例较小，但近年来发展迅速。特别是2007年8月14日，中国证券监督管理委员会颁布了《公司债券发行试点办法》，标志着我国公司债券发行工作正式启动。据统计，2007—2016年间，我国公司债券发行规模年增长率超过100%，发行公司债券的上市公司数量年增长率超过200%。[①]

（2）公司债务违约风险及应对

需要引起注意的是，债务市场的迅速发展在为公司带来融资便利的同时，也可能导致公司债务违约风险的增加。如前文所述，按照国际评级机构标准普尔的统计，2007年，我国公司的债务总额为2.6万亿美元，约为当年国内生产总值的72%；2013年，我国公司的债务总额为14.2万亿美元，约为当年国内生产总值的1.5倍，跃居世界首位；至2015年7月，我国公司的债务总额达到16.1万亿美元，约为同期国内生产总值的1.6倍。[②]在微观层面，债务规模的快速增长往往伴随着资金错配、产能过剩等问题，进一步增大了公司的债务违约风险（吴迪，2014）。实际上，近年发生的"超日债违约事件""东特债违约事件""云投债违约事件"等一系列债务违约案例，表明公司债务违约已渐呈愈演愈烈之势。此外，近年商业银行不良贷款比率的攀升也在一定程度上说明了这一问题。根据中国银监会的统计：2011年，我国商业银行的不良贷款比率为0.96%；2014年上升

[①]　在我国，由于历史发展和监管政策的原因，公司除了发行公司债券外，还可以发行企业债券。公司债券与企业债券存在明显的区别，主要体现在主管部门、发行制度、发行主体、产生时间、募集资金用途、信用基础等方面。

[②]　世界上主要国家公司债务总额占GDP的比例（2012年）：德国为55%；美国为75%；日本为100%；法国为110%。经济合作与发展组织（OECD）将警戒上限设为90%。

中国社会科学院的统计结果与标准普尔的统计结果较为接近，他们认为中国公司债务总额占GDP的比例在140%～150%。

至 1.25%；而至 2018 年，这一比率已攀升至 1.89%。

公司债务规模的不断扩张以及公司债务违约风险的增大，已经引起宏观决策部门的高度重视。2015 年 12 月召开的中央经济工作会议以及 2017 年 3 月召开的十二届全国人大五次会议，均提出把"去杠杆""控风险"作为近期政府工作的重点。这意味着未来一段时期内公司债务违约风险将受到有力管控。客观而言，当前与公司债务违约管控相关的一些制度确实有待进一步完善。例如：①信用评级制度。突出问题是跟踪评级不尽职，表现为：评级等级集中于 A（投资级）以上、上调比例远大于下调比例、评级调整不及时等。②信用风险处置制度，表现为：当公司发生债务违约以后，缺乏一套完善的处置程序可供遵循，有关方面的合法权益难以得到有效保障。

3.1.3　利益相关者理论的实践及相关制度安排

利益相关者理论提出以后，引发了我国学术界和实务界的广泛共鸣。在学术界，杨瑞龙、周业安（1997，1998）对利益相关者有关议题的探讨是比较有代表性的早期研究。在实务界，利益相关者这一理念也逐渐被人们所接受和重视。其中，在公司治理方面表现得尤为明显。2002 年 1 月，中国证券业监督管理委员会和国家经济贸易委员会联合发布了《上市公司治理准则》。其中，第六章专门对上市公司利益相关者的问题做出了规定。根据第六章的规定，大致可以得到如下信息点：第一，利益相关者的范围。其主要包括：银行及其他债权人、职工、消费者、供应商、社区等。第二，利益相关者的权力。其主要包括：各利益相关者的求偿权、债权人及员工的知情权、员工的参与权等。第三，利益相关者与公司的沟通。其主要包括：债权人与公司就公司经营状况、财务状况进行沟通；员工与高管人员就公司经营状况、财务状况、员工利益问题进行沟通。第四，社会责任。上市公司在实现股东利益最大化的同时，需要考虑社会福利、公益事业、环境保护等问题。应该说，该准则对利益相关者在公司治理中的地位、作用、权力等各个方面都做出了框架性的规范，从制度层面为中国上市公司治理中利益相关者的利益保护奠定了基础（王辉，2003）。《上市公司治理准则》关于利益相关者的规定，对后续诸多法律法规的制定和修改都产生了重要影响。例如，我国《公司法》即对公司履行社会责任、保护员工利益等方面做出了明确规定。

应该说，虽然目前我国上市公司仍然存在大股东掏空、经理层激励不足等问题，在一定程度上弱化了公司治理效率，但利益相关者在参与公司治理、参与公司决策等方面正发挥着越来越重要的作用，利益相关者行为与公司行为之间相互影响的程度也在不断加深（施建军、张文红、杨静、孟源，2012）。

3.2 理论基础

3.2.1 审计需求理论

20世纪60年代以来，审计理论界开始对过去的理论研究进行反思，试图探寻审计所赖以存在的一组基本假设及其完整的概念体系，其中，最为重要的成果当属审计需求理论（陈汉文、韩洪灵，2009）。审计需求理论主要阐释了审计具有何种功能的问题，下面将分别对审计需求理论中的子理论进行介绍。

审计需求的代理理论，是审计需求理论中的主流理论（陈汉文、韩洪灵，2009）。它是以 Jensen and Meckling（1976）所倡导的委托代理理论为基础进一步发展而来的。Jensen and Meckling（1976）认为，在现代企业制度下，由于企业所有权和经营权相分离，委托代理关系（Principal-agent relation）应运而生。具体而言，委托人（股东）拥有公司的所有权，但并不参与公司的日常经营管理，而是聘用代理人（管理层）来负责公司的日常经营管理活动，即代理人（管理层）对公司经营管理具有决策权。委托代理关系建立以后，信息不对称以及由此进一步导致的管理层机会主义行为随之产生。在理性经济人假设之下，委托人和代理人均会以自身效用最大化为行动目标，而委托人和代理人的效用函数并非是完全一致的，在某些场合下甚至完全相反，因此，代理人可能会为了自身利益而损害委托人的利益，代理冲突由此产生。为了减少管理层机会主义行为对自身利益的损害，股东有动机引入一些制度安排，以加强对管理层的监督，缓解代理冲突。审计正是可以满足股东这一需求的制度安排，具体而言：审计可以通过对管理层所提供的财务信息及其背后所隐含的经济行为进行鉴证，达到发现和阻止管理层机会主义行为的目的（Jesen and Meckling，1976；Watts and Zimmerman，1983）。审计需求理论提出以后，许多学者从不同视角对其进行了验证，总体而言，实证结果支持了这一理论的分析框架。例如，Francis and Wilson（1988）的研究发现，当代理冲突较为严重时，股东更可能聘请审计质量较高的会计师事务所，以降低代理成本、维护自身利益。

审计需求的信息理论，主要是针对公司财务报告信息可信度以及公司财务报告使用者与公司之间信息不对称问题而提出的（陈汉文、韩洪灵，2009）。该理论认为高质量审计能够促使公司财务报告如实反映公司的经营和财务状况，从而增强公司财务报告信息的可信性及其决策有用性。[①]审计需求的信息理论与会计

---

① 1978年，美国财务会计准则委员会（Financial Accounting Standards Board，FASB）在其发布的财务会计概念公告第一号公告《企业财务报告的目标》中指出，公司财务报告的目标就是帮助报告使用者对公司未来现金流量的分布状况及其概率做出合理的估计。

信息决策有用观密切相关，正是由于股东及其他利益相关者广泛地使用公司财务报告信息，并将其作为决策的依据（Watts and Zimmerman，1983），才使得公司财务报告信息变得愈加重要，从而使得审计在增强财务报告信息可信度、减少信息不对称方面的作用受到越来越多的重视。另外，审计需求的信息理论认为审计还具有信号传递作用，具体而言：面对竞争日益激烈的资本市场，企业需要向市场传递信号以表明自身具有高素质，以赢得市场的青睐；其中，聘请高质量的审计师即为企业向市场传递信号的一种有效方式，因为高质量的审计师往往意味着公司财务报告信息的可信程度较高（DeFond and Zhang，2014）。对于审计需求的信息理论，学者们也进行了相关的验证，并得到了较为一致的研究结论。例如，Balsam，Krishnan and Yang（2003）的研究发现，当会计师事务所的审计质量较高时，公司财务报告信息的可信度增加，从而降低了投资者面临的信息不对称风险，最终导致较大的盈余反应系数。

此外，自 20 世纪 80 年代末开始，审计需求的保险理论逐渐进入人们的视野。该理论认为，随着审计师民事责任的增大，投资者可以在投资失败后获得巨额的赔偿，因此，投资者可以将部分投资风险转嫁给审计师，即审计对于投资者而言具有保险价值（Wallace，1987；Dye，1993）。但目前支持该理论的证据主要存在于美国（Simunic and Stein，1996）。在国内研究中，只有少数学者发现了支持该理论的证据（伍利娜、郑晓博、岳衡，2010）。陈汉文、韩洪灵（2009）认为，保险理论的成立需要一定的制度环境，只有当信息使用者具有向审计师求偿的权利时，审计师才可能充当"保险人"的角色。现阶段，我国制度环境仍然相对较弱，审计师遭受民事诉讼的案例寥寥无几（申慧慧、吴联生、肖泽忠，2010），这可能是导致相关研究未发现支持该理论的证据的重要原因。

3.2.2　债务契约理论

（1）债务契约的含义

债务契约是指债权人与债务人签订的、用于明确双方权利和义务的一种法律文书。换言之：当财产所有者将所有权进行分割，并将部分权能通过契约转让给他方，自身仍享有一定投资收益及追偿的权利时，即发生了债权—债务关系，而规定当事双方债权债务关系的契约即为债务契约（彭一浩，2010）。

我国《民法通则》第八十四条规定："债是按照合同的约定或者依照法律的规定，在当事人间产生的特定权利和义务关系，享有权利的人是债权人，负有义务的人是债务人。债权人有权要求债务人按照合同的约定或者依照法律的规定履行义务。"因此，债的发生存在两种情况：债权人与债务人约定的合同之债、法律规定之债。显然，本书所讨论的债属于第一种情况。对于债权人而言，所拥有的债权在本质上是一种期待的利益，因为只有债务人完全按照契约规定履约，债权人期待的利益才会转化为现实的利益。需要指出的是，请求权和期限性是债权较为重要的两个特征。其中，请求权是指在债务人偿付债务之前，债权人对偿付标的物及债务人的行为不具有支配权，而只能通过请求债务人履行义务来实现自身利益。期限性是指债权期限届满，即归于消灭，但若债务人未按照契约规定履约，债权人有权诉诸法律强制执行。

（2）债务契约的非完备性

在债权人与债务人签订的债务契约中，一般会对债务金额、期限及其他债务特征做出明确规定。当债务契约有效期届满时，如果债务人无法按债务契约的规定偿付所欠借款，即发生债务违约。此时，债权人可能需要承担相应的损失或风险，这主要与公司盈利水平及其波动性有关（王云、李延喜、宋金波、马壮，2016）。但在一些情况下，债权人所承担的损失或风险是由债务契约的非完备性所导致的。这可以从以下两个方面来理解。第一，债权人和债务人之间存在严重的信息不对称，债权人缺乏足够的信息来进行决策并制定完备契约；第二，完备契约论成立的前提是司法体系能够充分发挥自身功能来保证债务契约得到有效执行，而这在现实中难以完全实现（姚少华、潘敏，2005）。

（3）债务契约的价值

债务契约的价值主要体现在：使当事双方的权利和义务得到明确，为解决潜在的债务纠纷提供依据。为了使债务契约的价值能够得以充分实现，债权人和债务人会进行重复博弈，并精心设计债务契约中的各项条款（张鹏，2003）。例如，债权人可能会对债务人的财务指标等提出具体要求并写入债务契约。另外，由于借贷关系的建立，债权人也会通过各种方式对债务人施加影响，这主要因为债权人与股东之间存在代理冲突，股东可能会通过资产替代等方式来损害债权人的利益。同时，债权人还能够对管理层产生监督作用，减少其机会主义行为（Jensen and Meckling，1976）。当然，债权人的这种外部治理功能需要以债务契约的存在为前提。①

3.2.3 利益相关者理论

"利益相关者"这一概念最早由美国斯坦福国际研究院（Stanford Research Institute，SRI）于1963年提出。这一概念提出以后，引发了学术界的广泛共鸣。但是，在早期阶段，学者们对"利益相关者"的认识还不够深入，多数见解还只是一些零碎性的观点，没有形成一个系统性的理论架构。直到1984年，Freeman在其出版的 Strategic Management：A Stakeholder Approach 一书中，第一次对"利

---

① 需要说明的是，债务契约理论并非特指某单一理论，而是一系列相关理论的集合，内容包含债务契约设计、债务契约的治理功能、债务契约假说等。此处不再详述，感兴趣的读者可参阅张鹏（2003）的研究。

益相关者"这一概念进行了详细、深入讨论,从而标志着"利益相关者理论"(Stakeholder theory)的正式诞生。

利益相关者理论的产生有着深刻的社会和经济背景。随着社会分工细化和经济的不断发展,公司所有权与经营权进一步分离(Jensen and Meckling,1976),导致股东在公司中的地位受到削弱,越来越多的个人和组织开始与公司息息相关。这些个人和组织在多个方面影响着公司的决策和行为,而他们的利益也受到公司发展的影响。不可否认,追求利润并回馈股东仍是公司经营的重要目标,但其他利益相关者的诉求也在不断增加。公司应清楚认识到其他利益相关者的重要性,并厘清这些利益相关者的投入与公司发展之间的关系。利益相关者理论认为,公司赢利和可持续发展离不开各利益相关者所做出的贡献,公司应该寻求一种"多赢"的局面,同时实现公司价值的提升和利益相关者诉求的满足(陈宏辉,2003;李维安、王世权,2007)。

如何界定"利益相关者"是"利益相关者理论"需要解决的首要问题。几十年来,关于利益相关者的定义表述众多,这些定义大体上可分为广义定义、狭义定义两类,其区别主要在于:对利益相关者的定义是基于公司和利益相关者的双边视角还是仅基于公司的单边视角(李维安、王世权,2007)。在关于利益相关者的广义定义中,以 Freeman(1984)所给出的定义最具代表性。Freeman(1984)认为,利益相关者是能够影响一个组织目标的实现,或者受到一个组织实现其目标过程影响的所有个体和群体。显然,这是基于公司、利益相关者的双边视角所做出的定义,因而对利益相关者的界定相对比较宽泛,股东、债权人、管理层、员工、客户、供应商、媒体、审计师、政府部门、社会团体、社区等个体或群体都属于公司的利益相关者。关于利益相关者的狭义定义,始于美国斯坦福研究院(1963)所给出的定义:组织没有其支持,就不能存在的个体或群体。显然,这一观点是基于公司单边视角所做出的定义,因而对利益相关者的界定相对比较狭窄,只有股东、债权人、管理层、员工、客户、供应商等少数对公司生存和发展起到重要支持作用的个体或群体才属于公司的利益相关者。应该说,无论是利益相关者的广义定义还是狭义定义,均对后续研究产生了重要影响。

界定了公司的利益相关者,并不意味着理论研究工作的结束。在后续研究和实践应用中,学者们发现利益相关者理论的运用仍存在诸多困难,尤其是将利益相关者视作一个整体时,往往难以得出令人信服的结论。鉴于这一状况,学者们开始探索如何基于一些特定的标准来对利益相关者进行分类。例如,Clarkson(1995)根据利益相关者与公司之间联系的紧密程度,将利益相关者划分为首要利益相关者和次要利益相关者,其中,首要利益相关者是指对公司生存和发展具有重大意义、直接影响公司或受公司直接影响的利益相关者,包括股东、债权人、员工、客户等;次要利益相关者是指对公司生存和发展不具有基础性作用、间接影响公司或受公司间接影响的利益相关者，包括自然生态环境、社会公众等。Wheeler（1998）进一步引入利益相关者的社会性维度，从"利益相关者是否具备社会性"和"是否直接由真实的人来建立与公司之间的关系"两个视角出发，将利益相关者分为四类：主要的社会利益相关者、次要的社会利益相关者、主要的非社会利益相关者、次要的非社会利益相关者。其中，主要的社会利益相关者兼具社会性和直接参与性，如投资者、债权人、供应商、客户等；次要的社会利益相关者的社会性较强但直接参与性较弱，主要是通过社会性的活动与企业形成间接的联系，如社会团体等、社区等；主要的非社会利益相关者直接参与性较强但社会性较弱，他们能够对企业产生直接影响，但不与具体的人发生联系，如自然环境等；次要的非社会利益相关者的社会性和直接参与性均较弱，他们既不对企业产生直接影响，又不与具体的人发生联系，如非人类特种等。关于利益相关者的分类，我国学者也提出了自己的看法，如温素彬、方苑（2008）从多元资本共生的视角出发，将企业的利益相关者划分为货币资本利益相关者、人力资本利益相关者、社会资本利益相关者、生态资本利益相关者四类，其中，货币资本利益相关者是指向企业投入货币资本的主体，主要包括投资者和债权人；人力资本利益相关者是指向企业投入人力资本的主体，主要包括企业管理层和员工；社会资本利益相关者是指那些拥有社会网络资本的利益相关者，如供应商、客户、社区、审计师、分析师、媒体等；生态资本利益相关者是指关注企业生态贡献的利益相关者，如自然环境、后代人、野生动物等。

应该说，自利益相关者理论提出以来，学者们在这一领域进行了大量、积极的探索，而这一理论也对公司治理、企业社会责任履行等诸多方面产生了深远的影响。本书对公司发生债务违约以后利益相关者反应的探讨，亦借鉴了这一重要理论。

第4章 审计质量与公司债务违约

4.1 本章引言

如前文所述，债务契约是指债务人（本书中为上市公司）与债权人签订的、用于明确双方权利与义务的一种法律文书。一般而言，债务契约需要对借款金额、借款期限等做出明确规定。如果债务人未能按照债务契约的规定，如期偿付债务，则表明发生了债务违约。在通常情况下，上市公司和债权人均不希望发生债务违约，这是因为：对于债权人而言，债务违约意味着借出款项未能及时收回，因而可能需要承担相应的损失；对于上市公司而言，债务违约会向外界传递出经营和财务状况恶化的信号，造成公司信誉受损等负面影响。此外，债务违约还会引起监管部门的关注，因为过多的债务违约可能会引发系统性金融风险，影响国民经济的健康发展。随着我国公司债务规模的增长以及公司债务违约事件的增多，中央提出了"去杠杆""控风险"的经济工作计划，这反映了监管部门对于公司债务违约问题的高度重视。应该说，减少或避免公司债务违约是上市公司、债权人、监管部门等有关方面的共同目标。但是，要想减少或避免债务违约，一个首先需要明确的问题是：公司发生债务违约的影响因素有哪些？

在学术界，关于公司债务违约的影响因素已有诸多探讨。从已有文献来看，学者们的研究视角主要集中于公司财务指标、股价表现及宏观经济状况等方面。例如，Beaver（1966）的研究发现，公司财务状况（如：资产收益率、权益负债比等）对公司债务违约具有重要影响；Merton（1974）的研究发现，公司股票价格是公司是否发生债务违约的重要决定因素；Wilson（1998）的研究发现，GDP增长率、失业率、政府财政支出、汇率水平等宏观经济因素能够对公司债务违约产生重要影响。最近，Cheng and Subramanyam（2008）考查了资本市场上重要的中介组织——分析师——对于公司债务违约的影响，发现分析师关注能够增强投资者对公司的认知水平并改善公司治理，从而优化公司现金流量的分布状况，因而在分析师关注较多的公司里，公司发生债务违约的概率明显减小。本章拟研究资本市场上另一重要中介组织——审计师——对公司发生债务违约与否的影响。

本章是本书实证研究部分的第一个章节，属于公司债务违约影响因素方面的研究。本章后续内容安排如下：4.2节为理论分析与研究假设；4.3节为研究设计；4.4节为实证结果及分析；4.5节为稳健性检验；4.6节为进一步研究：公司信息环境和治理水平的调节效应；4.7节为本章小结。

在本章取得明确研究结论之后，后续章将进一步对公司债务违约经济后果的相关议题展开探讨。

4.2　理论分析与研究假设

长期以来，公司债务违约受到了学术界的广泛关注，相关研究也取得了丰硕的成果。在债务违约风险评估方面，Merton（1974）开创性地提出了债务违约预测的结构模型。该模型得到了学术界的广泛认可，后续诸多研究均是在这一模型的基础上来进行的（Hurd，2009；Duan and Fulop，2009）。结构模型认为：违约风险的大小可以用"违约距离"（Distance-to-default）来加以度量，违约距离越大，表示公司发生债务违约的可能性越小；公司未来现金流量[①]及其波动率是债务违约距离的决定因素，具体而言，公司未来现金流量越充足、波动率越小，则违约距离越大，发生债务违约的可能性越小。因此，根据结构模型，在探讨公司债务违约风险时，需要将公司现金流量水平及其波动率（即现金流量的分布状况，在统计意义上体现为均值和方差两个方面）作为分析的起点（Shi，2003；Cheng and Subramanyam，2008）。

本章认为，高质量审计能够增加公司现金流量、减小现金流量的波动性，进而降低公司发生债务违约的可能性，具体原因如下：

首先，审计具有信息功能，可以降低投资者与公司之间的信息不对称水平（Gul，Kim and Qiu，2010）。投资者与公司之间信息不对称水平的降低，意味着投资者面临的信息风险减小，从而能够减少投资者所要求的风险溢价，即公司的融资成本降低（Leuz and Verrecchia，2000；Francis，LaFond，Olsson and Schipper，2005）。融资成本的降低有利于公司增大融资规模，把握较好的投资机会，进而增加现金流量。

其次，审计具有治理功能，能够缓解代理冲突、减少管理层的机会主义行为（Jesen and Meckling，1976；Fan and Wong，2005）。在管理层机会主义行为减少、努力工作的情况下，公司现金流量增加（王鹏、周黎安，2006）。

---

① 等同于"盈利"的概念，而非现金流量表中的"经营活动现金流量"。

此外，审计作为一种外部监督机制，对公司管理层具有监督作用。现有研究表明，公司业绩的波动在很大程度上是由管理层较为激进的经营或财务决策所导致的（王霞、张敏、于富生，2008；余明桂、李文贵、潘红波，2013；Cen，2011），而审计的监督作用能够使管理层的决策更加谨慎和稳健，从而有利于减小公司现金流量的波动性（李琳、刘凤委、卢文彬，2009；权小锋、吴世农，2010；Ashbaugh-Skaife，Collins and LaFond，2006）。例如，Godfrey and Hamilton（2005），Francis，Michas and Stein（2012），Robin and Zhang（2015）的研究均发现，当会计师事务所的审计质量较高时，管理层的过度投资行为明显减少，企业投资效率得到提高，公司业绩趋于平稳。综合上述分析（上述分析过程可参阅图4-1），本章提出假设H4-1：

H4-1：高质量审计有助于降低公司发生债务违约的可能性。

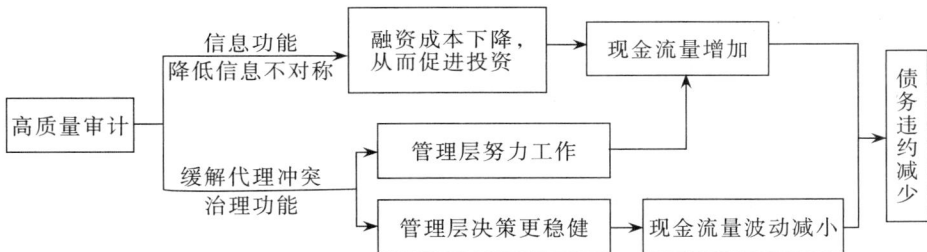

图4-1　审计质量影响公司债务违约的作用机制

改革开放以来，随着我国国民经济市场化水平的不断提高，非国有企业得到了迅速发展，现已经成为推动我国国民经济发展的重要力量。然而，我国资本市场仍较多地受到政府干预，国有企业和非国有企业在经营环境、政府帮扶等方面仍存在较大差异（李敏才、刘峰，2012）。其中，预算软约束是比较显著的差异之一。预算软约束，是指在社会主义经济里，当国有企业陷入财务困境时，政府会通过财政补贴、税收减免等方式去进行救助的现象（Kornai，1980）。Lin and Tan（1999）认为，由于国有企业承担了某些政策性负担，因而在发生亏损以后，会将经营失败归咎于政府，并要求政府给予相应的补偿，而政府出于增加就业、稳定社会秩序等方面的考虑，也确实会为国有企业提供必要的支持和帮助。显然，在预算软约束之下，与非国有企业相比，国有企业即使陷入偿债危机，发生债务违约的可能性也比较小。例如，2012年4月，山东海龙股份有限公司（山东省潍坊市地方国有企业）陷入财务危机，无法按期兑付于2011年4月发行的短期融资券（"11海龙CP01"），濒临违约。最终，由潍坊市政府出面担保，恒丰银行提供了兑付所需的资金，从而使得山东海龙股份有限公司避免了债务违约。如前文所述，高质量审计能够通过"信息功能"和"治理功能"来优化公司现金流量的分布状况，进而减小公司发生债务违约的可能性。但若政府为国有企业"兜底",通过行政手段避免或减少国有企业债务违约的发生,则审计质量对公司债务违约的影响就会比较有限。综合上述分析,本章提出假设H4-2:

H4-2:在国有企业,高质量审计对债务违约的抑制作用相对较弱。

4.3 研究设计

4.3.1 样本选择与数据来源

本章以2000—2014年我国A股上市公司为研究样本。样本区间之所以截至2014年,是因为至笔者行文时,仅能取得公司债务违约至2014年的最新数据。公司财务数据和治理数据来源于国泰安金融研究数据库(CSMAR),公司债务违约数据来源于RMI数据库。在剔除了金融行业和存在缺失值的样本后,共得到22 982条公司-年度观测。为了减小异常值对估计结果可能造成的影响,本章对连续变量在1%和99%水平上进行了winsorize处理。

4.3.2 实证模型与变量定义

为了检验审计质量对公司发生债务违约概率的影响(H4-1),本章构建模型(4-1)并进行回归分析。该模型参考了Zeitun and Tian(2007),陈德球、刘经纬、董志勇(2013)等研究的回归模型,但也结合了中国上市公司和资本市场的实际情况,对解释变量组中的一些变量进行了增减和修改。例如,考虑到我国A股市场很少有国外投资者,模型(4-1)未将国外投资者人数作为控制变量加入回归模型。模型(4-1)的具体形式如下:

$$DEFAULT=\alpha_0+\alpha_1 AUQ+\alpha_2 SIZE+\alpha_3 LEV+\alpha_4 ROA+\alpha_5 CAFL+\alpha_6 TROVER+\alpha_7 LIQ+\alpha_8 TANG+\alpha_9 GROWTH+\alpha_{10} RETURN+\alpha_{11} FIRMAGE+Industry+Year+\xi \tag{4-1}$$

在模型(4-1)中,被解释变量为DEFAULT,是表示公司是否发生债务违约的虚拟变量,发生债务违约时取值为1,否则取值为0。债务违约是指公司未按照债务契约的规定,如期支付本金或利息的情形。解释变量为AUQ,表示审计质量,借鉴Chen,Chen,Lobo and Wang(2011)的研究,以公司聘请的审计师是否为"八大"会计师事务所来进行度量,若公司聘请的审计师为"八大"会计师事务所，取值为1，表示审计质量较高，否则取值为0，表示审计质量较低。[①]会计师事务所的排名取自中国注册会计师协会各年度公布的"会计师事务所综合评价前百家信息"。[②]该变量取滞后一期值。根据H4-1，当审计师的审计质量较高时，公司发生债务违约的概率较小，因此，预计变量AUQ的估计系数α_1显著为负。

为了控制其他可能对公司债务违约产生影响的因素，本章在模型（4-1）中加入了相应的控制变量。SIZE等于期末资产总额的自然对数，表示公司规模。规模较大的公司抗风险能力较强，发生债务违约的可能性较小，因此预计其估计系数显著为负。LEV等于期末负债总额与资产总额的比率，表示公司的财务杠杆水平。财务杠杆较高的公司，偿债压力较大，更可能发生债务违约，因此预计其估计系数显著为正。ROA等于净利润与期末资产总额的比率，表示公司的盈利水平。盈利水平较高的公司有充足的财力来偿付债务，发生债务违约的可能性较小，因此预计其估计系数显著为负。CAFL等于经营活动现金流量净额与期末资产总额的比率，表示公司的经营活动现金流量水平。经营活动现金流量充足意味着公司财务状况较好，有能力偿付债务，因此预计其估计系数显著为负。TROVER等于营业收入与期末资产总额的比率，表示公司的经营效率。公司的经营效率越高，越有能力偿付债务，发生债务违约的可能性减小，因此预计其估计系数显著为负。LIQ等于流动资产与期末资产总额的比率，表示公司的资产流动性。资产流动性越高，说明公司短期偿债能力越强，债务违约的可能性越小，因此预计其估计系数显著为负。TANG等于固定资产净值与期末资产总额的比率，表示公司的债务担保能力。债务担保能力较强的公司发生债务违约的概率较小，因此预计其估计系数显著为负。GROWTH为公司资产年增长率，表示公司的成长状况。较快的成长速度意味着公司发展前景良好，未来盈利能力较强，发生债务违约的概率较小，因而预计其估计系数显著为负。RETURN为公司的年股票收益率，股票收益率越高，表明公司财务状况较好且受到了投资者的认可，发生债务违约的概率较小，因而预计其估计系数显著为负。FIRMAGE为公司年龄，等于公司成立年度到当前年度

[①]　之所以用"八大"会计师事务所，而非"国际四大"会计师事务所来度量审计质量，是因为"国际四大"会计师事务所在我国审计市场上所占的市场份额偏小（约为5%），而"八大"会计师事务所在我国审计市场上所占的市场份额较大（20%以上），涵盖范围广泛，具有良好的代表性。作为稳健性检验，本章亦采用是否为"国际四大"会计师事务所来度量审计质量，研究结论保持不变。

大量的研究发现，规模较大的会计师事务所的审计质量更高。例如，DeFond，Wong and Li（2000）的研究发现，在中国，与规模较小的会计师事务所相比，规模较大的会计师事务所更易于发表非标准无保留审计意见，表明规模较大的会计师事务所具有更高的专业胜任能力和审计独立性。DeFond and Zhang（2014）在关于审计质量研究的综述性论文中指出，审计师规模是度量审计质量一个较为成熟的指标。张宏亮、文挺（2016）基于中国资本市场数据对该指标的适用性进行了检验，实证结果支持了DeFond and Zhang（2014）的观点。

如本书第二章所述，在研究审计质量的经济后果时，对于审计质量的度量，通常采用投入类指标而非产出类指标，例如，Chen，Chen，Lobo and Wang（2011）在研究审计质量对公司权益融资成本的影响时，采用是否为"八大"会计师事务所来度量审计质量。若选用审计质量的产出类度量指标则欠妥。一般而言，当研究审计质量的影响因素时，常选用产出类指标，例如，Chi，Huang，Liao and Xie（2009）在研究审计师强制轮换政策对审计质量的影响时，采用异常应计利润的绝对值来度量审计质量。

[②]　该排名自2002年开始，2000年和2001年的排名用2002年的排名代替。

的时间间隔（年）。一方面，年龄较大的公司可能处于成熟期，现金流量稳定（张晓玫、马文睿，2014），因而发生债务违约的概率较小，其估计系数应显著为负。但另一方面，年龄较大的公司也可能处于夕阳行业，盈利能力一般，因而发生债务违约的概率较大，其估计系数应显著为正。由于难以对上述两种情形做出准确预测，暂不对FIRMAGE的估计系数做出预计。为控制行业和年度对估计结果可能造成的影响，本章在模型（4-1）中加入了行业固定效应（Industry）和年度固定效应（Year）。Thompson（2011）指出，同时在公司和时间维度对标准误进行聚类（Cluster）调整，能够提高估计结果的准确性。因此，在对模型（4-1）进行估计时，同时在公司和年度层面对标准误进行了聚类调整。

为了检验公司产权性质对审计质量与公司发生违约概率之间关系的影响（H4-2），本章在模型（4-1）的基础上，引入审计质量与公司产权性质的交互项，构建模型（4-2）并进行回归分析。模型（4-2）的具体形式如下：

$$DEFAULT=\alpha_0+\alpha_1 AUQ+\alpha_2 AUQ*SOE+\alpha_3 SOE+\alpha_4 SIZE+\alpha_5 LEV+\alpha_6 ROA+\alpha_7 CAFL+\alpha_8 TROVER+\alpha_9 LIQ+\alpha_{10} TANG+\alpha_{11} GROWTH+\alpha_{12} RETURN+\alpha_{13} FIRMAGE+Industry+Year+\xi \qquad (4-2)$$

在模型（4-2）中，SOE是表示公司产权性质的虚拟变量，当公司为国有企业时，取值为1，否则取值为0。AUQ*SOE为AUQ与SOE的交互项。其余变量的定义及估计方法同模型（4-1）。根据H4-2，在国有企业里，审计质量对公司债务违约概率的降低作用弱化，因此，预计交互项AUQ*SOE的估计系数α_2显著为正。

表4-1列示了本章实证模型中所涉及变量的详细定义。

表4-1 变量定义

变量符号	变量名称与变量定义
DEFAULT	债务违约，虚拟变量，公司发生债务违约取值为1，否则取值为0
AUQ	审计质量，虚拟变量，八大会计师事务所取值为1，否则取值为0，取滞后一期值
SIZE	公司规模，等于期末资产总额的自然对数
LEV	财务杠杆，等于期末负债总额与期末资产总额的比率
ROA	资产报酬率，等于净利润与期末资产总额的比率
CAFL	经营活动现金流量，等于经营活动现金流量净额与期末资产总额的比率
TROVER	经营效率，等于营业收入与期末资产总额的比率
LIQ	流动资产，等于流动资产总额与期末资产总额的比率
TANG	有形资产，等于固定资产净值与期末资产总额的比率
GROWTH	成长情况，等于总资产年增长率
RETURN	股票收益率，等于个股年收益率
FIRMAGE	公司年龄，等于公司成立年度到当前年度的时间间隔（年）
SOE	虚拟变量，国有企业取值为1，否则取值为0
Industry	行业固定效应
Year	年度固定效应

4.4　实证结果及分析

4.4.1　描述性统计

　　表 4-2 报告了实证模型中主要变量的描述性统计结果。由表 4-2 可知，DEFAULT 的均值为 0.0235，中位数为 0，说明我国约有 2.35% 的公司发生过债务违约。AUQ 的均值为 0.2926，中位数为 0，四分位数下限为 0，四分位数上限为 1，说明有 29.26% 的上市公司聘用审计质量较高的审计师，这一结果与 Chen，Chen，Lobo and Wang（2011）的统计结果相类似。其余变量的分布状况都比较合理，例如，ROA 的均值为 0.0295，中位数为 0.0321，四分位数下限为 0.0107，四分位数上限为 0.0595，说明我国上市公司总体处于盈利状态，资产报酬率约在 3% 以上，这与之前研究的发现相一致（如唐松、孙铮，2014）；GROWTH 的均值为 0.1349，中位数为 0.0895，四分位数下限为 0.0015，四分位数上限为 0.2117，说明我国公司具有较高的成长水平，资产年均增长率在 13% 以上；SOE 的均值为 0.5483，中位数为 1，四分位数下限为 0，四分位数上限为 1，说明我国上市公司以国有企业为主，这与我国的现实情况相符合。

表 4-2　　　　　　　　　　　　变量的描述性统计

变量符号	均值	标准差	四分位数下限	中位数	四分位数上限
DEFAULT	0.0235	0.1515	0.0000	0.0000	0.0000
AUQ	0.2926	0.4550	0.0000	0.0000	1.0000
SIZE	21.5739	1.2102	20.7520	21.4347	22.2355
ROA	0.0295	0.0692	0.0107	0.0321	0.0595
LEV	0.4886	0.2396	0.3229	0.4847	0.6312
CAFL	0.0447	0.0797	0.0026	0.0441	0.0896
TROVER	0.6465	0.4730	0.3312	0.5310	0.8118
LIQ	0.5417	0.2120	0.3854	0.5521	0.7010
TANG	0.2696	0.1805	0.1292	0.2382	0.3852
GROWTH	0.1349	0.2552	0.0015	0.0895	0.2117
RETURN	0.2753	0.7938	−0.2467	0.0347	0.5523
FIRMAGE	13.0635	5.1806	9.0000	13.0000	17.0000
SOE	0.5483	0.4977	0.0000	1.0000	1.0000

4.4.2　多元回归结果

　　表 4-3 报告了模型（4-1）的回归结果，由表 4-3 可知，AUQ 的估计系数在

1%水平上显著为负（估计系数 = -0.4671；wald值 = 11.90），表明当审计师的审计质量较高时，公司发生债务违约的可能性较小，这验证了H4-1中的有关结论。在经济显著性方面，相对于低审计质量而言，当审计师的审计质量较高时，公司发生债务违约的概率约下降37.32%，①说明审计质量对公司发生债务违约可能性的影响是重大的。控制变量的回归结果也比较符合预期：SIZE的估计系数显著为负，说明规模较大公司发生债务违约的可能性较小；LEV的估计系数显著为正，说明资产负债率较高公司发生债务违约的可能性较大；ROA的估计系数显著为负，说明业绩较好公司发生债务违约的可能性较小；CAFL的估计系数显著为负，说明现金流量充足公司发生债务违约的可能性较小；TROVER的估计系数显著为负，说明运营效率较高公司发生债务违约的可能性较小；LIQ的估计系数显著为负，说明资产流动性较强公司发生债务违约的可能性较小；TANG的估计系数显著为负，说明债务担保能力较强公司发生债务违约的可能性较小；GROWTH的估计系数显著为负，说明成长性较好公司发生债务违约的可能性较小；RETURN的估计系数为负，但并不显著；FIRMAGE的估计系数显著为正，说明当公司年龄较大时，发生债务违约的可能性较大。

表4-3 　　　　　　　　　　多元回归结果：审计质量与公司债务违约

变量符号	估计系数	wald值
INTERCEPT	0.6096	0.30
AUQ	-0.4671	11.90***
SIZE	-0.2216	21.36***
LEV	2.2797	20.85***
ROA	-1.1074	3.37*
CAFL	-4.9175	48.99***
TROVER	-0.7453	20.21***
LIQ	-0.8642	7.47***
TANG	-1.4237	13.18***
GROWTH	-1.3422	16.59***
RETURN	-0.0589	0.21
FIRMAGE	0.0571	20.37***
Industry	已控制	
Year	已控制	
Pseudo R方	0.2686	
样本量	22 982	

注：***、**、*分别表示在1%、5%、10%水平上显著，均为双尾检验。

———————————

① $1 - \exp(-0.4671) = 37.32\%$。

表4-4报告了模型（4-2）的回归结果。由表4-4可知，交互项AUQ*SOE的估计系数显著为正（估计系数=0.6928；wald值=6.00），表明在国有企业里，审计质量对公司发生债务违约可能性的降低作用显著弱化，这验证了H4-2中的有关结论。其他控制变量的估计结果与模型（4-1）类似，此处不再赘述。

表4-4　　　　　多元回归结果：产权性质、审计质量与公司债务违约

变量符号	估计系数	wald值
INTERCEPT	−0.0979	0.01
AUQ	−0.8192	13.92***
AUQ*SOE	0.6928	6.00**
SOE	−0.4134	10.79***
SIZE	−0.1747	11.19***
LEV	2.2725	18.23***
ROA	−0.9849	2.29
CAFL	−5.5629	53.41***
TROVER	−0.7018	17.90***
LIQ	−0.9434	7.54***
TANG	−1.1894	7.77***
GROWTH	−1.5393	15.51***
RETURN	−0.0803	0.38
FIRMAGE	0.0516	14.66***
Industry	已控制	
Year	已控制	
Pseudo R方	0.2874	
样本量	20 039	

注：***、**、*分别表示在1%、5%、10%水平上显著，均为双尾检验。

4.5　稳健性检验

4.5.1　审计质量度量指标敏感性测试

现有研究发现，具有行业专长的审计师的审计质量更高（Balsam, Krishnan, and Yang, 2003；Reichelt and Wang, 2010），因此，借鉴现有研究的做法（Robin and Zhang, 2015；Robin, Wu and Zhang, 2016），本部分进一步采用会计师事务所是否具有行业专长（SPEC）来度量审计质量。具体而言，若公司聘请的会计师事务所具有行业专长，SPEC取值为1，表示审计质量较高；若公司聘请的会计师事务所不具有行业专长，SPEC取值为0，表示审计质量较低。该变量取上一年度值。行业专长是基于会计师事务所在某一行业-年度的市场份额来确定的，具体的计算公式如下：

$$MARKETSHARE_{ikt} = \frac{\sum_{j=1}^{J} S_{ikjt}}{\sum_{i=1}^{I} \sum_{j=1}^{J} S_{ikjt}}$$

上式中，$MARKETSHARE_{ikt}$表示会计师事务所i在年度t、行业k的市场份额；S_{ikjt}表示会计师事务所i在年度t、行业k中所审计的上市公司j的营业收入；J表示在会计师事务所i在年度t、行业k中所审计的上市公司的数量；I表示在年度t、行业k中拥有审计客户的会计师事务所的数量。借鉴（刘桂良、牟谦，2008）的做法，当会计师事务所i在年度t、行业k的市场份额大于等于5%时，则认为会计师事务所i在年度t对行业k具有行业专长（SPEC=1）；否则，则认为会计师事务所i在年度t对行业k不具有行业专长（SPEC=0）。

表4-5报告了以行业专长（SPEC）度量审计质量时，模型（4-1）和模型（4-2）的估计结果。由表4-5可知，对于模型（4-1），变量SPEC的估计系数显著为负（估计系数=-0.3123，wald值=5.44），表明较高的审计质量有助于减小公司发生债务违约的可能性，与H4-1相一致；对于模型（4-2），SPEC*SOE的估计系数显著为正（估计系数=0.4023，wald值=2.81），表明在国有企业里，高质量审计对债务违约可能性的降低作用显著弱化，与H4-2相一致。上述结果表明，在采用行业专长指标来度量审计质量时，有关研究结论依然成立，说明本章的研究结论对审计质量度量指标的选取并不敏感。

表4-5　　　　　　　　　　　多元回归结果：以行业专长度量审计质量

变量符号	模型（4-1）		模型（4-2）	
	估计系数	wald 值	估计系数	wald 值
INTERCEPT	0.7136	0.42	1.4905	1.25
SPEC	−0.3123	5.44**	−0.4784	6.33**
SPEC*SOE			0.4023	2.81*
SOE			−0.4004	3.52*
SIZE	−0.2300	22.97***	−0.2368	11.45***
LEV	2.2906	21.16***	−0.00291	1.17
ROA	−1.1161	3.47*	−3.9708	16.81***
CAFL	−4.9161	48.60***	−5.9945	10.55***
TROVER	−0.7510	20.14***	−0.5859	7.09***
LIQ	−0.8441	7.15***	−0.9137	6.99***
TANG	−1.3947	12.70***	−0.7076	2.43
GROWTH	−1.3342	16.60***	−1.6633	10.72***
RETURN	−0.0603	0.22	−0.0556	0.16
FIRMAGE	0.0579	21.05***	0.0874	48.81***
Industry	已控制		已控制	
Year	已控制		已控制	
Pseudo R 方	0.2672		0.2360	
样本量	22 982		20 039	

注：***、**、*分别表示在1%、5%、10%水平上显著，均为双尾检验。

4.5.2　内生性问题

前文的研究表明，较高的审计质量有助于减小公司发生债务违约的可能性。但需要引起注意的是，二者间的关系可能会受到内生性问题的干扰。譬如：会计师事务所的审计质量可能受到某些未观测到的遗漏变量的影响，而这些遗漏变量也会同时影响公司发生债务违约的可能性（遗漏变量问题）；或者，债务违约风险的大小会影响公司对审计师的选择（自选择偏差问题）。为解决这些潜在的内生性问题，以增强本章研究结论的可靠性，本章分别采用公司固定效应模型、配对法（含PSM和"行业-年度-规模最接近"两种配对方法）、Heckman两阶段模型三种方法来进行进一步的检验。

首先，为缓解可能遗漏的不随时间变化的公司固定因素的影响，本章采用公司固定效应模型重新估计了模型（4-1）和模型（4-2）。相关回归结果列示于表4-6中。由表4-6可知，对于模型（4-1），AUQ的估计系数显著为负（估计系数=-0.5336；wald值=16.03），表明当审计质量较高时，公司发生债务违约的可能性较小，与H4-1相一致；对于模型（4-2），AUQ*SOE的估计系数显著为正（估计系数=0.7234，wald值=6.75），表明在国有企业里，较高的审计质量对债务违约可能性的降低作用显著弱化，与H4-2相一致。

表4-6　　　　　　　　　　　　多元回归结果：固定效应模型

变量符号	模型（4-1）		模型（4-2）	
	估计系数	wald 值	估计系数	wald 值
INTERCEPT	1.6781	2.84*	0.9456	0.75
AUQ	−0.5336	16.03***	−0.9166	18.18***
AUQ*SOE			0.7234	6.75***
SOE			−0.4279	12.15***
SIZE	−0.2478	32.63***	−0.1985	16.91***
LEV	2.2311	22.43***	2.2124	19.62***
ROA	−1.2607	4.55**	−1.1261	3.09*
CAFL	−4.9020	52.31***	−5.4825	56.51***
TROVER	−0.6513	19.73***	−0.6108	17.06***
LIQ	−0.8949	9.28***	−1.0185	10.42***
TANG	−1.5664	19.06***	−1.3252	11.84***
GROWTH	−1.3354	17.29***	−1.5461	16.47***
RETURN	−0.0780	0.37	−0.101	0.60
FIRMAGE	0.0426	13.30***	0.0366	8.82***
Firm	已控制		已控制	
Year	已控制		已控制	
Pseudo R 方	0.2542		0.2719	
样本量	22 982		20 039	

注：***、**、*分别表示在1%、5%、10%水平上显著，均为双尾检验。

接着，本章同时采用倾向得分匹配（PSM）和"行业-年度-规模最接近"匹配两种方法进行配对，在取得配对样本后，重新对模型（4-1）和模型（4-2）进行估计。对于倾向得分匹配法，首先，为了估计各观测的倾向得分值，本章构建了logitistic回归模型。在该模型中，被解释变量是审计质量（AUQ），解释变量包括：公司规模（SIZE）、资产负债率（LEV）、资产报酬率（ROA）、公司年龄（FIRMAGE）、高管薪酬（COMP，排名前三位高管薪酬的自然对数）、第一大股东持股比例（TOP1）、现金流水平（CAFL）、企业成长性（GROWTH）、有形资产比率（TANG）、企业性质（SOE）、企业所在地区金融市场化水平（MARKET）（Lawrence，Minutti-Meza，and Zhang，2011；DeFond，Erkens and Zhang，2016；Yuan，Cheng and Ye，2016）。利用该模型，笔者计算出每个观测的倾向得分值。之后，根据倾向得分值，以审计质量较高样本为处理组，以审计质量较低样本为控制组，按照1:1的比例进行了配对，从而得到配对样本。[①]对于"行业-年度-规模最接近"匹配法，即为每一个处理样本寻找一个与之处于同一行业、同一年度且资产规模最接近的控制样本，从而得到配对样本。配对完成后，本章利用配对样本重新估计了模型（4-1）和模型（4-2）。需要说明的是，为了缓解可能因遗漏公司固定因素对研究结论造成的影响，本章在利用配对样本进行回归估计时，采用了公司固定效应模型。表4-7报告了利用配对样本进行回归的有关结果，其中，Panel A报告了利用PSM方法所得配对样本进行回归估计的结果，Panel B报告了利用"行业-年度-规模最接近"方法所得配对样本进行回归估计的结果。由表4-7可知，在两种配对方法下，AUQ的估计系数均显著为负（估计系数=-0.4188，-0.4834；wald值=3.14，8.45），表明当审计质量较高时，公司发生债务违约的概率较小，与H4-1相一致；AUQ*SOE的估计系数均显著为正（估计系数=0.8265，0.7848；wald值=2.59，4.47），表明在国有企业里，高质量审计对债务违约可能性的降低作用显著弱化，与H4-2相一致。[②]

最后，本章采用Heckman两阶段模型来缓解自选择偏差问题对研究结论可能造成的影响。借鉴现有文献的做法（Lawrence，Minutti-Meza and Zhang，2011；Yuan，Cheng and Ye，2016），本章首先通过估计如下Probit模型得到逆米斯比率（Inverse Mills Ratio，IMR）：

$$AUQ = \varphi_0 + \varphi_1 SIZE + \varphi_2 LEV + \varphi_3 ROA + \varphi_4 LOSS + \varphi_5 LIQ + \varphi_6 CURR + \varphi_7 TROVER + \varphi_8 GROWTH +$$
$$Industry + Year + \omega \tag{4-3}$$

---

① 借鉴已有文献的做法（Lawrence，Minutti-Meza，and Zhang，2011；Munutti-Meza，2013），PSM配对的具体方法为：设定匹配尺度（Caliper）的最近邻居匹配法，匹配尺度设定为0.03，同时要求符合common support的条件。

② 未报告的结果中，亦采用了"行业-年度-业绩最接近"的配对方法，研究结论保持不变。

表 4-7　　　　　　　　　　　　　多元回归结果：配对+固定效应模型

Panel A：PSM 配对+固定效应模型

变量符号	模型（4-1） 估计系数	模型（4-1） wald 值	模型（4-2） 估计系数	模型（4-2） wald 值
INTERCEPT	−4.5139	3.52*	−4.5679	3.28*
AUQ	−0.4188	3.14*	−0.9608	5.42**
AUQ*SOE			0.8265	2.59*
SOE			−0.4969	2.45
SIZE	−0.1129	1.27	−0.0875	0.66
LEV	2.9471	79.24***	2.8873	76.05***
ROA	−3.3605	7.55***	−3.3354	6.85***
CAFL	−2.1377	2.01	−2.4057	2.38
TROVER	−0.6645	6.00	−0.7982	10.09***
LIQ	−0.4307	0.40	−0.3685	0.25
TANG	−0.7767	0.99	−0.6244	0.55
GROWTH	−1.5535	4.68**	−1.8314	5.11**
RETURN	0.3730	2.20	0.4154	2.81*
FIRMAGE	0.0668	4.78**	0.0585	3.35*
Firm	已控制		已控制	
Year	已控制		已控制	
Pseudo R 方	0.2989		0.3111	
样本量	7 872		7 172	

Panel B："行业–年度–规模" 配对+固定效应模型

变量符号	模型（4-1） 估计系数	模型（4-1） wald 值	模型（4-2） 估计系数	模型（4-2） wald 值
INTERCEPT	3.9321	6.55**	4.0605	6.26**
AUQ	−0.4834	8.45***	−0.8806	10.56***
AUQ*SOE			0.7848	4.47**
SOE			−0.3086	1.48
SIZE	−0.3517	28.07***	−0.3480	24.17***
LEV	3.0052	11.79***	−1.7198	2.17
ROA	−1.5351	2.01	3.0562	10.74***
CAFL	−7.1485	42.37***	−7.7246	46.34***
TROVER	−0.4446	3.66*	−0.5946	6.30**
LIQ	−1.3612	8.07***	−1.1765	5.08**
TANG	−1.1396	3.59*	−0.8002	1.54
GROWTH	−0.5596	1.72	−0.5013	1.13
RETURN	−0.1974	1.03	−0.2231	1.28
FIRMAGE	0.0165	0.72	0.0056	0.07
Firm	已控制		已控制	
Year	已控制		已控制	
Pseudo R 方	0.2607		0.2739	
样本量	11 174		10 182	

注：***、**、*分别表示在1%、5%、10%水平上显著，均为双尾检验。

在模型（4-3）中，CURR 为流动比率，等于流动资产与流动负债的比值。其余变量的定义请参阅表4-1。通过模型（4-3）的估计得到逆米斯比率后，将其作为控制变量放入到模型（4-1）和模型（4-2）中，并对模型（4-1）和模型（4-2）重新进行回归估计。表4-8报告了相关的估计结果。由表4-8可知，在针对模型（4-1）的估计结果中，变量 AUQ 的估计系数显著为负（估计系数=-0.4572，wald值=11.04），表明当审计质量较高时，公司发生债务违约的可能性较小，与H4-1相一致；在针对模型（4-2）的估计结果中，AUQ*SOE 的估计系数显著为正（估计系数=0.6611，wald值=5.46），表明在国有企业里，高质量审计对债务违约可能性的降低作用显著弱化，与H4-2相一致。

表4-8　　　　　　　　　多元回归结果：Heckman 模型

变量符号	模型（4-1）		模型（4-2）	
	估计系数	wald 值	估计系数	wald 值
INTERCEPT	-5.1544	2.47	-4.2906	1.49
AUQ	-0.4572	11.04***	-0.7970	13.03***
AUQ*SOE			0.6611	5.46**
SOE			-0.3916	9.65***
SIZE	-0.0044	0.01	-0.0170	0.02
LEV	2.2064	16.50***	2.2035	14.46***
ROA	-1.2762	4.27**	-1.0175	2.40
CAFL	-4.8422	45.15***	-5.5438	52.28***
TROVER	-0.6290	12.47***	-0.6253	12.02***
LIQ	-0.8594	6.94***	-0.9558	7.57***
TANG	-1.5092	14.08***	-1.2962	9.05***
GROWTH	-1.5647	19.79***	-1.7273	19.07***
RETURN	-0.1458	1.20	-0.1134	0.72
FIRMAGE	0.0532	16.88***	0.0495	13.43***
IMR	1.2983	3.32*	0.9476	1.53
Industry	已控制		已控制	
Year	已控制		已控制	
Pseudo R 方	0.2754		0.2885	
样本量	22 091		20 014	

注：***、**、*分别表示在1%、5%、10%水平上显著，均为双尾检验。

综合上述实证结果可知，在采用一系列方法来缓解可能存在的内生性问题后，本章的研究结论依然成立。

4.6 进一步研究：公司信息环境和治理水平的 调节效应

前文指出，审计具有信息功能和治理功能，能够改善公司信息环境和治理水平，从而优化公司现金流量的分布状况，最终降低公司发生债务违约的概率。依此逻辑，审计质量对公司发生债务违约概率的影响，应该与上市公司的信息环境和治理水平相关。具体而言：当上市公司的信息环境较差或治理水平较低时，高质量审计在改善公司信息环境、提高公司治理水平方面将发挥更大的作用，从而更加能够促进公司现金流量分布状况的优化，最终使得公司发生债务违约的概率得到更大幅度的降低。简而言之，本节预期：当公司信息环境较差或治理水平较低时，审计质量与公司发生债务违约概率之间的负相关关系更强，即公司信息环境和治理水平具有调节效应。

首先，为了检验公司信息环境的调节效应，本节在模型（4-1）的基础上，引入审计质量与公司信息环境的交互项，建立模型（4-4）：

$$DEFAULT= \alpha_0 + \alpha_1 AUQ + \alpha_2 AUQ*INFOR + \alpha_3 INFOR + \alpha_4 SIZE + \alpha_5 LEV + \alpha_6 ROA + \alpha_7 CAFL +$$
$$\alpha_8 TROVER + \alpha_9 LIQ + \alpha_{10} TANG + \alpha_{11} GROWTH + \alpha_{12} RETURN + \alpha_{13} FIRMAGE + Industry + Year + \xi \qquad (4-4)$$

在模型（4-4）中，INFOR 表示公司的信息环境，借鉴现有文献的做法（王艳艳、于李胜，2013；卢文彬、官峰、张佩佩、邓玉洁，2014；王艳艳、于李胜、安然，2014），分别采用分析师跟踪数量、媒体报道数量、股票价格同步性三类指标来进行度量。为了便于对回归结果进行解读，本章对分析师跟踪数量、媒体报道数量两类指标进行了取负值处理（乘以-1），从而使得三类指标的取值越大，表示公司的信息环境越差。具体而言：ANALYST 等于-1乘以 ln（1+分析师关注人数）；MEDIA 等于-1乘以媒体对公司进行报道的数量，媒体对公司进行报道的数量数据手工收集自于八份主要财经报纸（《中国证券报》《证券日报》《证券时报》《上海证券报》《中国经营报》《经济观察报》《21世纪经济报道》《第一财经日报》）；股票价格同步性（SYNCH）是指公司股票价格变动与市场平均价格变动之间的关联性，具体计算方法请参阅王艳艳、于李胜、安然（2014）的研究。各指标均取其滞后两期值。对于信息环境较差的公司而言，若审计质量对公司债务违约可能性的降低作用更加明显，则交互项 AUQ*INFOR 的估计系数 α_2 应显著为负。

表4-9报告了有关的回归结果。由表4-9可知，交互项 AUQ*INFOR 的估计系数显著为负（估计系数 =-0.6668，-0.4970，-0.3117；wald 值 =6.48，4.61，2.98），表明在信息环境较差的公司里，审计质量对公司债务违约可能性的降低作用更加明显，这验证了高质量审计会通过其信息功能来降低公司发生债务违约

的概率这一作用机制。

表4-9　　　　　　　多元回归结果：公司信息环境、审计质量与公司债务违约

变量符号	ANALYST		MEDIA		SYNCH	
	估计系数	wald值	估计系数	wald值	估计系数	wald值
INTERCEPT	2.7444	1.09	0.5465	0.15	2.3816	4.54**
AUQ	−1.5674	9.16***	−0.5876	18.97***	−0.4904	9.87***
AUQ*INFOR	−0.6668	6.48**	−0.4970	4.61**	−0.3117	2.98*
INFOR	0.4856	7.69***	0.2138	1.63	−0.0231	0.09
SIZE	−0.2806	6.18**	−0.2173	10.10***	−0.3137	43.69***
LEV	3.1109	27.50***	2.2966	20.84***	2.8818	75.75***
ROA	−1.4420	0.57	−1.0826	2.46	−1.4228	3.28*
CAFL	−8.3082	24.27***	−4.9422	8.96***	−4.7781	33.10***
TROVER	−0.6561	3.79*	−0.7381	14.19***	−0.9423	20.85***
LIQ	−0.2627	0.11	−0.8817	8.81***	−0.6821	3.65*
TANG	0.4771	0.26	−1.4558	13.10***	−1.6864	13.78***
GROWTH	−1.0266	2.49	−1.3404	13.45***	−1.2555	12.47***
RETURN	−0.2845	0.77	−0.0561	0.24	−0.1816	1.47
FIRMAGE	0.0382	2.18	0.0577	16.89***	0.0451	9.44***
Industry	已控制		已控制		已控制	
Year	已控制		已控制		已控制	
Pseudo R方	0.2732		0.2693		0.2484	
样本量	19 292		22 982		19 517	

注：***、**、*分别表示在1%、5%、10%水平上显著，均为双尾检验。

之后，为了检验公司治理水平的调节效应，本节在模型（4-1）的基础上，引入审计质量与公司治理水平的交互项，建立模型（4-5）：

$$DEFAULT = \alpha_0 + \alpha_1 AUQ + \alpha_2 AUQ*GOVER + \alpha_3 GOVER + \alpha_4 SIZE + \alpha_5 LEV + \alpha_6 ROA + \alpha_7 CAFL + \alpha_8 TROVER + \alpha_9 LIQ + \alpha_{10} TANG + \alpha_{11} GROWTH + \alpha_{12} RETURN + \alpha_{13} FIRMAGE + Industry + Year + \xi \quad (4-5)$$

在模型（4-5）中，GOVER表示公司治理水平，借鉴现有文献的做法（申慧慧、于鹏、吴联生，2012；郑志刚、孙娟娟、Rui Oliver，2012），分别采用管理费用率（AMFEE）、管销费用率（ASFEE）、管理层超额薪酬（ABCOM）三个指标来进行度量。其中，管理费用率（AMFEE）等于管理费用与营业收入的比值，再减去行业-年度中位数；管销费用率（ASFEE）等于管理费用与销售费用之和与营业收入的比值，再减去行业-年度中位数；管理层超额薪酬（ABCOM）为虚拟变量，当管理层超额薪酬高于行业-年度均值时，取值为1，

否则取值为 0[①]。显然，当 AMFEE、ASFEE、ABCOM 取值较大时，表示公司的代理冲突较为严重，治理水平较低。AUQ*GOVER 表示 AUQ 与 GOVER 的交互项。AMFEE、ASFEE、ABCOM 均取滞后两期值。对于治理水平较低的公司而言，若审计质量对公司债务违约可能性的降低作用更加明显，则交互项 AUQ*GOVER 的估计系数 α_2 应显著为负。

表 4-10 报告了有关的回归结果。由表 4-10 可知，交互项 AUQ*GOVER 的估计系数显著为负（估计系数=-0.5534，-0.4846，-0.3826；wald 值=5.61，4.22，2.82），表明在治理水平较低的公司里，审计质量对公司债务违约可能性的降低作用更加明显，这验证了高质量审计会通过其治理功能来降低公司发生债务违约的概率这一作用机制。

表 4-10　　　　多元回归结果：公司治理水平、审计质量与公司债务违约

变量符号	AMFEE		ASFEE		ABCOM	
	估计系数	wald 值	估计系数	wald 值	估计系数	wald 值
INTERCEPT	1.7635	2.18	1.4913	1.34	3.0092	4.90**
AUQ	-0.4156	12.54***	-0.4059	11.80***	-0.2848	3.37*
AUQ*GOVER	-0.5534	5.61**	-0.4846	4.22**	-0.3826	2.82*
GOVER	0.3221	7.37***	0.3431	9.82***	-0.2137	4.18**
SIZE	-0.2547	17.20***	-0.2413	13.74***	-0.3120	26.50***
LEV	-0.0019	0.61	-0.0028	1.32	-0.0035	1.15
ROA	-4.1409	22.34***	-4.0586	23.57***	-3.8320	25.93***
CAFL	-5.0069	8.35***	-5.0256	8.23***	-6.4711	55.31***
TROVER	-0.5917	7.11***	-0.5847	6.78***	-0.5467	8.14***
LIQ	-0.7725	6.01**	-0.7147	5.36**	-1.0371	7.35***
TANG	-1.1051	6.42**	-1.0050	5.38**	-0.9702	4.39**
GROWTH	-1.4253	10.13***	-1.5394	10.96***	-1.2325	6.76***
RETURN	-0.0651	0.21	-0.0969	0.53	-0.1528	1.36
FIRMAGE	0.0863	46.34***	0.0847	45.80***	0.0862	33.07***
Industry	已控制		已控制		已控制	
Year	已控制		已控制		已控制	
Pseudo R 方	0.2206		0.2186		0.2266	
样本量	21 119		20 750		14 268	

注：***、**、*分别表示在1%、5%、10%水平上显著，均为双尾检验。

① 借鉴郑志刚、孙娟娟、Rui Oliver（2012）的做法，本章采用如下模型来估计管理层超额薪酬：PAY=λ_0+λ_1SIZE+λ_2ROA+λ_3ROA_LAG+λ_4LEV+λ_5MHOLD+λ_6DUAL+λ_7BOARDSIZE+λ_8TANG+λ_9TOBINQ+λ_{10}GROWTH+λ_{11}RETURN+λ_{12}EMPLOY+λ_{13}SOE+π
上式中，PAY 等于 ln（1+高管前三名薪酬总额）；SIZE 表示公司规模；ROA 表示总资产报酬率；ROA_LAG 表示滞后一期的资产报酬率；LEV 表示资产负债率；MHOLD 表示管理层持股比例；DUAL 为虚拟变量，当董事长与总经理由同一人兼任时，取值为 1，否则取值为 0；BOARDSIZE 表示董事会的总人数；TANG 表示有形资产比率；TOBINQ 表示托宾 Q 比率；GROWTH 表示营业收入增长率；RETURN 表示年股票收益率；EMPLOY 表示公司员工数量的自然对数；SOE 为虚拟变量，国有企业取值为 1，否则取值为 0。由该模型进行回归估计所得到的残差即为管理层超额薪酬。

综上，当公司信息环境较差或治理水平较低时，审计质量对公司发生债务违约概率的降低作用更加明显。这验证了高质量审计会通过其信息功能和治理功能来降低公司发生债务违约概率的作用机制。

4.7 本章小结

本章以我国 A 股上市公司为研究样本，考查了审计质量与公司发生债务违约可能性之间的关系。研究发现，较高的审计质量有助于降低公司发生债务违约的可能性。但是，在国有企业里，审计质量对公司债务违约可能性的降低作用显著弱化。在采用公司固定效应模型、PSM 配对、行业－年度－规模配对、Heckman 两阶段模型等一系列稳健性检验后，上述研究结论依然成立。进一步研究的结果显示，当公司的信息环境较差、治理水平较低时，审计质量对公司债务违约概率的降低作用更加明显。这验证了高质量审计通过其信息功能和治理功能来降低公司发生债务违约概率的作用机制。

本章的研究验证了外部审计在抑制公司债务违约方面所发挥的积极作用，表明发展高质量审计是减小微观企业个体性债务风险的一条可行之路，这一发现在当前"去杠杆""控风险"的宏观政策背景下具有重要的现实意义。但是，外部审计在公司债务市场中所发挥的上述积极作用并非是无条件的。对于国有企业，由于预算软约束的存在，外部审计的作用将会受到削弱。这一结论暗示，政府的"兜底"行为阻碍了市场机制发挥作用，有关方面可能需要重新定位政府在公司债务市场上的角色，以促进资源配置效率的进一步提高。

第5章　审计质量、公司债务违约与债权人反应

5.1　本章引言

债权融资是公司重要的融资手段之一。采用债权融资方式时，公司须承担按期还本、付息的法定义务[1]。《中华人民共和国合同法》第一百九十六条明确规定："借款合同是借款人向贷款人借款，到期返还借款并支付利息的合同"，这表明按期偿还债务在法律意义上具有强制性。因此，只要公司具有偿债能力，就应该按期偿还所欠债务。通常而言，当公司不能按期偿还债务时（即债务违约），意味着公司经营遇到了困难，财务状况堪忧（Lan and Ho，2010）。

债权人是公司债务违约的直接受害人，且常常遭受较为严重的损失。例如，爆发于2007年的美国次贷危机，由于借款人无法按期偿还债务，致使银行产生大面积坏账、损失惨重，甚至破产倒闭。据统计，在次贷危机最为严重的2008年至2011年间，美国分别有30家、140家、157家、93家银行破产倒闭，而在2007年之前的10年里，美国破产倒闭的银行总数仅为43家。[2]

现有研究表明，债权人对于风险具有高度的敏感性（周楷唐、麻志明、吴联生，2016），对于公司运营过程中所表现出的风险信号，债权人会迅速进行捕捉并加以评估，以确定应对措施，从而最大限度地减少损失。例如，当公司避税较为激进、客户集中程度较高、总经理个人权力较大、公司所处行业竞争较为激烈时，银行在制定债务契约时就会有所考虑，并将与之相关联的风险纳入贷款定价（李小荣、董红晔、张瑞君，2015；后青松、袁建国、张鹏，2016；Valta，2012；Campello and Gao，2016）。

既然债权人对风险具有较高的敏感度，那么，在公司发生债务违约以后，债权人会做出怎样的反应呢？本章将对这一问题展开探讨。需要说明的是，本章对债权人反应的探讨，主要针对银行，即考查银行在公司发生债务违约以后如何反

---

[1]　这里所说的法定义务，是指具有约束力的合同或法律法规规定的义务，通常在法律意义上需要强制执行。
[2]　上述数据来源于美国联邦存款保险公司（Federal Deposit Insurance Corporation，FDIC）。

应。这是因为我国上市公司的债务主要来源于银行贷款（陈德球、刘经纬、董志勇，2013；赵刚、梁上坤、王玉涛，2014；Chen，Chen，Lobo and Wang，2010），即银行是我国上市公司的主要债权人（王志芳、油晓峰，2009；Chen，Chen，Lobo and Wang，2010）。根据熊剑、王金（2016）的统计，在我国上市公司的负债中，银行贷款的比例高达85%以上。[①]进一步，本章还考查了审计质量对公司债务违约以后债权人反应的影响。本章认为，债权人主要关注公司是否能够如期履行债务合约、及时偿还所欠债务，并根据自身所评估的风险水平来决定要进一步采取的措施。因此，公司发生债务违约以后，债权人评估的风险水平越高，其反应程度也就越大。高质量审计能够通过增强财务报告信息可信度、减少管理层机会主义行为、提高会计稳健性等途径，影响债权人评估的风险水平，进而影响债权人的反应程度。

本章属于公司债务违约经济后果方面的研究。本章是在第4章已经考查审计质量对公司债务违约可能性的影响（违约"事前"的视角）的基础上，基于违约"事后"的视角，进一步考查债权人在公司发生债务违约以后的反应以及审计质量对其反应的影响。本章后续内容安排如下：5.2节是理论分析与研究假设；5.3节是研究设计；5.4节是实证结果及分析；5.5节是稳健性检验；5.6节是本章小结。

本书后续章将延续本章的研究思路，进一步考查其他利益相关者（投资者、管理层、审计师）在公司发生债务违约以后的反应以及审计质量对其反应的影响。

5.2　理论分析与研究假设

在成熟的资本市场中，公司债务违约是一种较为常见的现象。然而，这并非意味着债务违约对公司的影响微不足道，相反，债务违约给公司施加的成本不容小觑，公司一般会尽量避免债务违约。而债务违约的发生，通常表明公司的经营和财务状况已经恶化，不具备偿还债务所必需的盈利水平。

债权人是资本市场上的重要参与者，对风险具有很高的敏感度，当风险信号出现时，债权人会及时反应并采取相应措施，以减少自身可能遭受的损失（周楷唐、麻志明、吴联生，2016；Dichev and Skinner，2002）。例如，李小荣、董红晔、张瑞君（2015）的研究发现，CEO个人权力的增大会增加公司财务风险并损害公司治理机制，鉴于此，银行会减少对CEO权力较大公司的信贷供给；后

---

① 实际上，不仅仅是对于上市公司的债务融资，银行贷款在我国社会总体融资活动中也占有举足轻重的地位。例如，根据《2012年中国金融市场发展报告》的统计数据，银行贷款占社会融资总额的比重约为76%。

青松、袁建国、张鹏（2016）的研究发现，企业税收规避行为容易导致管理层的机会主义行为、税务部门的处罚、银行与企业之间信息不对称程度的加剧，因此对于税收规避程度较高的企业，银行会提高利率水平；Campello and Gao（2016）的研究发现，较高的客户集中度会使企业进行更多的专用性投资（Specific investment），导致流动性不足，因此，银行会向客户集中度较高的企业要求更高的利息水平；Valta（2012）的研究发现，处于产品市场竞争激烈行业中的企业，利润留存水平较低但风险承担（Risk-taking）水平较高，导致银行向其收取更多的利息。由上述文献可知，减小贷款规模和提高利息水平是银行应对风险的常用措施。这是因为：较小的贷款规模有利于银行收回企业所欠资金（特别是当企业陷入财务困境时），且有利于降低银行的监督成本（Ahn and Choi，2009）[①]；而提高利息水平则是银行对自身所承担风险的一种补偿手段（周楷唐、麻志明、吴联生，2016）。

如前文所述，债务违约通常表明公司的经营、财务状况恶化，偿债能力下降（Ho and Lan，2010），因而会增加债权人所面临的风险，从而导致债权人采取相应的应对措施。基于上述分析，本章提出假设 H5-1 和假设 H5-2：

H5-1：公司发生债务违约以后，银行贷款的规模减小。

H5-2：公司发生债务违约以后，银行贷款的利息水平提高。

如上文所述，公司发生债务违约以后，债权人研判自身所面临的风险水平升高，因而会采取相应的应对措施，以减少可能遭受的损失。换言之，债权人的反应程度与其研判的风险水平呈正相关关系，即债权人研判的风险水平越高，其反应程度越大。本章认为，高质量审计能够降低债权人研判的风险水平，从而弱化债权人的反应程度。这是因为债权人会对外部审计予以特别关注，特别是在公司陷入财务困境的情况下。例如，Rennie，Senkow，Rennie and Wong（2003）对1994年加拿大取消对大型私有公司强制性审计要求后，大型私有公司是否继续接受审计的情况进行了调查，结果发现大部分公司（73%）选择了继续接受审计，而债权人的要求是公司继续接受审计的首要原因（35.6%）。Chu，Mathieu and Mbagwu（2009）进一步发现，当公司陷入财务困境时，债权人对审计师的依赖程度增加，以获得更多可为决策提供参考的增量信息。关于审计质量发挥作用的具体机制，可以从以下三个方面来理解[②]。第一，高质量审计有助于减少债权人面临的信息不对称风险。与公司管理层相比，债权人对公司的了解相对有限，处于信息劣势（Zhang，2008）。审计具有信息功能，高质量的审计能够为债权人提供更加真实可靠的信息，增强债权人对公司的了解，减少债权人面临的信息风

[①]　Ahn and Choi（2009）指出，当贷款规模较大时，银行与企业的利益关联程度较高，银行业绩更容易受到企业业绩的影响，银行需要付出更高的成本来监督企业。

[②]　当然，审计质量影响债权人研判的风险水平的具体作用机制，可能并不局限本章所探讨的这几条路径，后续研究可以对这一问题展开深入探讨。

险（廖义刚、杨小燕、黄洁，2012），从而弱化债权人的反应。第二，高质量审计有助于缓解代理冲突，减少管理层机会主义行为。审计具有治理功能，高质量的审计有助于降低代理成本、改善公司治理水平，使管理层努力工作，从而增强公司的盈利能力，减小债权人面临的违约风险，弱化债权人的反应（Fan and Wang，2005；Ashbaugh-Skaife，Collins and LaFond，2006）。第三，高质量审计有助于提高会计稳健性（Francis and Krishnan，1999）。公司的会计稳健性越高，其财务状况被高估的可能性越小，债权人据此评估的违约风险也就越稳健，因而债权人承担的风险水平越低（刘文军，2014）；进一步的，较高的会计稳健性还有助于抑制管理层的机会主义行为，提高公司盈利水平（赵刚、梁上坤、王玉涛，2014）。综合上述分析，本章提出假设H5-3和假设H5-4：

H5-3：当审计质量较高时，公司发生债务违约以后银行贷款规模的下降程度减小。

H5-4：当审计质量较高时，公司发生债务违约以后银行贷款利息水平的提高程度减小。

5.3　研究设计

5.3.1　样本选择与数据来源

本章以2000—2014年我国A股上市公司为研究样本。样本区间之所以截至2014年，是因为至笔者行文时，仅能取得公司债务违约至2014年的最新数据。公司财务数据和治理数据来源于国泰安金融研究数据库（CSMAR），公司债务违约数据来源于RMI数据库。在剔除金融行业和存在缺失值的样本后，共得到20 135（16 528）条公司-年度观测。①为了减小异常值对估计结果可能造成的影响，本章对连续变量在1%和99%水平上进行了winsorize处理。

5.3.2　实证模型与变量定义

为了验证H5-1和H5-2，本章构建模型（5-1）和模型（5-2）并进行回归分析。上述两个回归模型参考了周楷唐、麻志明、吴联生（2016），后青松、袁建国、张鹏（2016），谢德仁、郑登津、崔宸瑜（2016），Bertrand and Mullainathan（2003），Pittman and Fortin（2004）等研究的回归模型。但也结合了中国上市公司和资本市场的实际情况，对解释变量组中一些变量的定义进行了

---

① 贷款规模样本为20 135条公司-年度观测；贷款利息样本为16 528条公司-年度观测。

修改。例如，鉴于中国上市公司普遍存在"一股独大"的现象，模型中控制了第一大股东持股比例（TOP1），而没有跟随国外一些文献的做法，控制前五大股东的持股总比例总和或前五大股东持股比例的赫芬达尔指数值。模型（5-1）和模型（5-2）的具体形式如下：

$$DEBTSIZE=\alpha_0+\alpha_1DEFAULT+\alpha_2SIZE+\alpha_3LEV+\alpha_4ROA+\alpha_5LOSS+\alpha_6CAFL+\alpha_7TROVER+\alpha_8LIQ+$$
$$\alpha_9TANG+\alpha_{10}GROWTH+\alpha_{11}SOE+\alpha_{12}TOP1+\alpha_{13}BOARD+\alpha_{14}INDEP+Firm+Year+\xi \qquad (5-1)$$
$$DEBTCOST=\beta_0+\beta_1DEFAULT+\beta_2SIZE+\beta_3LEV+\beta_4ROA+\beta_5LOSS+\beta_6CAFL+\beta_7TROVER+\beta_8LIQ+$$
$$\beta_9TANG+\beta_{10}GROWTH+\beta_{11}ICOV+\beta_{12}FIRMAGE+\beta_{13}SOE+\beta_{14}TOP1+\beta_{15}DUAL+\beta_{16}BOARD+$$
$$\beta_{17}INDEP+Firm+Year+\zeta \qquad (5-2)$$

在模型（5-1）中，被解释变量为 DEBTSIZE，表示银行贷款规模，借鉴现有文献的做法（周楷唐、麻志明、吴联生，2016；后青松、袁建国、张鹏，2016），采用贷款总额与公司净资产的比率加以度量。该变量取未来一期值。DEFAULT 是表示公司是否发生债务违约的虚拟变量，发生债务违约时取值为 1，否则取值为 0。债务违约是指公司未按照债务契约的规定，如期支付本金或利息的情形。在模型（5-2）中，被解释变量为 DEBTCOST，表示银行贷款的利息水平，借鉴现有文献的做法（李小荣、董红晔、张瑞君，2015；周楷唐、麻志明、吴联生，2016），采用利息支出与贷款总额的比率加以度量。该变量取未来一期值。DEFAULT 是表示公司是否发生债务违约的虚拟变量，发生债务违约时取值为 1，否则取值为 0。债务违约是指公司未按照债务契约的规定，如期支付本金或利息的情形。根据 H5-1，公司发生债务违约以后，银行贷款规模缩小，因此预计变量 DEFAULT 的估计系数 α_1 显著为负。根据 H5-2，公司发生债务违约以后，银行贷款的利息水平增加，因此预计变量 DEFAULT 的估计系数 β_1 显著为正。

为了控制其他可能对银行贷款规模和银行贷款利息水平产生影响的因素，本章在模型中加入了相应的控制变量。其中，在模型（5-1）中加入如下控制变量：公司规模（SIZE），等于期末资产总额的自然对数；财务杠杆（LEV），等于期末负债总额与资产总额的比率；资产报酬率（ROA），等于净利润与期末资产总额的比率；是否亏损（LOSS），为虚拟变量，当净利润小于零时取值为 1，否则取值为 0；经营活动现金流量（CAFL），等于经营活动现金流量净额与期末资产总额的比率；资产周转率（TROVER），等于营业收入与期末资产总额的比率；流动资产比例（LIQ），等于流动资产与期末资产总额的比率；有形资产比例（TANG），等于固定资产净值与期末资产总额的比率；公司成长性（GROWTH），等于总资产年增长率；产权性质（SOE），虚拟变量，国有企业取值为 1，否则取值为 0；第一大股东持股比例（TOP1），等于第一大股东持股数量占公司总股数的比例；董事会规模（BOARD），等于董事会人数；独立董事比例（INDEP），等于独立董事人数占董事会总人数的比例。

在模型（5-2）中加入如下控制变量：公司规模（SIZE），等于期末资产总额的自然对数；财务杠杆（LEV），等于期末负债总额与资产总额的比率；资产报酬率（ROA），等于净利润与期末资产总额的比率；是否亏损（LOSS），为虚拟变量，当净利润小于零时取值为1，否则取值为0；经营活动现金流量（CAFL），等于经营活动现金流量净额与期末资产总额的比率；资产周转率（TROVER），等于营业收入与期末资产总额的比率；流动资产比例（LIQ），等于流动资产与期末资产总额的比率；有形资产比例（TANG），等于固定资产净值与期末资产总额的比率；公司成长性（GROWTH），等于总资产年增长率；利息保障倍数（ICOV），等于息税前利润与利息费用的比率；公司年龄（FIRMAGE），等于当前年度与公司成立年度之间的时间间隔（年）；产权性质（SOE），虚拟变量，国有企业取值为1，否则取值为0；第一大股东持股比例（TOP1），等于第一大股东持股数量占公司总股数的比例；董事会规模（BOARD），等于董事会人数；两职分离（DUAL），虚拟变量，当总经理和董事长由同一人兼任时，取值为1，否则取值为0。独立董事比例（INDEP），等于独立董事人数占董事会总人数的比例。为了控制公司特征和年度对估计结果可能造成的影响，本章在模型（5-1）和模型（5-2）中加入了公司固定效应（Firm）和年度固定效应（Year）。Thompson（2011）指出，同时在公司和时间维度对标准误进行聚类（Cluster）调整，能够提高估计结果的准确性。因此，在对模型（5-1）和模型（5-2）进行估计时，同时在公司和年度层面对标准误进行了聚类调整。

为了验证 H5-3 和 H5-4，本章在模型（5-1）和模型（5-2）的基础上，引入审计质量与公司债务违约的交互项，构建模型（5-3）和模型（5-4）并进行回归分析。模型（5-3）和模式（5-4）的具体形式如下：

$$DEBTSIZE = \alpha_0 + \alpha_1 DEFAULT + \alpha_2 DEFAULT*AUQ + \alpha_3 AUQ + \alpha_4 SIZE + \alpha_5 LEV + \alpha_6 ROA + \alpha_7 LOSS + \alpha_8 CAFL + \alpha_9 TROVER + \alpha_{10} LIQ + \alpha_{11} TANG + \alpha_{12} GROWTH + \alpha_{13} SOE + \alpha_{14} TOP1 + \alpha_{15} BOARD + \alpha_{16} INDEP + Firm + Year + \xi$$

$$(5-3)$$

$$DEBTCOST = \beta_0 + \beta_1 DEFAULT + \beta_2 DEFAULT*AUQ + \beta_3 AUQ + \beta_4 SIZE + \beta_5 LEV + \beta_6 ROA + \beta_7 LOSS + \beta_8 CAFL + \beta_9 TROVER + \beta_{10} LIQ + \beta_{11} TANG + \beta_{12} GROWTH + \beta_{13} ICOV + \beta_{14} FIRMAGE + \beta_{15} SOE + \beta_{16} TOP1 + \beta_{17} DUAL + \beta_{18} BOARD + \beta_{19} INDEP + Firm + Year + \zeta$$

$$(5-4)$$

其中，模型（5-3）是在模型（5-1）的基础上，加入 AUQ 及其与 DEFAULT 的交互项（DEFAULT*AUQ）；模型（5-4）是在模型（5-2）的基础上，加入 AUQ 及其与 DEFAULT 的交互项（DEFAULT*AUQ）。变量 AUQ 表示审计质量，借鉴 Chen，Chen，Lobo and Wang（2011）的研究，以公司聘请的审计师是否为"八大"会计师事务所来进行度量，若公司聘请的审计师为"八大"会计师事务所，取值为 1，表示审计质量较高，否则取值为 0，表示审计质量较低。[①]会计师事务所的排名取自中国注册会计师协会各年度公布的"会计师事务所综合评价前百家信息"。[②]其余变量的定义同模型（5-1）、模型（5-2），此处不再赘述。根据 H5-3，公司发生债务违约以后，若审计质量较高，银行贷款规模的下降程度减小，因此，预计交互项 DEFAULT*AUQ 的估计系数 α_2 显著为正。根据 H5-4，公司发生债务违约以后，若审计质量较高，银行贷款利息水平上升程度减小，因此，预计交互项 DEFAULT*AUQ 的估计系数 β_2 显著为负。在对模型（5-3）和模型（5-4）进行回归估计时，同时在公司和年度层面对标准误进行了聚类调整。

表 5-1 列示了本章实证模型中所涉及变量的详细定义。

表 5-1　　　　　　　　　　　　　变量定义

变量符号	变量名称与变量定义
DEBTSIZE	贷款规模，等于贷款总额与净资产的比率，取未来一期值
DEBTCOST	贷款利息，等于利息支出与贷款总额的比率，取未来一期值
DEFAULT	债务违约，虚拟变量，公司发生债务违约取值为 1，否则取值为 0
AUQ	审计质量，虚拟变量，八大会计师事务所取值为 1，否则取值为 0
SIZE	公司规模，等于期末资产总额的自然对数
LEV	财务杠杆，等于期末负债总额与期末资产总额的比率
ROA	资产报酬率，等于净利润与期末资产总额的比率
LOSS	是否亏损，虚拟变量，亏损时取值为 1，否则取值为 0
CAFL	经营活动现金流量，等于经营活动现金流量净额与期末资产总额的比率
TROVER	资产周转率，等于营业收入与期末资产总额的比率
LIQ	流动资产比例，等于流动资产总额与期末资产总额的比率
TANG	有形资产比例，等于固定资产净值与期末资产总额的比率
GROWTH	成长情况，等于总资产年增长率
RETURN	股票收益率，等于个股年收益率
ICOV	利息保障倍数，等于息税前利润与利息费用的比率
FIRMAGE	公司年龄，等于公司成立年度到当前年度的时间间隔（年）
SOE	虚拟变量，国有企业取值为 1，否则取值为 0
TOP1	第一大股东持股比例，等于第一大股东持股数量与公司总股数的比率
DUAL	两职合一，虚拟变量，当董事长和总经理由同一人兼任时取值为 1，否则取值为 0
BOARD	董事会规模，等于董事会人数
INDEP	独立董事比例，等于独立董事人数占董事会总人数的比例
Firm	公司固定效应
Year	年度固定效应

[①]　之所以用"八大"会计师事务所，而非"国际四大"会计师事务所来度量审计质量，是因为"国际四大"会计师事务所在我国审计市场上所占的市场份额偏小（约为 5%），而"八大"会计师事务所在我国审计市场上所占的市场份额较大（20% 以上），涵盖范围广泛，具有良好的代表性。作为稳健性检验，本章亦采用是否为"国际四大"会计师事务所来度量审计质量，研究结论保持不变。

大量的研究发现，规模较大的会计师事务所审计质量更高。例如，DeFond, Wong and Li（2000）的研究发现，在中国，与规模较小的会计师事务所相比，规模较大的会计师事务所更易于发表非标准无保留审计意见，表明规模较大的会计师事务所具有更高的专业胜任能力和审计独立性。DeFond and Zhang（2014）在关于审计质量研究的综述性论文中指出，审计师规模是度量审计质量一个较为成熟的指标。张宏亮、文挺（2016）基于中国资本市场数据对该指标的适用性进行了检验，实证结果支持了 DeFond and Zhang（2014）的观点。

如本书第二章所述，在研究审计质量的经济后果时，对于审计质量的度量，通常采用投入类指标而非产出类指标，例如，Chen, Chen, Lobo and Wang（2011）在研究审计质量对公司权益融资成本的影响时，采用是否为"八大"会计师事务所来度量审计质量，若选用审计质量的产出类指标则欠妥。一般而言，当研究审计质量的影响因素时，常选用产出类指标，例如，Chi, Huang, Liao and Xie（2009）在研究审计师强制轮换政策对审计质量的影响时，采用异常应计利润的绝对值来度量审计质量。

[②]　该排名自 2002 年开始，2000 年和 2001 年的排名用 2002 年的排名代替。

5.4 实证结果及分析

5.4.1 描述性统计

表 5-2 报告了实证模型中主要变量的描述性统计结果。其中，Panel A 报告了模型（5-1）和模型（5-3）中有关变量的描述性统计结果，Panel B 报告了模型（5-2）和模型（5-4）中有关变量的描述性统计结果。由 Panel A 可知，DEBTSIZE 的均值为 0.5363，中位数为 0.3225，四分位数下限为 0.0704，四分位数上限为 0.7411，说明我国上市公司对银行贷款融资存在较强的依赖性，但各公司之间也表现出较大的差异性。DEFAULT 的均值为 0.0240，四分位数中位数为 0，说明约有 2.4% 的样本公司发生过债务违约。AUQ 的均值为 0.3399，中位数为 0，四分位数下限为 0，四分位数上限为 1，说明约有 33.99% 的上市公司选择审计质量较高的审计师进行财务报告审计，这一结果与 Chen，Chen，Lobo and Wang（2011）的统计结果类似。其余变量的分布状况都比较合理，例如，ROA 的均值为 0.0309，中位数为 0.0322，四分位数下限为 0.0109，四分位数上限为 0.0607，说明我国公司总体处于盈利状态，资产报酬率约在 3% 以上，这与之前研究的发现相一致（如：唐松、孙铮，2014）；TOP1 的均值为 0.3693，中位数为 0.3476，四分位数下限为 0.2438，四分位数上限为 0.4881，说明我国上市公司"一股独大"的现象比较普遍。

由 Panel B 可知，DEBTCOST 的均值为 0.0894，中位数为 0.0634，四分位数下限为 0.0452，四分位数上限为 0.0884，说明我国上市公司银行贷款融资的利息率约为 8.94%，但各公司之间也表现出较大的差异性，这与之前研究的发现相一致（后青松、袁建国、张鹏，2016）。DEFAULT 的均值为 0.0249，中位数为 0，说明约有 2.49% 的样本公司发生过债务违约。AUQ 的均值为 0.3434，中位数为 0，四分位数下限为 0，四分位数上限为 1，说明约有 34.34% 的上市公司选择审计质量较高的审计师进行财务报告审计，这与之前研究的统计结果相类似（Chen，Chen，Lobo and Wang，2011）。其余变量的分布状况都比较合理，例如，GROWTH 的均值为 0.1477，中位数为 0.0992，四分位数下限为 0.0061，四分位数上限为 0.2238，说明我国公司具有较高的成长水平，资产年均增长率在 14% 以上；SOE 的均值为 0.5610，中位数为 1，四分位数下限为 0，四分位数上限为 1，说明我国上市公司以国有企业为主，这与我国的现实情况相符合。

表 5-2　　　　　　　　　　　　变量的描述性统计

Panel A：模型（5-1）及模型（5-3）中有关变量

变量符号	均值	标准差	四分位数下限	中位数	四分位数上限
DEBTSIZE	0.5363	0.7465	0.0704	0.3225	0.7411
DEFAULT	0.0240	0.1532	0.0000	0.0000	0.0000
AUQ	0.3399	0.4737	0.0000	0.0000	1.0000
SIZE	21.6427	1.2339	20.8001	21.5080	22.3226
LEV	0.4921	0.2482	0.3200	0.4891	0.6391
ROA	0.0309	0.0688	0.0109	0.0322	0.0607
LOSS	0.1133	0.3169	0.0000	0.0000	0.0000
CAFL	0.0437	0.0802	0.0017	0.0435	0.0889
TROVER	0.6626	0.4804	0.3430	0.5457	0.8305
LIQ	0.5463	0.2162	0.3859	0.5573	0.7114
TANG	0.2641	0.1814	0.1219	0.2319	0.3799
GROWTH	0.1416	0.2715	0.0024	0.0918	0.2143
SOE	0.5403	0.4984	0.0000	1.0000	1.0000
TOP1	0.3693	0.1571	0.2438	0.3476	0.4881
BOARD	9.1031	1.8792	8.0000	9.0000	9.0000
INDEP	0.3618	0.0533	0.3333	0.3333	0.3750

Panel B：模型（5-2）及模型（5-4）中有关变量

变量符号	均值	标准差	四分位数下限	中位数	四分位数上限
DEBTCOST	0.0894	0.1200	0.0452	0.0634	0.0884
DEFAULT	0.0249	0.1557	0.0000	0.0000	0.0000
AUQ	0.3434	0.4748	0.0000	0.0000	1.0000
SIZE	21.7699	1.2375	20.9090	21.6269	22.4671
LEV	0.5179	0.2284	0.3644	0.5122	0.6518
ROA	0.0277	0.0655	0.0100	0.0296	0.0560
LOSS	0.1150	0.3190	0.0000	0.0000	0.0000
CAFL	0.0401	0.0779	0.0004	0.0407	0.0847
TROVER	0.6667	0.4767	0.3499	0.5514	0.8348
LIQ	0.5352	0.2143	0.3765	0.5427	0.6958
TANG	0.2712	0.1814	0.1292	0.2400	0.3891
GROWTH	0.1477	0.2643	0.0061	0.0992	0.2238
ICOV	3.5193	44.5772	1.0883	2.9221	7.8557
FIRMAGE	13.8574	5.0442	10.0000	14.0000	17.0000
SOE	0.5610	0.4963	0.0000	1.0000	1.0000
TOP1	0.3711	0.1572	0.2462	0.3499	0.4897
DUAL	0.1658	0.3719	0.0000	0.0000	0.0000
BOARD	9.1781	1.8915	8.0000	9.0000	9.0000
INDEP	0.3613	0.0536	0.3333	0.3333	0.3750

5.4.2 多元回归结果

表 5-3 报告了模型（5-1）的回归结果。由表 5-3 可知，DEFAULT 的估计系数在 1% 水平上显著为负（估计系数=-0.1914；t值=-6.92），表明在公司发生债务违约以后，银行贷款的规模会明显减小，这验证了 H5-1。在经济显著性方面，公司发生债务违约以后，银行贷款规模约下降 35.69%，[①]说明公司债务违约对银行贷款规模的影响是重大的。控制变量的估计结果也比较合理。例如，SIZE 的估计系数显著为正，说明规模较大公司更可能获得数额较大的银行贷款；LEV 的估计系数显著为正，说明公司资产负债率与银行贷款规模呈正相关关系；TANG 的估计系数显著为正，说明债务担保能力较强公司更可能获得数额较大的银行贷款；SOE 的估计系数显著为正，说明国有企业更可能获得数额较大的银行贷款。

表 5-3　　　　　　　　多元回归结果：公司债务违约与贷款规模

变量符号	估计系数	t值
INTERCEPT	-2.4477	-62.04***
DEFAULT	-0.1914	-6.92***
SIZE	0.1108	59.96***
LEV	1.0272	72.81***
ROA	-0.1690	-2.45**
LOSS	0.0554	5.48***
CAFL	-1.0431	-34.94***
TROVER	-0.0746	-16.77***
LIQ	-0.0700	-5.28***
TANG	0.4471	28.00***
GROWTH	0.1494	21.57***
SOE	0.0118	3.05***
TOP1	-0.0624	-5.48***
BOARD	0.0048	4.25***
INDEP	-0.1488	-4.81***
Firm	已控制	
Year	已控制	
Pseudo R方	0.2310	
样本量	20 135	

注：***、**、*分别表示在 1%、5%、10% 水平上显著，均为双尾检验。

---

① （-0.1914）×（1-0）÷0.5363 =-35.69%，其中，-0.1914 是回归模型中变量 DEFAULT 的估计系数，0.5363 是银行贷款规模（DEBTSIZE）的均值。

　　表 5-4 报告了模型（5-2）的回归结果。由表 5-4 可知，DEFAULT 的估计系数在 1% 水平上显著为正（估计系数=0.0406；t 值=10.15），表明在公司发生债务违约以后，银行贷款的利息水平显著上升，这验证了 H5-2。在经济显著性方面，公司发生债务违约以后，银行贷款利息水平约上升 45.41%，[①]说明公司债务违约对银行贷款利息水平的影响是重大的。控制变量的回归结果也比较符合预期。例如，SIZE 的估计系数显著为负，说明规模较大公司的银行贷款利息水平较低；LEV 的估计系数显著为正，说明资产负债率较高公司的银行贷款利息水平较高；LOSS 的估计系数显著为正，说明亏损公司的银行贷款利息水平较高；TANG 的估计系数显著为负，说明债务担保能力较强公司的银行贷款利息水平较低。

表 5-4　　　　　　　　多元回归结果：公司债务违约与贷款利息

变量符号	估计系数	t 值
INTERCEPT	0.2389	25.17***
DEFAULT	0.0406	10.15***
SIZE	−0.0051	−12.61***
LEV	0.0209	8.34***
ROA	−0.0035	−0.23
LOSS	0.0237	18.09***
CAFL	0.0804	10.38***
TROVER	0.0077	11.24***
LIQ	−0.0307	−9.01***
TANG	−0.0331	−8.61***
GROWTH	−0.0215	−16.16***
ICOV	0.0001	4.59***
FIRMAGE	0.0002	3.67***
SOE	0.0029	3.36***
TOP1	−0.0073	−4.14***
DUAL	0.0000	0.04
BOARD	−0.0003	−1.42
INDEP	−0.0386	−7.48***
Firm	已控制	
Year	已控制	
Pseudo R 方	0.0351	
样本量	16 528	

注：***、**、*分别表示在 1%、5%、10% 水平上显著，均为双尾检验。

---

　　① （0.0406）×（1−0）÷0.0894 = 45.41%，其中，0.0406 是回归模型中变量 DEFAULT 的估计系数，0.0894 是银行贷款利息水平（DEBTCOST）的均值。

表 5-5 报告了模型（5-3）的回归结果。由表 5-5 可知，交互项 DEFAULT*AUQ 的估计系数显著为正（估计系数=0.0856；t值=2.43），表明公司发生债务违约以后，若审计质量较高，则银行贷款规模的下降程度减小，这验证了 H5-3。其他控制变量的估计结果与模型（5-1）类似，这里不再赘述。

表 5-5　　　　多元回归结果：审计质量、公司债务违约与贷款规模

变量符号	估计系数	t值
INTERCEPT	−2.4757	−62.93***
DEFAULT	−0.2077	−6.26***
DEFAULT*AUQ	0.0856	2.43**
AUQ	−0.0314	−10.83***
SIZE	0.1128	61.10***
LEV	1.0248	72.82***
ROA	−0.1639	−2.38**
LOSS	0.0564	5.57***
CAFL	−1.0406	−34.93***
TROVER	−0.0737	−16.52***
LIQ	−0.0721	−5.44***
TANG	0.4443	27.81***
GROWTH	0.1484	21.39***
SOE	0.0104	2.69***
TOP1	−0.0589	−5.16***
BOARD	0.0049	4.37***
INDEP	−0.1477	−4.79***
Firm	已控制	
Year	已控制	
Pseudo R 方	0.2314	
样本量	20 135	

注：***、**、*分别表示在1%、5%、10%水平上显著，均为双尾检验。

表 5-6 报告了模型（5-4）的回归结果。由表 5-6 可知，交互项 DEFAULT*AUQ 的估计系数显著为负（估计系数=−0.0688；t值=−15.63），表明公司发生债务违约以后，若审计质量较高，则银行贷款利息水平的上升程度明显减小，这验证了 H5-4。其他控制变量的估计结果与模型（5-2）类似，这里不再赘述。

表 5-6　　　　多元回归结果：审计质量、公司债务违约与贷款利息

变量符号	估计系数	t 值
INTERCEPT	0.2634	23.98***
DEFAULT	0.0414	10.21***
DEFAULT*AUQ	−0.0688	−15.63***
AUQ	0.0146	9.39***
SIZE	−0.0062	−13.40***
LEV	0.0217	8.64***
ROA	−0.0057	−0.37
LOSS	0.0232	17.58***
CAFL	0.0793	10.22***
TROVER	0.0077	11.16***
LIQ	−0.0291	−8.76***
TANG	−0.0319	−8.43***
GROWTH	−0.0208	−15.61***
ICOV	−0.0001	−4.62***
FIRMAGE	0.0002	3.65***
SOE	0.0030	3.48***
TOP1	−0.0079	−4.54***
DUAL	0.0001	0.00
BOARD	−0.0004	−1.70*
INDEP	−0.0417	−8.15***
Firm	已控制	
Year	已控制	
Pseudo R 方	0.0360	
样本量	16 528	

注：***、**、*分别表示在1%、5%、10%水平上显著，均为双尾检验。

5.5 稳健性检验

5.5.1 银行贷款规模、利息水平度量指标敏感性测试

　　为了考查研究结论对于银行贷款规模、银行贷款利息水平度量指标的敏感性，借鉴现有研究的做法（熊剑、王金，2016），本部分重新定义了银行贷款规模、银行贷款利息水平的度量指标，并利用新定义的度量指标重新进行了回归分析。具体而言，对于贷款规模，从绝对量的视角出发，以银行贷款总额的自然对数值来衡量贷款规模的大小；对于银行贷款利息水平，在利息支出的基础上，进一步将金融手续费、其他财务费用纳入贷款融资成本的计算范畴，即银行贷款利息水平等于利息支出、金融手续费、其他财务费用三者之和与贷款总额的比率。

　　表5-7报告了利用新定义的度量指标进行回归分析的结果，其中，Panel A列示了模型（5-1）和模型（5-3）的有关结果，Panel B列示了模型（5-2）和模型（5-4）的有关结果。由Panel A可知，对于模型（5-1），DEFAULT的估计系数显著为负（估计系数=-1.8200；t值=-16.60），对于模型（5-3），DEFAULT*AUQ的估计系数显著为正（估计系数=2.9495；t值=26.06）；由Panel B可知，对于模型（5-2），DEFAULT的估计系数显著为正（估计系数=0.0538；t值=10.61），对于模型（5-4），DEFAULT*AUQ的估计系数显著为负（估计系数=-0.0902；t值=-14.95）。上述结果表明，公司发生债务违约以后，银行贷款规模减小、银行贷款利息水平上升，但当审计质量较高时，公司债务违约对银行贷款规模、银行贷款利息水平的影响弱化，这与本章的研究假设一致，说明本章的研究结论对于银行贷款规模、银行贷款利息水平度量指标的选取并不敏感。

表5-7　多元回归结果：银行贷款规模、银行贷款利息度量指标敏感性测试

Panel A：银行贷款规模

变量符号	模型（5-1）		模型（5-3）	
	估计系数	t值	估计系数	t值
INTERCEPT	-24.7929	-93.71***	-26.1990	-91.46***
DEFAULT	-1.8200	-16.60***	-1.8474	-16.70***
DEFAULT*AUQ			2.9495	26.06***
AUQ			-0.9365	-21.81***
SIZE	1.9039	14.16***	1.9688	13.56***
LEV	7.2447	88.07***	7.2062	87.75***
ROA	-5.7919	-12.77***	-5.6850	-12.61***
LOSS	-1.6404	-32.75***	-1.6154	-32.37***
CAFL	-11.2063	-45.68***	-11.1506	-45.53***

续表

变量符号	估计系数	t 值	估计系数	t 值
TROVER	0.4517	17.51***	0.4543	17.63***
LIQ	−4.8119	−55.42***	−4.9125	−56.84***
TANG	0.7217	6.75***	0.6479	6.07***
GROWTH	1.1343	26.45***	1.0961	25.66***
SOE	−0.4852	−22.01***	−0.4929	−22.33***
TOP1	−1.4215	−22.70***	−1.3847	−22.09***
BOARD	0.0613	12.26***	0.0648	13.04***
INDEP	−0.5280	−2.86***	−0.3415	−1.87*
Firm	已控制		已控制	
Year	已控制		已控制	
Pseudo R 方	0.3006		0.3016	
样本量	20 135		20 135	

Panel B：银行贷款利息

	模型（5-2）		模型（5-4）	
变量符号	估计系数	t 值	估计系数	t 值
INTERCEPT	0.2614	21.62***	0.2930	20.67***
DEFAULT	0.0538	10.61***	0.0549	10.67***
DEFAULT*AUQ			−0.0902	−14.95***
AUQ			0.0190	9.02***
SIZE	−0.0050	−9.50***	−0.0065	−10.61***
LEV	−0.0028	−0.87	−0.0019	−0.58
ROA	0.0194	0.98	0.0165	0.83
LOSS	0.0320	19.89***	0.0314	19.32***
CAFL	0.1562	15.02***	0.1548	14.87***
TROVER	0.0195	20.72***	0.0194	20.66***
LIQ	−0.0161	−3.77***	−0.0140	−3.38***
TANG	−0.0515	−11.02***	−0.0500	−10.91***
GROWTH	−0.0210	−12.16***	−0.0200	−11.60***
ICOV	−0.0001	−2.00**	−0.0000	−2.03**
FIRMAGE	0.0003	2.88***	0.0003	2.85***
SOE	0.0067	6.05***	0.0068	6.16***
TOP1	−0.0046	−1.76*	−0.0053	−2.09**
DUAL	−0.0010	−0.72	−0.0011	−0.74
BOARD	−0.0006	−1.88*	−0.0007	−2.13**
INDEP	−0.0599	−8.31***	−0.0640	−8.98***
Firm	已控制		已控制	
Year	已控制		已控制	
Pseudo R 方	0.0291		0.0299	
样本量	16 565		16 565	

注：***、**、*分别表示在1%、5%、10%水平上显著，均为双尾检验。

5.5.2 Heckman 两阶段模型

如第四章所述，债务违约风险的大小可能会影响到公司对审计师的选择，例如，债务违约风险较小的公司可能会选择审计质量较高的会计师事务所（自选择偏差问题）。若如此，则本章中有关 H5-3 和 H5-4 的研究结论可能会受到影响。鉴于此，本章采用 Heckman 两阶段模型来缓解自选择偏差问题对研究结论可能造成的影响。借鉴现有文献的做法（Lawrence，Minutti-Meza and Zhang，2011；Yuan，Cheng and Ye，2016），本章首先通过估计如下 Probit 模型得到逆米斯比率（Inverse Mills Ratio，简称 IMR）：

$$AUQ = \varphi_0 + \varphi_1 SIZE + \varphi_2 LEV + \varphi_3 ROA + \varphi_4 LOSS + \varphi_5 LIQ + \varphi_6 CURR + \varphi_7 TROVER + \varphi_8 GROWTH + Industry + Year + \omega \tag{5-5}$$

在模型（5-5）中，CURR 为流动比率，等于流动资产与流动负债的比值。其余变量的定义请参阅表 4-1。通过模型（5-5）的估计得到逆米斯比率后，将其作为控制变量放入到模型（5-3）和模型（5-4）中，并对模型（5-3）和模型（5-4）重新进行回归估计。表 5-8 报告了相关的估计结果，其中，Panel A 是关于模型（5-3）的回归结果，Panel B 是关于模型（5-4）的回归结果。由 Panel A 可知，在针对模型（5-3）的估计结果中，DEFAULT*AUQ 的估计系数显著为正（估计系数=0.0837，t 值=2.37），表明若审计质量较高，则公司发生债务违约以后贷款规模的下降程度减小；由 Panel B 可知，在针对模型（5-4）的估计结果中，DEFAULT*AUQ 的估计系数显著为负（估计系数=-0.0689，t 值=-15.65），表明若审计质量较高，则公司发生债务违约后贷款利息水平的上升程度减小。

表 5-8 　　　　　　　　　多元回归结果：Heckman 模型

Panel A：模型（5-3）估计结果		
变量符号	估计系数	t 值
INTERCEPT	-4.1062	-45.66***
DEFAULT	-0.2116	-6.36***
DEFAULT*AUQ	0.0837	2.37**
AUQ	-0.0254	-8.68***
SIZE	0.1719	48.43***
LEV	0.9941	68.70***
ROA	-0.1596	-2.30**
LOSS	0.0592	5.84***
CAFL	-1.0375	-34.67***
TROVER	-0.0505	-11.86***
LIQ	-0.0498	-3.74***
TANG	0.4376	27.27***

续表

	估计系数	t 值
GROWTH	0.1132	15.53***
SOE	0.0087	2.24**
TOP1	−0.0541	−4.77***
BOARD	0.0061	5.41***
INDEP	−0.1165	−3.79***
IMR	0.3954	20.26***
Firm	已控制	
Year	已控制	
Pseudo R 方	0.2352	
样本量	20 101	

Panel B：模型（5-4）估计结果

变量符号	估计系数	t 值
INTERCEPT	0.1943	15.91***
DEFAULT	0.0417	10.18***
DEFAULT*AUQ	−0.0689	−15.65***
AUQ	0.0143	9.23***
SIZE	−0.0033	−6.41***
LEV	0.0131	4.87***
ROA	−0.0260	−1.67*
LOSS	0.0222	16.85***
CAFL	0.0828	10.57***
TROVER	0.0086	12.46***
LIQ	−0.0296	−8.88***
TANG	−0.0316	−8.34***
GROWTH	−0.0218	−16.32***
ICOV	−0.0001	−4.85***
FIRMAGE	0.0003	3.77***
SOE	0.0028	3.34***
TOP1	−0.0077	−4.43***
DUAL	0.0003	0.24
BOARD	−0.0005	−2.09**
INDEP	−0.0422	−8.28***
IMR	0.0037	13.07***
Firm	已控制	
Year	已控制	
Pseudo R 方	0.0369	
样本量	16 506	

注：***、**、*分别表示在1%、5%、10%水平上显著，均为双尾检验。

综合上述实证结果可知，在利用Heckman两阶段模型来缓解可能存在的自选择偏差问题后，本章的有关结论依然成立。

5.5.3　进一步控制其他因素的影响

前文研究中，已经在实证模型里加入了诸多控制变量，但这并非意味着已经穷尽所有会对银行贷款规模、银行贷款利息水平产生影响的各项因素。为了缓解遗漏变量问题对本章研究结论的潜在影响，参考已有研究成果，本章在实证模型中进一步控制了能够对银行贷款规模和银行贷款利息水平产生影响的一系列因素。现有研究发现：货币政策是影响银行信贷决策的重要因素，当货币政策趋于从紧时，银行会减少对企业的信贷供给（叶康涛、祝继高，2009）；宏观经济状况能够对银行信贷决策产生重要影响，例如，在金融危机期间，企业业绩下滑，银行会减少贷款供给（祝继高、王春飞，2013）；银行在信贷决策过程中会考虑公司所在地区的制度环境因素，良好的地区制度环境能够提高企业履约水平并减少银行监督成本，因而能够减小银行所要求的利息水平（魏志华、王贞洁、吴育辉、李常青，2012）；非正式制度安排，例如企业与银行或政府之间的关联关系，能够帮助企业获得规模更大、成本更低的银行贷款（邓建平、曾勇，2011）。

基于上述研究成果，本章在实证模型中进一步加入如下控制变量：（1）货币政策（CURREN）：虚拟变量，紧缩性货币政策取值为1，扩张性货币政策取值为0。借鉴现有文献的做法，将2004年、2006年、2007年、2010年、2011年共计5年视为货币政策紧缩年份，其余年份视为货币政策扩张年份。（2）宏观经济状况（GDP）：各年GDP增长率。（3）地区制度环境（INST）：公司所在地区的市场化指数①。（4）政治关联（PC）：若董事长或总经理曾在政府部门任职或担任人大代表、政协委员，取值为1，否则取值为0（游家兴、刘淳，2011）。（5）银行关联（BC）：虚拟变量，若董事长或总经理曾任职于银行或其他金融部门，取值为1，否则取值为0（游家兴、刘淳，2011）。

表5-9报告了加入上述控制变量后的回归结果，其中，Panel A报告了模型（5-1）和模型（5-3）的回归结果，Panel B报告了模型（5-2）和模型（5-4）的回归结果。由Panel A可知，在加入上述控制变量后，对于模型（5-1），DEFAULT的估计系数仍显著为负（估计系数=-0.2032，t值=-14.38）；对于模型（5-3），DEFAULT*AUQ的估计系数仍显著为正（估计系数=0.1698，t值=9.83）。由Panel B可知，在加入上述控制变量后，对于模型（5-2），DEFAULT的估计系数仍显著为正（估计系数=0.0323，t值=10.94），对于模型（5-4），DEFAULT*AUQ的估计系数仍显著为负（估计系数=-0.0466，t值=-13.70）。上

---

① 由于樊纲、王小鲁、朱恒鹏（2011）提供的市场化指数截至2009年，本章采用移动平均法来计算之后各年度的指数数据，即之后各年度的市场化指数用其前3年的市场化指数均值来填充。

述结果与前文中的回归结果相类似，这说明本章的研究结论较为稳健，受遗漏变量问题的影响较小。

表5-9　　　　　　　　多元回归结果：进一步控制其他因素的影响

Panel A：银行贷款规模

变量符号	模型（5-1）		模型（5-3）	
	估计系数	t值	估计系数	t值
INTERCEPT	−2.6386	−23.71***	−2.6761	−24.13***
DEFAULT	−0.2032	−14.38***	−0.2209	−13.97***
DEFAULT*AUQ			0.1698	9.83***
AUQ			−0.0357	−46.01***
SIZE	0.1255	31.58***	0.1279	31.89***
LEV	0.9250	29.20***	0.9231	29.05***
ROA	−0.2442	−8.24***	−0.2374	−7.93***
LOSS	0.0573	24.36***	0.0581	24.70***
CAFL	−1.0741	−13.72***	−1.0750	−13.72***
TROVER	−0.0678	−77.63***	−0.0673	−75.90***
LIQ	−0.1322	−29.69***	−0.1348	−30.46***
TANG	0.4092	82.58***	0.4076	83.00***
GROWTH	0.1488	11.00***	0.1473	10.81***
SOE	0.0009	0.66	0.0002	0.14
TOP1	−0.0855	−24.24***	−0.0827	−23.40***
BOARD	0.0040	13.26***	0.0042	13.78***
INDEP	−0.2528	−22.67***	−0.2524	−22.49***
CURREN	−0.0689	−22.68***	−0.0636	−20.83***
GDP	2.9907	23.85***	2.7912	22.31***
BC	−0.1350	−54.18***	−0.1358	−53.22***
PC	−0.0193	−13.60***	−0.0206	−14.64***
INST	−0.0117	−81.81***	−0.0104	−69.14***
Firm	已控制		已控制	
Year	已控制		已控制	
Pseudo R方	0.2042		0.2046	
样本量	15 229		15 229	

续表

Panel B：银行贷款利息

变量符号	模型（5-2）		模型（5-4）	
	估计系数	t值	估计系数	t值
INTERCEPT	0.3428	28.51***	0.3665	28.63***
DEFAULT	0.0323	10.94***	0.0325	10.92***
DEFAULT*AUQ			−0.0466	−13.70***
AUQ			0.0127	16.95***
SIZE	−0.0061	−17.68***	−0.0071	−18.43***
LEV	0.0219	12.81***	0.0224	13.02***
ROA	−0.0066	−0.66	−0.0090	−0.89
LOSS	0.0209	16.57***	0.0204	16.24***
CAFL	0.0572	14.32***	0.0565	14.10***
TROVER	0.0095	18.13***	0.0096	18.19***
LIQ	−0.0327	−10.12***	−0.0314	−9.74***
TANG	−0.0330	−8.93***	−0.0323	−8.72***
GROWTH	−0.0188	−16.12***	−0.0181	−15.26***
ICOV	−0.0000	−7.50***	−0.0000	−7.56***
FIRMAGE	0.0003	5.55***	0.0003	5.55***
SOE	0.0018	2.39**	0.0018	2.42**
TOP1	−0.0095	−5.79***	−0.0099	−6.06***
DUAL	−0.0007	−0.74	−0.0007	−0.75
BOARD	−0.0003	−1.31	−0.0004	−1.57
INDEP	−0.0245	−6.71***	−0.0272	−7.39***
CURREN	0.0243	10.54***	0.0241	10.48***
GDP	−1.2396	−12.71***	−1.2454	−12.76***
BC	−0.0020	−0.46	−0.0017	−0.38
PC	−0.0024	−3.49***	−0.0023	−3.31***
INST	−0.0003	−2.41**	−0.0004	−3.48***
Firm	已控制		已控制	
Year	已控制		已控制	
Pseudo R 方	0.0376		0.0383	
样本量	12 384		12 384	

注：***、**、*分别表示在1%、5%、10%水平上显著，均为双尾检验。

除上述稳健性检验外，本章还进行了其他方面的稳健性检验，包括：采用审计师行业专长来度量审计质量、采用是否为"国际四大"会计师事务所来度量审计质量、删除 1% 和 99% 分位数外的异常值、在公司层面对标准误进行聚类（Cluster）调整等，本章研究结论保持不变。

5.6　本章小结

公司发生债务违约以后，债权人利益将受到直接冲击。因此，对公司发生债务违约以后债权人的反应进行探讨，既自然又有必要。本章以我国 A 股上市公司为研究样本，考查了公司发生债务违约以后债权人（银行）的反应，以及审计质量对债权人反应的影响。实证检验结果表明，公司发生债务违约以后，银行会缩减贷款供给规模且提高贷款利息水平，但当审计师的审计质量较高时，银行贷款规模的下降程度及银行贷款利息水平的上升程度均有所减小。针对上述研究结论，本章还进行了一系列稳健性检验，包括度量指标敏感性测试、利用 Heckman 两阶段模型解决自选择偏差问题、进一步控制能够对银行贷款规模（银行贷款利息水平）产生影响的其他因素等，文中主要研究结论依然成立。

上述发现表明，债权人对公司债务违约具有高度敏感性，作为风险应对措施，债权人会同时在贷款规模和贷款价格两个方面做出反应，这无疑会使已经陷入财务困境的公司雪上加霜。此时，高质量审计能够对债权人的反应起到弱化作用，这对上市公司具有一定的积极意义，能够帮助上市公司减小由债务违约所引发的负面经济后果。

第6章 审计质量、公司债务违约与投资者反应

6.1 本章引言

债务违约是公司陷入财务困境的具体表现之一，其影响较为重大、广泛（Ho and Lan，2010）。在第5章，本书考查了公司发生债务违约以后债权人的反应，以及审计质量对债权人反应的影响，发现公司发生债务违约以后，债权人会减少贷款供给并要求更高的利息水平，但当审计师的审计质量较高时，债权人的上述反应弱化。投资者与债权人同属公司的首要利益相关者，对公司的生存发展至关重要（Clarkson，1995），而且当企业陷入财务困境时，作为企业资本供给类利益相关者，投资者和债权人将受到直接影响（关健、李世辉、李伟斌，2011；Cornell and Shapiro，1987）。鉴于此，接下来本章所要探讨的议题是：公司发生债务违约以后，投资者的反应如何？审计质量又会对投资者的反应产生怎样的影响？

有效市场假说认为，投资者能够理解资本市场上一切有价值的信息，并将其充分、准确地反映到股票价格当中（Fama，1970）。这一观点已经得到大量研究的证实，例如：在盈余宣告日附近，当会计盈余为正值时股票价格上涨，当会计盈余为负值时股票价格下跌（Ball and Brown，1968）；公司被审计师出具非标准无保留审计意见后，股票价格下跌（Dopuch，Holthausen and Leftwich，1986；Menon and Williams，2010）；公司采用国际会计准则（International Financial Reporting Standards，IFRS）后，股票价格上涨（Armstrong，Barth，Jagolinzer and Riedl，2010）；公司在金融危机期间发放现金股利，股利价格上涨（祝继高、王春飞，2013）。此外，在面对风险（收益）时，投资者还会采取提高（降低）自身所要求的必要报酬率（即公司权益融资成本）的手段来加以应对。例如，Francis，LaFond，Olsson and Schipper（2005）和曾颖、陆正飞（2006）的研究发现，当公司的信息披露质量较高时，投资者会对公司有更多的了解，从而降低了投资者面临的信息不对称风险，导致投资者所要求的必要报酬率下降。刘冰、方政（2011）的研究发现，当公司内部治理水平较高时（具体表现为股东间制衡

程度高、独立董事占比大等），投资者所要求的必要报酬率较低。Krishnan，Li and Wang（2013）和卢文彬、官峰、张佩佩、邓玉洁（2014）的研究发现，当公司外部治理水平较高时（具体表现为高质量审计和较多的媒体监督），投资者所要求的必要报酬率较低。Dhaliwal，Judd，Serfling and Shaikh（2016）的研究发现，若客户集中度较高，将使得公司在失去重要客户时遭遇大幅度的业绩下滑，这将对投资者的收益造成威胁，进而导致投资者提高所要求的必要报酬率水平。李姝、赵颖、童婧（2013）的研究发现，公司履行社会责任不但有助于降低投资者与公司之间的信息不对称水平，而且还满足了投资者的社会责任偏好，因此，投资者会降低所要求的必要报酬率水平。林钟高、郑军、卜继栓（2015）的研究发现，当外部环境不确定程度较高时，投资者与公司之间的信息不对称问题加剧，且公司的经营风险会随之增加，因此，投资者会提高所要求的必要报酬率水平。童锦治、黄克珑、林迪珊（2015）的研究发现，当公司避税较多时，可以帮助公司减少现金流出量、降低融资约束水平，因此，投资者会降低所要求的必要报酬率水平，但这一结论仅适用于治理水平较高的公司。如前文所述，债务违约是公司陷入财务困境的重要表征，意味着投资者面临的风险可能增大，因此，本章推断投资者能够理解公司债务违约事件所蕴含的信息，并做出相应反应。

本章后续内容安排如下：6.2 节是理论分析与研究假设；6.3 节是研究设计；6.4 节是实证结果及分析；6.5 节是稳健性检验；6.6 节是本章小结。

本书后续章将延续第 5 章和本章的研究思路，进一步考查其他利益相关者（管理层、审计师）在公司发生债务违约以后的反应以及审计质量对其反应的影响。

6.2　理论分析与研究假设

有效市场假说认为，投资者能够理解资本市场上具有信息含量的"新消息"，并最终体现在股票价格之中（Fama，1970）。具体而言，当新消息为利好消息时，投资者会做出正面反应，股票价格上升；相反，当新消息为利空消息时，投资者会做出负面反应，股票价格下降（陈宋生、陈海红、潘爽，2014）。例如，孟焰、袁淳、吴溪（2008）的研究发现，在公司 ST 摘帽宣告期间内，累计超额回报率达 2.52% 左右；吴溪、张俊生（2014）的研究发现，在上市公司被立案调查的窗口期间内，累计超额回报率达-6% 左右，在证监会处罚公告的窗口期间内，累计超额回报率达-2% 左右。

笔者认为，对于投资者而言，债务违约是一种负面信号，它表明公司的经营和财务状况已经恶化（Lan and Ho，2010），进而引发投资者的负面反应。这可以从以下三个方面来理解：第一，债务违约表明公司当前的经营和财务状况已经恶化，进一步的，公司未来现金流量水平可能会比较少，这意味着投资者未来的收益水平较低。第二，债务违约可能导致公司控制权由投资者向债权人转移，债权人对公司的影响随之增大，投资者对公司的影响随之减小，而债权人可能会采取一些增大自身利益但损害投资者利益的举措（Jensen and Meckling, 1976）。第三，债务违约会导致公司承担更多的财务困境成本（Financial distress cost）（Lan and Ho, 2010），例如，因陷入财务困境而导致人才流失、融资成本增加、支付较高的中介服务费用等（廖冠民、卢闯、陈勇，2006）。综合上述分析，本章提出假设 H6-1:

H6-1：公司债务违约宣告期间，出现负向市场反应。

投资者的反应还体现在投资者所要求的必要报酬率方面，即公司权益融资成本。本章认为，公司发生债务违约以后，投资者所要求的必要报酬率将会上升。这可以从以下两个方面来理解。第一，公司债务违约表明公司的经营和财务状况恶化，未来现金流量创造能力减弱，从而导致投资者所要求的必要报酬率上升。作为资本提供者，投资者希望从投资中获取收益，并尽可能减少自身所面对的风险。债务违约表明公司未来盈利能力堪忧，未来收益的不确定性增大，作为风险溢价，投资者所要求的必要报酬率随之增大（曾颖、陆正飞，2006）。第二，公司债务违约会导致公司信息披露质量的下降，增加投资者面临的信息不对称风险，从而提高投资者所要求的必要报酬率。现有研究发现，公司债务违约发生以后，管理层被解聘的概率增加（Nini, Smith and Sufi, 2012），管理层为减轻自身所承担的责任、降低职业风险，通常会进行盈余管理行为（Sweeney, 1994），而这将导致公司信息披露质量的下降。当投资者对公司缺乏了解时，其面临的信息不对称风险就会增加。作为对自身所承担风险的补偿，投资者所要求的必要报酬率（即公司权益融资成本）会随之升高（曾颖、陆正飞，2006）。综合上述分析，本章提出假设 H6-2:

H6-2：公司发生债务违约以后，权益融资成本上升。

前文主要探讨了公司发生债务违约以后投资者的反应（包含市场反应和权益融资成本两个方面），进一步的，本章将继续探讨审计质量对投资者反应的影响。一般而言，投资者对某一事件的反应程度，取决于投资者所研判的自身所需承担风险（所获收益）的水平，当投资者认为自身所需承担风险（所获收益）越大时，其反应就越强烈。具体到本章的研究议题，应有如下推论：公司债务违约发生以后，投资者研判的风险水平越高，反应越强烈。但是，应该认识到，投资者研判的风险水平可能存在异质性，或者说，投资者研判的风险水平可能会受到其他因素的影响。本章认为，审计质量即是这样一种能够对投资者研判的风险水平产生影响的因素。具体而言，较高的审计质量能够降低投资者研判的自身所需承担的风险水平，进而弱化投资者在公司发生债务违约以后的反应程度。这主要是因为外部审计具有"投资者保护"的功能，可以降低投资者理解的以及投资者实际面对的风险水平（Newman，Patterson and Smith，2005），这可以从以下两个方面来理解：第一，审计具有信息功能，高质量审计能够减少投资者与公司之间的信息不对称程度，使投资者能够更好地了解公司的经营和财务状况，降低投资者面临的信息不对称风险（陈汉文、韩洪灵，2009）；第二，审计具有治理功能，高质量审计能够缓解代理冲突，减少管理层道德风险和机会主义行为，促使管理层更加努力地工作，从而增加公司未来现金流量水平、改善公司业绩（陈汉文、韩洪灵，2009；Fan and Wang，2005；Dang and Fang，2011）。综合上述分析，本章提出假设H6-3和假设H6-4：

H6-3：当审计质量较高时，公司债务违约宣告期间的负面市场反应较小。

H6-4：当审计质量较高时，公司发生债务违约以后权益融资成本的上升程度减小。

6.3　研究设计

6.3.1　数据来源与样本选择

本章以2000—2014年我国A股上市公司为研究样本。样本区间之所以截至2014年，是因为至笔者行文时，仅能取得公司债务违约至2014年的最新数据。公司财务数据和治理数据来源于国泰君安金融研究数据库（CSMAR），公司债务违约数据来源于RMI数据库。在剔除金融行业和存在缺失值的样本后，共得到17 676条公司-年度观测。为了减小异常值对估计结果可能造成的影响，本章对连续变量在1%和99%水平上进行了winsorize处理。

6.3.2　市场反应的度量

为了验证H6-1，需要度量公司债务违约事件窗口内的市场反应，即公司债务违约事件窗口内的累计超额回报率（Cumulative abnormal return，CAR）。当累计超额回报率显著为负时，表明投资者给予公司债务违约事件负面评价；当累计超额回报率显著为正时，表明投资者给予公司债务违约事件正面评价；当累计超额收益率未显著异于0时，表明投资者未对公司债务违约事件做出反应。

借鉴Armstrong，Barth，Jagolinzer and Riedl（2010）的做法，本章采用市场调整法来计算公司债务违约事件窗口的累计超额回报率。[①]本章选取事件日附近（-7，+7）期间作为事件窗口，具体计算过程如下：

---

① 本章亦采用市场估计法来计算累计超额回报率，实证结果未发生显著变化。

（1）计算超额回报率 $AR_{i,t}$

$$AR_{i,t} = R_{i,t} - R_{m,t}$$

其中，$AR_{i,t}$ 为股票 i 在 t 交易日的超额回报率；$R_{i,t}$ 为股票 i 在 t 交易日的收益率；$R_{m,t}$ 为 t 交易日的市场收益率。

（2）计算平均超额回报率 AAR_t

$$AAR_t = \frac{\sum_{i=1}^{N} AR_{i,t}}{N}$$

其中，AAR_t 是全部股票在事件窗口内 t 交易日的超额回报率的均值；N 为样本数。

（3）计算累计超额回报率 CAR_t

累计超额回报率为事件窗口期 $[t_0, t_1]$ 的平均超额回报率的累加值，表示该事件在事件窗口期内对全部样本的总体平均影响，计算公式为：

$$CAR_t = \sum_{t_0}^{t_1} AAR_t$$

6.3.3 实证模型与变量定义

为了验证 H6-2，本章构建模型（6-1）并进行回归分析。模型（6-1）参考了王春飞、陆正飞、伍利娜（2013），谢德仁、郑登津、崔宸瑜（2016），Bertrand and Mullainathan（2003），Francis，LaFond，Olsson and Schipper（2005），Krishnan，Li and Wang（2013）等研究的回归模型。模型（6-1）的具体形式如下：

$$CEC = \alpha_0 + \alpha_1 DEFAULT + \alpha_2 SIZE + \alpha_3 LEV + \alpha_4 ROA + \alpha_5 CAFL + \alpha_6 TROVER + \alpha_7 LIQ + \alpha_8 SOE + \alpha_9 COMP + \alpha_{10} INDEP + \alpha_{11} BOARD + Firm + Year + \xi \tag{6-1}$$

在模型（6-1）中，被解释变量为 CEC，表示公司权益融资成本，借鉴现有文献的作法（Francis，LaFond，Olsson and Schipper，2005；林钟高、郑军、卜继栓，2015），采用经行业-年度中位数调整的市盈率（Price-earnings ratio）来加以度量（取负值），该变量的取值越大，表明投资者愿意为一单位盈余所支付的价格越低，即公司的权益融资成本越高[①]。该变量取未来一期值。DEFAULT 是表示公司是否发生债务违约的虚拟变量，发生债务违约时取值为 1，否则取值为 0。债务违约是指公司未按照债务契约的规定，如期支付本金或利息的情形。根据 H6-2，公司发生债务违约以后，权益融资成本上升，因此预计 α_1 显著为正。

为了控制其他可能对公司权益融资成本产生影响的因素，本章在模型

---

① 为了使回归模型的估计系数大小适度，以便于读者理解，本章将该指标除以 100。此外，同 Francis，LaFond，Olsson and Schipper（2005），该指标的计算只针对于盈余为正值的样本。

（6-1）中加入了相应的控制变量，具体包括：公司规模（SIZE），等于期末资产总额的自然对数；财务杠杆（LEV），等于期末负债总额与资产总额的比率；资产报酬率（ROA），等于净利润与期末资产总额的比率；经营活动现金流量（CAFL），等于经营活动现金流量净额与期末资产总额的比率；资产周转率（TROVER），等于营业收入与期末资产总额的比率；流动资产比例（LIQ），等于流动资产与期末资产总额的比率；产权性质（SOE），虚拟变量，国有企业取值为1，否则取值为0；高管薪酬（COMP），等于排名前三位高管薪酬的自然对数；独立董事比例（INDEP），等于独立董事人数占董事会总人数的比例；董事会规模（BOARD），等于董事会人数。为控制公司特征和年度对估计结果可能造成的影响，本章在模型（6-1）中加入了公司固定效应（Firm）和年度固定效应（Year）。各变量的详细定义请参见表6-1。Thompson（2011）指出，同时在公司和时间维度对标准误进行聚类（Cluster）调整，能够提高估计结果的准确性。因此，在对模型（6-1）进行估计时，本章同时在公司和年度层面对标准误进行了聚类调整。

为了验证H6-3，本章借鉴孟焰、袁淳、吴溪（2008），吴溪、张俊生（2014）等研究的做法，构建如下的回归模型：

$$CAR = \beta_0 + \beta_1 AUQ + \beta_2 SIZE + \beta_3 LEV + \beta_4 ROA + \beta_5 DIVIDEND + \beta_6 GROWTH + \beta_7 SOE + \beta_8 COMP + \beta_9 DUAL + \beta_{10} INDEP + \beta_{11} MONITOR + \beta_{12} TUNNEL + \beta_{13} INSTI + Industry + Year + \zeta \tag{6-2}$$

在模型（6-2）中，被解释变量为CAR，表示公司债务违约宣告日前7天至后7天的累计超额回报率，具体计算方法请参见本章6.3.2节。CAR的取值越大表示投资者对公司债务违约事件的评价越正面，反之，则表示投资者对公司债务违约事件的评价越负面。变量AUQ表示审计质量，借鉴Chen, Chen, Lobo, and Wang（2011）的研究，以公司聘请的审计师是否为"八大"会计师事务所来进行度量，若公司聘请的审计师为"八大"会计师事务所，取值为1，表示审计质量较高，否则取值为0，表示审计质量较低。[①]会计师事务所的排名取自中国注册会计师协会各年度公布的"会计师事务所综合评价前百家信息"。[②]变量AUQ

---

① 之所以用"八大"会计师事务所，而非"国际四大"会计师事务所来度量审计质量，是因为"国际四大"会计师事务所在我国审计市场上所占的市场份额偏小（约为5%），而"八大"会计师事务所在我国审计市场上所占的市场份额较大（20%以上），涵盖范围广泛，具有良好的代表性。作为稳健性检验，本章亦采用是否为"国际四大"会计师事务所来度量审计质量，研究结论保持不变。

大量的研究发现，规模较大的会计师事务所的审计质量更高。例如，DeFond, Wong and Li（2000）的研究发现，在中国，与规模较小的会计师事务所相比，规模较大的会计师事务所更易于发表非标准无保留审计意见，表明规模较大的会计师事务所具有更高的专业胜任能力和审计独立性。DeFond and Zhang（2014）在关于审计质量研究的综述性论文中指出，审计师规模是度量审计质量一个较为成熟的指标。张宏亮、文挺（2016）基于中国资本市场数据对该指标的适用性进行了检验，实证结果支持了DeFond and Zhang（2014）的观点。

如本书第2章所述，在研究审计质量的经济后果时，对于审计质量的度量，通常采用投入类指标而非产出类指标，例如，Chen, Chen, Lobo and Wang（2011）在研究审计质量对公司权益融资成本的影响时，采用是否为"八大"会计师事务所来度量审计质量。一般而言，当研究审计质量的影响因素时，常选用产出类指标，例如，Chi, Huang, Liao and Xie（2009）在研究审计师强制轮换政策对审计质量的影响时，采用异常应计利润的绝对值来度量审计质量。

② 该排名自2002年开始，2000年和2001年的排名用2002年的排名代替。

取上一期值。根据 H6-3，若审计质量较高，则公司债务违约宣告期间的负面市场反应较小，因此预计变量 AUQ 的估计系数 β_1 显著为正。

为了控制其他可能对累计超额回报率产生影响的因素，本章在模型（6-2）中加入了相应的控制变量，具体包括：公司规模（SIZE），等于期末资产总额的自然对数；财务杠杆（LEV），等于期末负债总额与资产总额的比率；资产报酬率（ROA），等于净利润与期末资产总额的比率；股利发放（DIVIDEND），虚拟变量，公司当年发放现金股利取值为 1，否则取值为 0；公司成长（GROWTH），等于总资产年增长率；产权性质（SOE），虚拟变量，国有企业取值为 1，否则取值为 0；高管薪酬（COMP），等于排名前三位高管薪酬的自然对数；两职合一（DUAL），虚拟变量，当董事长和总经理由同一人兼任时取值为 1，否则取值为 0；独立董事比例（INDEP），等于独立董事人数占董事会总人数的比例；监事会人数（MONITOR），等于公司监事会的人数；大股东掏空程度（TUNNEL），等于其他应收款与期末资产总额的比值；机构投资者持股（INSTI），虚拟变量，存在机构投资者持股取值为 1，否则取值为 0。为控制行业和年度对估计结果可能造成的影响，本章在模型（6-2）中加入了行业固定效应（Industry）和年度固定效应（Year）。各变量的详细定义请参见表 6-1。Thompson（2011）指出，同时在公司和时间维度对标准误进行聚类（Cluster）调整，能够提高估计结果的准确性。因此，在对模型（6-2）进行估计时，本章同时在公司和年度层面对标准误进行了聚类调整。

为了验证 H6-4，本章在模型（6-1）的基础上，引入审计质量与公司债务违约的交互项，构建模型（6-3）并进行回归分析。模型（6-3）的具体形式如下：

$$CEC = \alpha_0 + \alpha_1 DEFAULT + \alpha_2 DEFAULT*AUQ + \alpha_3 AUQ + \alpha_4 SIZE + \alpha_5 LEV + \alpha_6 ROA + \alpha_7 CAFL + \alpha_8 TROVER + \alpha_9 LIQ + \alpha_{10} SOE + \alpha_{11} COMP + \alpha_{12} INDEP + \alpha_{13} BOARD + Firm + Yea + \xi \quad (6-3)$$

在模型（6-3）中，变量 AUQ 表示审计质量，借鉴 Chen，Chen，Lobo and Wang（2011）的研究，以公司聘请的审计师是否为"八大"会计师事务所来进行度量，若公司聘请的审计师为"八大"会计师事务所，取值为 1，表示审计质量较高，否则取值为 0，表示审计质量较低。会计师事务所的排名取自中国注册会计师协会各年度公布的"会计师事务所综合评价前百家信息"。根据 H6-4，公司发生债务违约以后，若审计质量较高时，权益融资成本的上升程度减小，因此，预计交互项 DEFAULT*AUQ 的估计系数 α_2 显著为负。其余变量的定义同模型（6-1），此处不再赘述。在对模型（6-3）进行估计时，本章同时在公司和年度层面对标准误进行了聚类调整。

表 6-1 列示了本章实证模型中所涉及变量的详细定义。

表6-1	变量定义
变量符号	变量名称与变量定义
CEC	权益融资成本，等于经行业-年度中位数调整的市盈率，再乘以-1，取未来一期值
CAR	累计超额回报率，采用市场调整法计算而得
DEFAULT	债务违约，虚拟变量，公司发生债务违约取值为1，否则取值为0
AUQ	审计质量，虚拟变量，八大会计师事务所取值为1，否则取值为0
SIZE	公司规模，等于期末资产总额的自然对数
LEV	财务杠杆，等于期末负债总额与期末资产总额的比率
ROA	资产报酬率，等于净利润与期末资产总额的比率
CAFL	经营活动现金流量，等于经营活动现金流量净额与期末资产总额的比率
TROVER	资产周转率，等于营业收入与期末资产总额的比率
LIQ	流动资产，等于流动资产总额与期末资产总额的比率
GROWTH	成长状况，等于总资产年增长率
DIVIDEND	股利发放，虚拟变量，发放现金股利取值为1，否则取值为0
RETURN	股票收益率，等于个股年度收益率
COMP	高管薪酬，排名前3名的高管薪酬总额的自然对数
SOE	虚拟变量，国有企业取值为1，否则取值为0
TOP1	第一大股东持股比例，等于第一大股东持股数量与公司总股数的比率
DUAL	两职合一，虚拟变量，当董事长和总经理由同一人兼任时取值为1，否则取值为0
BOARD	董事会规模，等于董事会人数
INDEP	独立董事比例，等于独立董事人数占董事会总人数的比例
MONITOR	监事会规模，等于监事会人数
TUNNEL	大股东掏空，等于其他应收款与期末资产总额的比率
INSTI	是否有机构投资者持股，虚拟变量，有机构投资者持股取值为1，否则取值为0
Industry	行业固定效应
Firm	公司固定效应
Year	年度固定效应

6.4 实证结果及分析

6.4.1 描述性统计

表 6-2 报告了实证模型中主要变量的描述性统计结果。其中，Panel A 报告了模型（6-1）和模型（6-3）中有关变量的描述性统计结果，Panel B 报告了模型（6-2）中有关变量的描述性统计结果。由 Panel A 可知，CEC 的均值为 0.1169，中位数为 0.0252，四分位数下限为 −0.8170，四分位数上限为 0.7853，说明我国上市公司的权益融资成本在各公司之间表现出较大的差异性。DEFAULT 的均值为 0.0226，中位数为 0，说明约有 2.26% 的样本公司发生过债务违约。AUQ 的均值为 0.3527，中位数为 0，四分位数下限为 0，四分位数上限为 1，说明约有 35.27% 的上市公司选择审计质量较高的审计师进行财务报告审计，这一结果与 Chen，Chen，Lobo and Wang（2011）的统计结果类似。其余变量的分布状况也较为合理，例如，ROA 的均值为 0.0476，中位数为 0.0378，四分位数下限为 0.0177，四分位数上限为 0.0653，说明我国上市公司总体上处于盈利状态，资产报酬率约在 3% 以上，这与之前研究的发现相一致（如：唐松、孙铮，2014）；SOE 的均值为 0.5368，中位数为 1，四分位数下限为 0，四分位数上限为 1，说明我国上市公司以国有企业为主，这与我国的现实情况相符合；INDEP 的均值为 0.3626，中位数为 0.3333，四分位数下限为 0.3333，四分位数上限为 0.3750，说明我国上市公司中独立董事人数约占董事会总人数的 1/3。

由 Panel B 可知，CAR 的均值为 −0.0155，中位数为 −0.0192，四分位数下限为 −0.0753，四分位数上限为 0.0327，说明对于公司债务违约事件投资者总体上会给予负面评价。AUQ 的均值为 0.0900，中位数为 0，四分位数下限为 0，四分位数上限为 0，说明约有 9% 的违约样本公司选择审计质量较高的审计师进行财务报告审计。其余变量的分布状况也较为合理，例如，ROA 的均值为 −0.0851，中位数为 −0.0328，四分位数下限为 −0.1824，四分位数上限为 0.0153，说明债务违约公司的盈利水平较低；LEV 的均值为 0.8646，中位数为 0.7341，四分位数下限为 0.5986，四分位数上限为 0.9662，说明债务违约公司的负债水平普遍较高；SOE 的均值为 0.4217，中位数为 0，四分位数下限为 0，四分位数上限为 0，说明发生债务违约的公司以非国有企业为主，这可能与国有企业的预算软约束有关。

表6-2 **变量的描述性统计**

Panel A：模型（6-1）和模型（6-3）中有关变量

变量符号	均值	标准差	四分位数下限	中位数	四分位数上限
CEC	0.1169	2.1884	−0.8170	0.0252	0.7853
DEFAULT	0.0226	0.1116	0.0000	0.0000	0.0000
AUQ	0.3527	0.4778	0.0000	0.0000	1.0000
SIZE	21.7257	1.2070	20.8764	21.5747	22.3895
ROA	0.0476	0.0403	0.0177	0.0378	0.0653
LEV	0.4642	0.2169	0.3067	0.4704	0.6178
CAFL	0.0489	0.0785	0.0071	0.0481	0.0931
TROVER	0.6780	0.4800	0.3589	0.5601	0.8454
LIQ	0.5549	0.2154	0.3977	0.5685	0.7214
SOE	0.5368	0.4987	0.0000	1.0000	1.0000
COMP	11.7482	0.8466	11.2224	11.8009	12.3084
INDEP	0.3626	0.0544	0.3333	0.3333	0.3750
BOARD	9.1312	1.9139	8.0000	9.0000	9.0000

Panel B：模型（6-2）中有关变量

变量符号	均值	标准差	四分位数下限	中位数	四分位数上限
CAR	−0.0155	0.1071	−0.0753	−0.0192	0.0327
AUQ	0.0900	0.2865	0.0000	0.0000	0.0000
SIZE	20.6298	0.9248	20.0713	20.5593	21.1722
LEV	0.8646	0.4362	0.5986	0.7341	0.9662
ROA	−0.0851	0.1486	−0.1824	−0.0328	0.0153
DIVIDEND	0.0700	0.2555	0.0000	0.0000	0.0000
GROWTH	−0.0514	0.2830	−0.2068	−0.0618	0.0454
SOE	0.4217	0.4946	0.0000	0.0000	1.0000
COMP	10.5596	0.8513	10.0443	10.6316	11.1704
DUAL	0.2068	0.4058	0.0000	0.0000	0.0000
INDEP	0.3129	0.1160	0.3077	0.3333	0.3636
MONITOR	3.9575	1.1913	3.0000	3.0000	5.0000
TUNNEL	0.2638	0.7659	0.0366	0.1084	0.2725
INSTI	0.6825	0.4661	0.0000	1.0000	1.0000

6.4.2 公司债务违约宣告期间的市场反应

图6-1报告了公司债务违约宣告期间（-7,+7）窗口内的市场反应情况。由图6-1可知，在公司债务违约宣告期间，出现了明显的负向市场反应。在整个事件窗口内，CAR（-7,+7）达到-1.34%，且在1%水平上显著异于0（t值=-3.79）。上述实证结果表明，对于公司债务违约事件，投资者会给予负面评价，这与H6-1相一致。

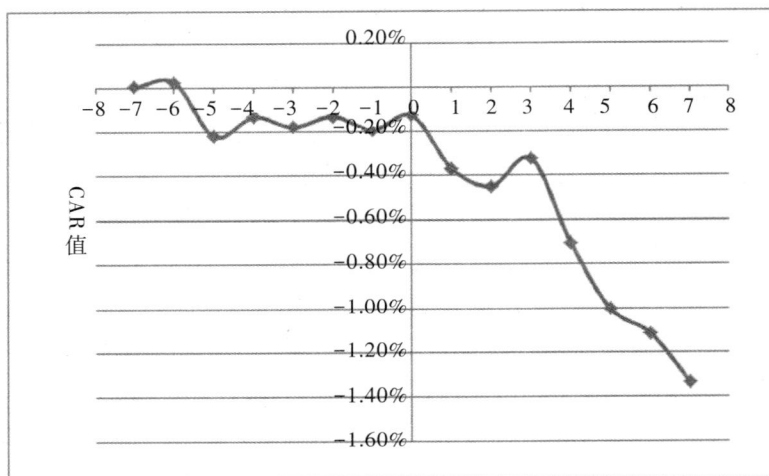

图6-1 债务违约宣告期间（-7,+7）的累计超额回报率

6.4.3 多元回归结果

表6-3报告了模型（6-1）的回归结果。由表6-3可知，DEFAULT的估计系数在1%水平上显著为正（估计系数=0.1176；t值=2.12），表明公司发生债务违约以后，公司权益融资成本显著上升，这验证了H6-2中的有关结论。在经济显著性方面，公司发生债务违约以后，权益融资成本约增加100.60%，[①]说明公司债务违约对权益融资成本的影响是重大的。控制变量的估计结果也比较合理。例如，LEV的估计系数显著为正，说明资产负债率较高的公司，权益融资成本较大；TROVER的估计系数显著为负，说明运营能力较强的公司，权益融资成本较小；LIQ的估计系数显著为负，说明资产流动性较强的公司，权益融资成本较小。

---

① 0.1176×（1-0）÷0.1169=100.60%，其中，0.1176是回归模型中变量DEFAULT的估计系数，0.1169是权益融资成本（CEC）的均值。

表6-3	多元回归结果：公司债务违约与权益融资成本	
变量符号	估计系数	t值
INTERCEPT	−0.2537	−1.73*
DEFAULT	0.1176	2.12**
SIZE	0.0058	0.79
LEV	0.2898	9.40***
ROA	−0.3392	−2.21**
CAFL	0.2348	3.78***
TROVER	−0.0412	−3.86***
LIQ	−0.1969	−8.55***
SOE	0.0815	7.48***
COMP	0.0416	5.66***
INDEP	0.0260	0.21
BOARD	0.0182	6.07***
Firm	已控制	
Year	已控制	
Pseudo R方	0.1414	
样本量	17 676	

注：***、**、*分别表示在1%、5%、10%水平上显著，均为双尾检验。

表6-4报告了模型（6-2）的回归结果。由表6-4可知，AUQ的估计系数在1%水平上显著为正（估计系数=0.2710；t值=7.02），表明在公司债务违约宣告期间，虽然投资者给予债务违约事件负面评价，但若审计质量较高，投资者的负面评价程度较小，这验证了H6-3中的有关结论。各控制变量的估计结果也比较合理。例如，ROA的估计系数显著为正，说明当公司盈利水平较高时，市场反应较为正面；SOE的估计系数显著为负，说明当国有企业发生债务违约时，市场反应较为负面；MONITOR的估计系数显著为正，说明当监事会的规模较大时，市场反应较为正面。

表6-4　　　多元回归结果：审计质量与公司债务违约宣告期间的市场反应

变量符号	估计系数	t值
INTERCEPT	6.4187	8.13***
AUQ	0.2710	7.02***
SIZE	−0.1795	−5.17***
LEV	−0.0893	−0.90
ROA	1.6007	9.82***
DIVIDEND	−0.2846	−1.11
GROWTH	−0.4976	−6.88***
SOE	−0.1524	−2.17**
COMP	−0.1879	−4.52***
DUAL	0.7981	11.91***
INDEP	−0.6431	−1.47
MONITOR	0.1588	5.16***
TUNNEL	−0.0049	−0.25
INSTI	−0.3298	−4.05***
Industry	已控制	
Year	已控制	
Pseudo R方	0.2479	
样本量	569	

注：***、**、*分别表示在1%、5%、10%水平上显著，均为双尾检验。

表 6-5 报告了模型（6-3）的回归结果。由表 6-5 可知，交互项 DEFAULT*AUQ 的估计系数显著为负（估计系数=−0.4266；t值=−3.39），表明公司发生债务违约以后，若审计质量较高，则权益融资成本的上升程度减小，这验证了 H6-4 中的有关结论。其他控制变量的估计结果与模型（6-1）类似，这里不再赘述。

表6-5 多元回归结果：审计质量、公司债务违约与权益融资成本

变量符号	估计系数	t值
INTERCEPT	−0.2752	−1.87*
DEFAULT	0.2084	3.36***
DEFAULT*AUQ	−0.4266	−3.39***
AUQ	−0.0132	−1.51
SIZE	0.0068	0.94
LEV	0.2878	9.34***
ROA	−0.3289	−2.16**
CAFL	0.2261	3.66***
TROVER	−0.0404	−3.79***
LIQ	−0.1973	−8.55***
SOE	0.0820	7.54***
COMP	0.0425	5.73***
INDEP	0.0213	0.17
BOARD	0.0183	6.10***
Firm	已控制	
Year	已控制	
Pseudo R 方	0.1415	
样本量	17 676	

注：***、**、*分别表示在1%、5%、10%水平上显著，均为双尾检验。

6.5 稳健性检验

6.5.1 改变计算CAR值的事件窗口

事件研究法的一个缺陷在于：检验结果对于事件窗口期的选择具有较强的敏感性。为了缓解这一问题对实证结果可能造成的影响，以确保研究结论的可靠性，本部分尝试以（−2，+2）、（−3，+3）、（−5，+5）、（−10，+10）等作为事件窗口，重新计算CAR值并进行相关检验。实证结果未发生显著变化。为节约篇幅，本部分仅报告以（−5，+5）为事件窗口的检验结果。

图6-2报告了公司债务违约宣告期间（−5，+5）的市场反应情况。由图6-2可知，在公司债务违约宣告期间，出现了明显的负向市场反应。在整个事件窗口内，CAR（−5，+5）达到−1.03%，且在1%水平上显著异于0（t值=−4.47）。上述结果表明，对于公司债务违约事件，投资者会给予负面评价，这与H6-1相一致。

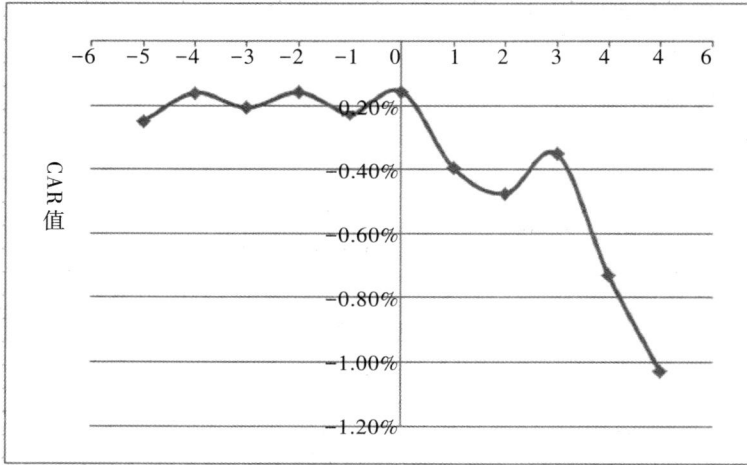

图6-2　债务违约宣告期间（−5,+5）的累计超额回报率

表6-6报告了利用新定义的窗口期计算累计超额回报率后，模型（6-2）的有关回归结果。由表6-6可知，AUQ的估计系数在1%水平上显著为正（估计系数=0.2585；t值=6.86），表明在公司发生债务违约宣告期间，虽然投资者给予负面评价，但若审计质量较高，投资者的负面评价程度较小，这验证了H6-3中的有关结论。

表6-6 多元回归结果：审计质量与公司债务违约宣告期间的市场反应——（−5,+5）窗口

变量符号	估计系数	t值
INTERCEPT	6.3851	8.46***
AUQ	0.2585	6.86***
SIZE	−0.1827	−5.44***
LEV	−0.0913	−0.92
ROA	1.5369	9.53***
DIVIDEND	−0.2706	−1.08
GROWTH	−0.4810	−6.67***
SOE	−0.1469	−2.12**
COMP	−0.1805	−4.37***
DUAL	0.7972	11.75***
INDEP	−0.7027	−1.60
MONITOR	0.1597	5.29***
TUNNEL	−0.0047	−0.24
INSTI	−0.3298	−4.06***
Industry	已控制	
Year	已控制	
Pseudo R方	0.2481	
样本量	569	

注：***、**、*分别表示在1%、5%、10%水平上显著，均为双尾检验。

综合上述实证结果可知，本章有关研究结论对事件窗口的选择并不敏感，因而具有较高的可靠性。

6.5.2 权益融资成本度量指标敏感性测试

为了考查本章有关研究结论对权益融资成本度量指标的敏感性，以确保研究结论的可靠性，本节进一步采用 PEG 模型来计算权益融资成本，并进行相关检验。具体而言，借鉴 Khurana and Raman（2004）的做法，通过如下的 PEG 模型来计算权益融资成本：

$$CEC = \sqrt{\frac{eps_2 - eps_1}{P_0}}$$

上式中，CEC 表示权益融资成本，eps_1 表示分析师预测的未来 1 期（年）每股盈余的均值，eps_2 表示分析师预测的未来 2 期每股盈余的均值，P_0 表示当年年末的股票收盘价。

表 6-7 报告了利用重新定义的权益融资成本指标进行回归分析的结果，由表 6-7 可知，在利用重新定义的权益资本成本度量指标进行回归分析时，对于模型（6-1），DEFAULT 的估计系数显著为正（估计系数=0.0904，t 值=54.77）；对于模型（6-3），DEFAULT*AUQ 的估计系数显著为负（估计系数=-0.0573；t 值=-31.70）。这些结果与 H6-2、H6-4 相一致，表明本章有关研究结论对权益融资成本度量指标的选取并不敏感。

表 6-7   多元回归结果：通过 PEG 模型重新计算权益融资成本

变量符号	模型（6-1）		模型（6-3）	
	估计系数	t 值	估计系数	t 值
INTERCEPT	0.0426	14.95***	0.0396	13.61***
DEFAULT	0.0904	54.77***	0.0963	52.80***
DEFAULT*AUQ			-0.0573	-31.70***
AUQ			-0.0009	-3.75***
SIZE	0.0103	88.57***	0.0104	91.58***
LEV	0.0908	10.82***	0.0908	10.64***
ROA	-0.1857	-69.98***	-0.1886	-69.95***
CAFL	-0.0718	-47.96***	-0.0708	-47.84***
TROVER	0.0034	15.12***	0.0035	15.37***
LIQ	-0.0476	-69.49***	-0.0474	-69.37***
SOE	-0.0186	-72.70***	-0.0186	-72.35***
COMP	-0.0107	-50.48***	-0.0106	-49.59***
INDEP	-0.0037	-1.28	-0.0038	-1.29
BOARD	0.0002	3.40***	0.0002	3.20***
Firm	已控制		已控制	
Year	已控制		已控制	
Pseudo R 方	0.1800		0.1804	
样本量	7 747		7 747	

注：***、**、*分别表示在 1%、5%、10% 水平上显著，均为双尾检验。

6.5.3 Heckman 两阶段模型

如第4章、第5章所述，债务违约风险的大小可能会影响到公司对审计师的选择，例如，债务违约风险较小的公司可能会选择审计质量较高的会计师事务所，从而产生自选择偏差问题。若如此，本章中有关H6-3、H6-4的研究结论可能会受到影响。鉴于此，本章采用Heckman两阶段模型来缓解自选择偏差问题对研究结论可能造成的影响。借鉴现有文献的做法（Lawrence，Minutti-Meza and Zhang，2011；Yuan，Cheng and Ye，2016），本章首先通过估计如下Probit模型得到逆米斯比率（Inverse Mills Ratio，IMR）：

$$AUQ = \varphi_0 + \varphi_1 SIZE + \varphi_2 LEV + \varphi_3 ROA + \varphi_4 LOSS + \varphi_5 LIQ + \varphi_6 CURR + \varphi_7 TROVER + \varphi_8 GROWTH + Industry + Year + \omega \tag{6-4}$$

在模型（6-4）中，CURR为流动比率，等于流动资产与流动负债的比值。其余变量的定义请参阅表4-1。通过模型（6-4）的估计得到逆米斯比率后，将其作为控制变量放入到模型（6-2）和模型（6-3）中，并对模型（6-2）和模型（6-3）重新进行回归分析。表6-8报告了相关的回归结果，其中，Panel A是关于模型（6-2）的回归结果，Panel B是关于模型（6-3）的回归结果。由Panel A可知，AUQ的估计系数显著为正（估计系数=0.2371，t值=5.74），表明若审计质量较高，公司债务违约宣告期间的负面市场反应较小；由Panel B可知，DEFAULT*AUQ的估计系数显著为负（估计系数=-0.4307，t值=-3.40），表明若审计质量较高，公司发生债务违约以后权益融资成本的上升程度减小。

表6-8　　　　　　　　多元回归结果：Heckman模型

Panel A: 模型（6-2）

变量符号	估计系数	t值
INTERCEPT	10.6153	11.46***
AUQ	0.2371	5.74***
SIZE	−0.3523	−7.45***
LEV	−0.2558	−2.69***
ROA	1.5357	8.84***
DIVIDEND	−0.2180	−0.87
GROWTH	−0.3773	−3.78***
SOE	−0.1937	−2.74***
COMP	−0.1901	−4.56***
DUAL	0.8324	12.37***
INDEP	−0.1680	−0.39
MONITOR	0.1407	4.54***

续表

TUNNEL	0.0113	0.63
INSTI	−0.3264	−3.99***
IMR	−0.5180	−7.74***
Industry	已控制	
Year	已控制	
Pseudo R方	0.2710	
样本量	569	

Panel B: 模型（6-3）

变量符号	估计系数	t值
INTERCEPT	1.6719	5.42***
DEFAULT	0.2140	3.44***
DEFAULT*AUQ	−0.4307	−3.40***
AUQ	−0.0181	−2.04**
SIZE	−0.0619	−4.74***
LEV	0.2779	9.05***
ROA	−0.5386	−3.53***
CAFL	0.2201	3.56***
TROVER	−0.0747	−6.59***
LIQ	−0.2132	−9.06***
SOE	0.0782	7.22***
COMP	0.0383	5.17***
INDEP	0.0176	0.14
BOARD	0.0179	5.98***
IMR	−0.5014	−7.75***
Firm	已控制	
Year	已控制	
Pseudo R方	0.1418	
样本量	17 670	

注：***、**、*分别表示在1%、5%、10%水平上显著，均为双尾检验。

综合上述实证结果可知，在利用Heckman两阶段模型来缓解可能存在的自选择偏差问题后，本章的有关研究结论依然成立。

除上述稳健性检验外，本章还进行了其他方面的稳健性检验，包括：采用审计师行业专长来度量审计质量、采用是否为"国际四大"会计师事务所来度量审计质量、删除1%和99%分位数外的异常值、在公司层面对标准误进行聚类

（Cluster）调整等，本章研究结论保持不变。

6.6　本章小结

本章以我国 A 股上市公司为研究样本，考查了公司发生债务违约以后投资者的反应，以及审计质量对投资者反应的影响。研究发现，公司债务违约宣告期间，投资者给会予负面评价，累计超额回报率达到 −1.34%；公司发生债务违约以后，投资者所要求的必要报酬率（即公司权益融资成本）显著上升（约上升100.06%）。但是，当审计师的审计质量较高时，债务违约宣告期间投资者的负面评价显著弱化，同时，债务违约发生以后投资者所要求的必要报酬率（即公司权益融资成本）的上升程度减小。在改变公司债务违约事件窗口、使用权益融资成本其他度量指标、采用 Heckman 两阶段模型缓解自选择偏差问题等一系列稳健性检验中，上述研究结论依然成立。

本章的发现表明，公司发生债务违约以后，投资者的反应较为强烈，他们会把债务违约这一"坏消息"纳入到股票定价当中去，影响股票收益率和公司权益融资成本。同时，本章的研究从公司债务违约的视角验证了债市与股市的联动效应（Engle and Granger，1987），即发生在债务市场的特定事件能够对股票市场产生影响。这提示监管部门在制定引导股票市场健康、有序发展的政策时，除需要考虑股票市场自身因素外，还需要重视公司债务市场的潜在影响。在这一过程中，发展会计师事务所等市场中介组织并发挥其投资者保护功能，或可成为值得考虑的一个重要方面。

第7章　审计质量、公司债务违约与管理层反应

7.1　本章引言

在现代企业制度之下，企业的所有权与经营权相分离，股东对企业拥有所有权，管理层对企业拥有经营管理权，股东与管理层之间形成委托代理关系，即股东委托管理层负责企业的日常经营管理（Jensen and Meckling，1976）。由于股东与管理层的利益并非完全一致，而且相对于管理层，股东往往处于信息劣势，因此，管理层可能会为了追求个人私利而损害股东利益，即管理层的机会主义行为（Jensen and Meckling，1976）。为了减少管理层的机会主义行为、提升公司价值，股东通常会建立相应的激励机制和约束机制，通过"奖功罚过"来实现对管理层的激励和监督。具体而言：当管理层努力工作、公司业绩较好时，股东会给予管理层较高的报酬；当管理层工作不力、公司业绩较差时，股东会给予管理层较低的报酬，甚至是降职、解聘（刘慧龙、张敏、王亚平、吴联生，2010；Jenter and Kanaan，2015）。面对激励机制和约束机制，作为理性经济人，管理层必然会做出反应，以确保自身利益最大化。从现有研究来看，管理层的反应主要体现在以下两个方面：努力工作以实现业绩提升；采取策略性行为以减少可能遭受的惩罚。关于管理层反应的这两个方面，总体而言，学术界对管理层策略性行为的关注较多，是近年来学者们研究的热点议题。例如，高敬忠、韩传模、王英允（2011）的研究发现，当公司面临较高的诉讼风险时，为了减少或避免可能遭受的惩罚，对于盈利预测，管理层通常会选择不太精确的区间预告形式，且盈利预测的及时性显著降低（即盈余预测日与盈余宣告日之间的间隔较短）。周晓苏、高敬忠（2009）的研究发现，当公司的财务风险较高时，对于盈利预测，管理层更倾向于选择不太精确的区间预告形式，且对于盈余的"坏消息"，管理层预测的及时性较差（即盈余预测日与盈余宣告日之间的间隔较短）。

无疑，债务违约表明公司经营不善、财务状况欠佳，而管理层应负有直接责任。那么，将公司债务违约与前文中的分析相结合，一个自然的问题是：公司发生债务违约之后，管理层会做出怎样的反应？实际上，现有研究发现，公司发生

债务违约之后，管理层会进行大幅度的正向盈余管理（Sweeney，1994），以营造业绩有所改善的假象。区别于现有研究，本章从管理层超额在职消费和风险信息披露的视角，考查了公司发生债务违约以后管理层会如何反应。其中，超额在职消费是指管理层在职消费中超出正常额度的部分，属于管理层从公司攫取的非正常私有收益，是代理成本的一种表现形式（褚剑、方军雄，2016；Jensen and Meckling，1976）。风险信息披露是指管理层在财务报告中对公司所面临风险的具体描述，本章研究中，主要关注于管理层对公司外部宏观风险的强调程度。这里所说的公司外部宏观风险是指除企业特质性风险以外的其他风险，例如，利率变动风险、通货膨胀风险、产业政策风险、宏观经济下行风险等。本章之所以从管理层超额在职消费和风险信息披露这两个视角展开研究，主要有以下两个方面的原因：（1）管理层超额在职消费和风险信息披露是当前学术界研究的热点议题，对其展开研究，可以丰富相关领域的研究成果，并为理解管理层在职消费行为和风险信息披露行为提供新的知识（黎文靖、杨丹，2013；褚剑、方军雄，2016；牟韶红、李启航、陈汉文，2016；Segal and Segal，2016）；（2）与投融资等重大公司决策相比，管理层对在职消费和风险信息披露的影响较为直接、重大。投融资等决策是关乎公司生存发展的重大问题，通常需要得到股东大会或董事会的批准和认可，因而很难完全从中剥离出管理层的意志。因此，本章将研究对象聚焦于受管理层影响较为直接、重大的超额在职消费和风险信息披露两个方面，以便能够较为准确地辨识出管理层在公司发生债务违约以后的真实反应。①在考查公司发生债务违约以后管理层反应的基础上，本章还将进一步探讨审计质量对管理层反应的影响，其逻辑在于：管理层超额在职消费反映了管理层与股东之间的代理冲突；管理层在风险信息披露方面的策略性行为会影响到信息的真实性和相关性；而审计具有治理功能和信息功能，可以缓解代理冲突并改善公司信息披露质量，因而能够对管理层的上述行为产生影响。由此可见，本章的探讨在逻辑上具有合理性。

本章后续内容安排如下：7.2节是理论分析与研究假设；7.3节是研究设计；7.4节是实证结果及分析；7.5节是稳健性检验；7.6节是本章小结。

第8章将延续第5章、第6章和本章的研究思路，进一步考查其他利益相关者（审计师）在公司发生债务违约以后的反应以及审计质量对其反应的影响。

7.2 理论分析与研究假设

按照现代企业制度的安排，公司的所有权与经营权相分离，股东拥有公司的

---

① 当然，本章并不否认考查管理层在其他方面所做出的反应（如投融资）的重要性，后续研究可以对这一问题展开深入探讨。

所有权，管理层拥有公司的经营管理权并对公司业绩负责（Jensen and Meckling，1976）。一般而言，公司债务违约表明公司业绩较差，已陷入经营和财务困境，因此，在委托代理框架之下，管理层对此应负有直接责任。现有研究表明，当公司陷入经营和财务困境以后，管理层薪酬水平降低、被解聘的风险增加（Warner，Watts and Wruck，1988）。因此，公司发生债务违约以后，伴随着薪酬水平的下降和被解聘风险的增加，管理层的职业忧虑（Career concern）增加（Nini，Smith and Sufi，2012）。面对职业忧虑，管理层通常会采取一些手段来向股东表明自身责任较小、能力较强。其中，盈余管理是管理层较为常用的一种手段，例如，Sweeney（1994）的研究发现，公司发生债务违约以后，正向盈余管理显著增加。受这一研究思路的启发，本章进一步考查公司发生债务违约以后，管理层在超额在职消费和风险信息披露方面的反应。

在职消费是指管理层在履职过程中发生的、由企业支付的各种费用，如豪华办公室、公务用车、各种餐饮娱乐消费等（陈冬华、陈信元、万华林，2005）。据陈冬华、陈信元、万华林（2005）的统计，管理层薪酬只占其在职消费的10%左右。在职消费的代理观认为，在职消费应视为管理者依靠自身权力而获得的一种特殊待遇，但从管理者履行职责所需资源的角度来看，这种待遇并不是必需的，或者存在成本更低的其他方式可以代替之。因此，在职消费在给管理层带来私人收益的同时，可能使股东承担的财务成本超过了其收获的效率增量（田利辉，2005）。Jensen and Meckling（1976）认为，在职消费是股东与管理层博弈的结果，体现了二者间的代理冲突，会引起负面的经济后果。近年来，有研究进一步指出，管理层的在职消费应该区分为两个部分：正常在职消费和超额在职消费，其中，正常在职消费是指管理层必要的宴请、差旅、通讯、交通费等支出；超额在职消费则是指除正常在职消费以外的在职消费部分。无疑，超额在职消费是由管理层的私利行为所导致的，是代理成本的一种表现形式（杨德明、赵璨，2014）。债务违约的发生，表明公司经营不善，已陷入财务困境，此时，管理层受到来自于股东的压力明显增大。考虑到自身职业发展（王放、李哲、董小红，2015），管理层会主动减少超额在职消费。综合上述分析，本章提出假设H7-1：

H7-1：公司发生债务违约以后，管理层的超额在职消费减少。

信息披露是公司与信息使用者之间进行沟通的重要方式。通过信息披露，信息使用者能够加深对公司的了解，降低信息不对称程度（陈韵宇、林东杰、熊小林，2014）。大量的研究发现，高质量的信息披露能够为公司带来收益，例如，降低公司融资成本、提高股票流动性、提高投资效率等（Francis，LaFond，Olsson and Schipper，2005；Dong，Li，Lin and Ni，2016）。但管理层对信息的披露通常具有一定的策略性，以此来传递信号或满足自身利益需求（Beyer，Cohen，Lys and Walther，2010）。例如：Lang and Lundholm（2000）的研究发现，为了提高股票价格，管理层会在再融资前增加信息披露的频率；Aboody and Kasznik（2000）的研究发现，在被授予期权之前的一段时间，管理层倾向于发布坏消息，而延迟发布好消息；高敬忠、韩传模、王英允（2011）的研究发现，当公司面临较高的诉讼风险时，为了减少或避免可能遭受的惩罚，对于盈利预测，管理层通常会选择不太精确的区间预告形式，且盈利预测的及时性显著降低（即盈余预测日与盈余宣告日之间的间隔较短）。特别的，黎文靖、杨丹（2013）的研究发现，对于劳动密集型企业，当业绩较差时，管理层会通过刻意披露劳动力成本上涨风险来"解释"较差的业绩和满足考核要求。与这一研究思路相类似，本章认为，债务违约发生以后，管理层面临着较大的压力，因而在进行风险信息披露时可能会更加倾向于强调公司外部的宏观层面风险，将经营和财务困境归咎于宏观环境的不利变化，从而为自身的经营不力开脱责任。[①]综合上述分析，本章提出假设H7-2：

H7-2：公司发生债务违约以后，管理层披露的宏观风险增加。[②]

如前文所述，公司发生债务违约以后，管理层会降低其超额在职消费水平。本章认为，较高的审计质量将在这一过程中发挥促进作用。这可以从以下两个方面来理解。第一，审计具有揭示公司真实经营和财务状况的信息功能。高质量审计之下，公司披露的信息能够更加真实地反映出管理层的道德风险和努力工作程度（朱小平、刘西友，2009）。因此，当审计质量较高时，管理层难以隐瞒或推脱自身对公司债务违约应负的责任，进而在公司发生债务违约以后，考虑到薪酬下降、被解聘等职业风险（Warner，Watts and Wruck，1988），会在超额在职消费方面更加收敛。第二，审计具有治理功能，能够促进公司治理水平的进一步提高（Fan and Wang，2005；Dang and Fang，2011）。公司治理是抑制管理层超额在职消费的重要因素，较高水平的公司治理能够促使管理层在超额在职消费方面更加"谨慎"，并根据自身所面临风险的大小对超额在职消费做出大幅度调整（牟韶红、李启航、陈汉文，2016）。公司发生债务违约以后，迫于薪酬下降、被解聘等职业风险增大（Warner，Watts and Wruck，1988），管理层有减少超额在职消费的动机，而较高水平的公司治理将强化管理层的这一动机，使管理层对超额在职消费做出更大幅度的调整。综合上述分析，本章提出假设H7-3：

H7-3：当审计质量较高时，公司发生债务违约以后管理层超额在职消费的下降程度更大。

Francis（2011）认为，高质量审计能够保证（合理保证）公司财务报告如实反映公司的经营和财务状况。换言之，若审计质量较高，则公司财务报告中所披

---

① 这一观点与林钟高、郑军、卜继栓（2015）的看法颇为类似，他们认为管理层在经营失败时，存在掩盖自身责任的倾向，并将失败归咎于外部环境的不确定性。
② 如"本章引言"所述，宏观风险是指除公司特质性风险以外的其他风险，例如，利率变动风险、通货膨胀风险、产业政策风险、宏观经济下行风险等。

露的信息将更加接近公司真实的经营和财务状况。这一观点得到了诸多研究的支持，例如，Dunn and Mayhew（2004）的研究发现，当审计质量较高时，公司更容易获得较高的信息披露质量评级[①]；Reichelt and Wang（2010）的研究也发现，经过具有行业专长的审计师审计的财务报告，异常应计利润水平较低。如前文所述，公司发生债务违约以后，管理层将更倾向于强调宏观层面的风险，从"外部因素"的角度去"解释"较差的公司业绩，以减轻自身所负责任。这可以理解为管理层在信息披露方面的"策略性（Strategic）"或"选择性（Selective）"行为（Healy and Palepu，2001；Beyer，Cohen，Lys and Walther，2010）。无疑，这种行为在一定程度上损害了财务报告信息的真实性。当审计师注意到管理层披露的信息与真实状况存在偏差时，会及时与管理层进行沟通和协调，请管理层更正；若沟通协调未果，审计师还会通过发表非标准无保留审计意见等方式，向信息使用者揭示信息披露中可能存在的问题，而非标准无保留审计意见会给公司带来极为不利的影响（如股票价格下跌、融资成本上升等）（Dopuch，Holthausen and Leftwich，1986；Menon and Williams，2010；Chen，He，Ma and Stice，2016），从而迫使管理层慎重行事。因此，高质量审计能够抑制管理层在公司债务违约以后的策略性信息披露行为。综合上述分析，本章提出假设H7-4：

H7-4：当审计质量较高时，公司发生债务违约以后宏观风险披露的增加程度减小。

7.3　研究设计

7.3.1　数据来源与样本选择

本章以2000—2014年我国A股上市公司为研究样本。样本区间之所以截至2014年，是因为至笔者行文时，仅能取得公司债务违约至2014年的数据。公司财务数据和治理数据来源于国泰君安金融研究数据库（CSMAR），公司债务违约数据来源于RMI数据库，公司风险信息披露数据来源于DIB内部控制与风险管理数据库。在剔除金融行业和存在缺失值的样本后，共得到22 768（11 116）条公司-年度观测。[②]为了减小异常值对估计结果可能造成的影响，本章对连续变量在1%和99%水平上进行了winsorize处理。

[①]　公司信息披露质量评级是由美国投资管理与研究协会（Association for Investment Management and Research）组织卖方分析师、买方分析师组成专业委员会来评定的。
[②]　对于管理层超额在职消费样本，有22 768条公司-年度观测；对于风险信息披露样本，有11 116条公司-年度观测。

7.3.2 实证模型与变量定义

为了验证H7-1，本章构建模型（7-1）并进行回归分析。该模型参考了杨德明、赵璨（2014），谢德仁、郑登津、崔宸瑜（2016），褚剑、方军雄（2016），Bertrand and Mullainathan（2003）等的回归模型。模型（7-1）的具体形式如下：

$$APERK=\alpha_0+\alpha_1 DEFAULT+\alpha_2 SIZE+\alpha_3 LEV+\alpha_4 ROA+\alpha_5 CAFL+\alpha_6 TROVER+\alpha_7 LIQ+\alpha_8 TANG+$$
$$\alpha_9 GROWTH+\alpha_{10} RETURN+\alpha_{11} EMPLOY+\alpha_{12} DUAL+Firm+Year+\xi \qquad (7-1)$$

在模型（7-1）中，被解释变量为APERK，表示管理层的超额在职消费水平。借鉴现有文献的做法（杨德明、赵璨，2014；牟韶红、李启航、陈汉文，2016），利用相应回归模型估计出管理层正常在职消费以外的部分，用来表示管理层超额在职消费。[①]该变量取未来一期值。DEFAULT是表示公司是否发生债务违约的虚拟变量，发生债务违约时取值为1，否则取值为0。债务违约是指公司未按照债务契约的规定，如期支付本金或利息的情形。根据H7-1，公司发生债务违约以后，管理层超额在职消费减少，因此预计变量DEFAULT的估计系数α_1显著为负。

为了控制其他可能对管理层超额在职消费产生影响的因素，本章在模型（7-1）中加入了相应的控制变量，具体如下：公司规模（SIZE），等于期末资产总额的自然对数；财务杠杆（LEV），等于期末负债总额与期末资产总额的比率；资产报酬率（ROA），等于净利润与期末资产总额的比率；经营活动现金流量（CAFL），等于经营活动现金流量净额与期末资产总额的比率；资产周转率（TROVER），等于营业收入与期末资产总额的比率；流动资产比例（LIQ），等于流动资产与期末资产总额的比率；有形资产比例（TANG），等于固定资产净值与期末资产总额的比率；公司成长性（GROWTH），等于公司资产年增长率；股票收益率（RETURN），等于公司在各年度的股票收益率；雇员人数（EMPLOY），等于公司员工总数的自然对数；两职合一（DUAL），虚拟变量，当董事长和总经理由同一人兼任时取值为1，否则取值为0。同时，本章在模型（7-1）中加入了公司固定效应（Firm）和年度固定效应（Year）。Thompson（2011）指出，同时在公司和时间维度对标准误进行聚类（Cluster）调整，能够提高估计结果的准确性。因此，在对模型（7-1）进行估计时，本章同时在公司

---

① 具体而言，本章采用如下回归模型来估计管理超额在职消费：
$PERK=\lambda_0+\lambda_1 AT+\lambda_2 DSALE+\lambda_3 PPE+\lambda_4 INVT+\lambda_5 EMPLOY+\pi$，
其中，PERK等于支付的其他与经营活动有关的现金与期初资产总额的比值（后文亦采用"八项费用"之和与期初资产总额的比值作为替代指标进行稳健性检验，详见本章7.5.1节）；AT等于期初资产总额的倒数；DSALE等于营业收入变化值与期初资产总额的比值；PPE等于固定资产净值与期初资产总额的比值；INVT等于存货净值与期初资产总额的比值；EMPLOY等于公司员工数量的自然对数。由该模型估计（分行业—年度进行回归估计）所得到的拟合值即为管理层正常在职消费部分，所得到的残差为管理层超额在职消费部分（APERK）。

和年度层面对标准误进行了聚类调整。

为了验证H7-2，本章构建模型（7-2）并进行回归分析。该模型参考了黎文靖、杨丹（2013），陈韵宇、林东杰、熊小林（2014），程新生、刘建梅、程悦（2015），谢德仁、郑登津、崔宸瑜（2016），Bertrand and Mullainathan（2003），Segal and Segal（2016）等研究的做法。模型（7-2）的具体形式如下：

$$DISC= \beta_0 + \beta_1 DEFAULT + \beta_2 SIZE + \beta_3 LEV + \beta_4 ROA + \beta_5 LOSS + \beta_6 GROWTH + \beta_7 EMPLOY + \beta_8 FIRMAGE + \beta_9 SOE + \beta_{10} TOP1 + \beta_{11} COMP + \beta_{12} DUAL + \beta_{13} INDEP + \beta_{14} BOARD + Firm + Year + \zeta \quad (7-2)$$

在模型（7-2）中，被解释变量为DISC，表示在管理层披露的风险信息中，宏观风险所占的比例。在这里，宏观风险是指除企业特质性风险以外的其他风险，例如，利率变动风险、通货膨胀风险、产业政策风险、宏观经济下行风险等。该变量取未来一期值。DEFAULT是表示公司是否发生债务违约的虚拟变量，发生债务违约时取值为1，否则取值为0。债务违约是指公司未按照债务契约的规定，如期支付本金或利息的情形。根据H7-2，公司发生债务违约以后，管理层披露的宏观风险增加，因此预计变量DEFAULT的估计系数β_1显著为正。

为了控制其他可能对管理层风险信息披露产生影响的因素，本章在模型（7-2）中加入了相应的控制变量，具体如下：公司规模（SIZE），等于期末资产总额的自然对数；财务杠杆（LEV），等于期末负债总额与期末资产总额的比率；资产报酬率（ROA），等于净利润与期末资产总额的比率；是否亏损（LOSS），为虚拟变量，当净利润小于零时取值为1，否则取值为0；公司成长性（GROWTH），等于公司资产年增长率；雇员人数（EMPLOY），等于公司员工总数的自然对数；公司年龄（FIRMAGE），等于公司成立年份到当前年度的时间间隔（年）；产权性质（SOE），虚拟变量，国有企业取值为1，否则取值为0；第一大股东持股比例（TOP1），等于第一大股东持股数量占公司总股数的比例；高管薪酬（COMP），等于排名前三位高管薪酬的自然对数；两职合一（DUAL），虚拟变量，当董事长和总经理由同一人兼任时取值为1，否则取值为0；独立董事比例（INDEP），等于独立董事人数占董事会总人数的比例；董事会规模（BOARD），等于董事会人数。同时，本章在模型（7-2）中加入了公司固定效应（Firm）和年度固定效应（Year）。Thompson（2011）指出，同时在公司和时间维度对标准误进行聚类（Cluster）调整，能够提高估计结果的准确性。因此，在对模型（7-2）进行估计时，本章同时在公司和年度层面对标准误进行了聚类调整。

为了验证H7-3，本章在模型（7-1）的基础上，引入审计质量与公司债务违约的交互项，构建模型（7-3）并进行回归分析。模型（7-3）的具体形式如下：

$$APERK= \alpha_0 + \alpha_1 DEFAULT + \alpha_2 DEFAULT*AUQ + \alpha_3 AUQ + \alpha_4 SIZE + \alpha_5 LEV + \alpha_6 ROA + \alpha_7 CAFL + \alpha_8 TROVER + \alpha_9 LIQ + \alpha_{10} TANG + \alpha_{11} GROWTH + \alpha_{12} RETURN + \alpha_{13} EMPLOY + \alpha_{14} DUAL + Firm + Year + \xi$$

$$(7\text{-}3)$$

在模型（7-3）中，变量 AUQ 表示审计质量，借鉴 Chen，Chen，Lobo and Wang（2011）的研究，以公司聘请的审计师是否为"八大"会计师事务所来进行度量，若公司聘请的审计师为"八大"会计师事务所，取值为1，表示审计质量较高，否则取值为0，表示审计质量较低。[①]会计师事务所的排名取自中国注册会计师协会各年度公布的"会计师事务所综合评价前百家信息"。[②]根据H7-3，公司发生债务违约以后，若审计质量较高，管理层超额在职消费的下降程度更大，因此，预计交互项 DEFAULT*AUQ 的估计系数 α_2 显著为负。其余变量的定义同模型（7-1），此处不再赘述。在对模型（7-3）进行估计时，本章同时在公司和年度层面对标准误进行了聚类调整。

为了验证H7-4，本章在模型（7-2）的基础上，引入审计质量与公司债务违约的交互项，构建模型（7-4）并进行回归分析。模型（7-4）的具体形式如下：

$$DISC= \beta_0 + \beta_1 DEFAULT + \beta_2 DEFAULT*AUQ + \beta_3 AUQ + \beta_4 SIZE + \beta_5 LEV + \beta_6 ROA + \beta_7 LOSS + \beta_8 GROWTH + \beta_9 EMPLOY + \beta_{10} FIRMAGE + \beta_{11} SOE + \beta_{12} TOP1 + \beta_{13} COMP + \beta_{14} DUAL + \beta_{15} INDEP + \beta_{16} BOARD + Firm + Year + \zeta$$

$$(7\text{-}4)$$

在模型（7-4）中，变量 AUQ 表示审计质量，借鉴 Chen，Chen，Lobo and Wang（2011）的研究，以公司聘请的审计师是否为"八大"会计师事务所来进行度量，若公司聘请的审计师为"八大"会计师事务所，取值为1，表示审计质量较高，否则取值为0，表示审计质量较低。会计师事务所的排名取自中国注册会计师协会各年度公布的"会计师事务所综合评价前百家信息"。根据H7-4，公司发生债务违约以后，若审计质量较高，管理层披露的宏观风险的增加程度会减小，因此，预计交互项 DEFAULT*AUQ 的估计系数 β_2 显著为负。其余变量的定义同模型（7-2），此处不再赘述。在对模型（7-4）进行估计时，本章同时在公

---

① 之所以用"八大"会计师师事务所，而非"国际四大"会计师事务所来度量审计质量，是因为"国际四大"会计师事务所在我国审计市场上所占的市场份额偏小（约为5%），而"八大"会计师事务所在我国审计市场上所占的市场份额较大（20%以上），涵盖范围广泛，具有良好的代表性。作为稳健性检验，本章亦采用是否为"国际四大"会计师事务所来度量审计质量，研究结论保持不变。

大量的研究发现，规模较大的会计师事务所的审计质量更高。例如，DeFond，Wong and Li（2000）的研究发现，在中国，与规模较小的会计师事务所相比，规模较大的会计师事务所更易于发表非标准无保留审计意见，表明规模较大的会计师事务所有更高的专业胜任能力和审计独立性。DeFond and Zhang（2014）在关于审计质量研究的综述性论文中指出，审计师规模是度量审计质量一个较为成熟的指标。张宏亮、文挺（2016）基于中国资本市场数据对该指标的适用性进行了检验，实证结果支持了DeFond and Zhang（2014）的观点。

如本书第二章所述，在研究审计质量的经济后果时，对于审计质量的度量，通常采用投入类指标而非产出类指标，例如，Chen，Chen，Lobo，and Wang（2011）在研究审计质量对公司权益融资成本的影响时，采用是否为"八大"会计师事务所来度量审计质量。此时，若选用审计质量的产出类度量指标则欠妥。一般而言，当研究审计质量的影响因素时，常用产出类指标，例如，Chi，Huang，Liao and Xie（2009）在研究审计师强制轮换政策对审计质量的影响时，采用异常应计利润的绝对值来度量审计质量。

② 该排名自2002年开始，2000年和2001年的排名用2002年的排名代替。

司和年度层面对标准误进行了聚类调整。

表7-1列示了本章实证模型中所涉及变量的详细定义。

表7-1 变量定义

变量符号	变量名称与变量定义
APERK	管理层超额在职消费，取未来一期值
DISC	宏观风险信息披露比重，等于披露的宏观风险信息数量占披露的风险信息总数量的比重，取未来一期值
DEFAULT	债务违约，虚拟变量，公司发生债务违约取值为1，否则取值为0
AUQ	审计质量，虚拟变量，八大会计师事务所取值为1，否则取值为0
SIZE	公司规模，等于期末资产总额的自然对数
LEV	财务杠杆，等于期末负债总额与期末资产总额的比率
ROA	资产报酬率，等于净利润与期末资产总额的比率
LOSS	是否亏损，虚拟变量，亏损企业取值为1，否则取值为0
CAFL	经营活动现金流量，等于经营活动现金流量净额与期末资产总额的比率
TROVER	资产周转率，等于营业收入与期末资产总额的比率
LIQ	流动资产，等于流动资产总额与期末资产总额的比率
TANG	有形资产，等于固定资产净值与期末资产总额的比率
GROWTH	成长状况，等于总资产年增长率
RETURN	股票收益率，等于个股年度收益率
EMPLOY	员工数量，员工总数的自然对数
FIRMAGE	公司年龄，等于公司成立年度到当前年度的时间间隔（年）
COMP	高管薪酬，排名前3名的高管薪酬总额的自然对数
SOE	虚拟变量，国有企业取值为1，否则取值为0
TOP1	第一大股东持股比例，等于第一大股东持股数量与公司总股数的比率
DUAL	两职合一，虚拟变量，当董事长和总经理由同一人兼任时取值为1，否则取值为0
BOARD	董事会规模，等于董事会人数
INDEP	独立董事比例，等于独立董事人数占董事会总人数的比例
Firm	公司固定效应
Year	年度固定效应

7.4 实证结果及分析

7.4.1 描述性统计

表7-2报告了实证模型中主要变量的描述性统计结果。其中，Panel A报告了模型（7-1）和模型（7-3）中有关变量的描述性统计结果，Panel B报告了模型（7-2）和模型（7-4）中有关变量的描述性统计结果。由Panel A可知，APERK的均值为-0.0035，中位数为-0.0178，四分位数下限为-0.0455，四分位数上限为0.0160，说明管理层超额在职消费水平在各公司之间表现出较大的差异性。DEFAULT的均值为0.0232，中位数为0，说明约有2.32%的样本公司发生过债务违约。AUQ的均值为0.3216，中位数为0，四分位数下限为0，四分位数上限为1，说明约有32.16%的上市公司选择审计质量较高的审计师进行财务报告审计，这一结果与Chen，Chen，Lobo and Wang（2011）的统计结果类似。其余变量的分布状况也较为合理，例如，ROA的均值为0.0299，中位数为0.0322，四分位数下限为0.0108，四分位数上限为0.0594，说明我国上市公司总体处于盈利状态，资产报酬率约在3%；LOSS的均值为0.1149，中位数为0，四分位数下限为0，四分位数上限为0，说明我国上市公司约有11.49%处于亏损状态；GROWTH的均值为0.1392，中位数为0.0899，四分位数下限为0.0018，四分位数上限为0.2120，说明我国上市公司发展较快，总资产年增长率约在14%。

由Panel B可知，DISC的均值为0.1002，中位数为0，四分位数下限为0，四分位数上限为0.1667，说明宏观风险信息披露在整体信息披露中占有一定比重，但各公司之间也表现出较大的差异性。DEFAULT的均值为0.0210，中位数为0，说明约有2.1%的样本公司发生过债务违约。AUQ的均值为0.3106，中位数为0，四分位数下限为0，四分位数上限为1，说明约有31.06%的上市公司选择审计质量较高的审计师进行财务报告审计，这一结果与Chen，Chen，Lobo and Wang（2011）的统计结果类似。其余变量的分布状况也较为合理，例如，ROA的均值为0.0382，中位数为0.0381，四分位数下限为0.0144，四分位数上限为0.0676，说明我国上市公司总体处于盈利状态，资产报酬率在3%~4%；EMPLOY的均值为7.4115，中位数为7.4334，四分位数下限为6.5806，四分位数上限为8.2703，说明我国上市公司整体上会聘用较多的员工，劳动密集程度较高；SOE的均值为0.5186，中位数为1，四分位数下限为0，四分位数上限为1，说明在我国上市公司中，国有企业居多，这与我国的现实情况相符合。TOP1的均值为0.3690，中位数为0.3522，四分位数下限为0.2443，四分位数上限为0.4867，说明在我国上市公司中，第一大股东的持股比例普遍较高。

表7-2		变量的描述性统计			
PanelA：模型（7-1）和模型（7-3）中有关变量					
变量符号	均值	标准差	四分位数下限	中位数	四分位数上限
APERK	−0.0035	0.0820	−0.0455	−0.0178	0.0160
DEFAULT	0.0232	0.1505	0.0000	0.0000	0.0000
AUQ	0.3216	0.4671	0.0000	0.0000	1.0000
SIZE	21.5745	1.2050	20.7535	21.4353	22.2330
LEV	0.4875	0.2362	0.3227	0.4844	0.6308
ROA	0.0299	0.0681	0.0108	0.0322	0.0594
LOSS	0.1149	0.3189	0.0000	0.0000	0.0000
CAFL	0.0447	0.0794	0.0027	0.0442	0.0896
TROVER	0.6467	0.4719	0.3318	0.5319	0.8120
LIQ	0.5419	0.2118	0.3857	0.5523	0.7010
TANG	0.2694	0.1802	0.1292	0.2382	0.3850
GROWTH	0.1392	0.2799	0.0018	0.0899	0.2120
RETURN	0.2740	0.7930	−0.2472	0.0332	0.5514
FIRMAGE	14.3947	51.4560	9.0000	13.0000	17.0000
EMP	7.4388	1.3808	6.6758	7.4799	8.2700
DUAL	0.1524	0.3594	0.0000	0.0000	0.0000
PanelB：模型（7-2）和模型（7-4）中有关变量					
变量符号	均值	标准差	四分位数下限	中位数	四分位数上限
DISC	0.1002	0.1895	0.0000	0.0000	0.1667
DEFAULT	0.0210	0.1433	0.0000	0.0000	0.0000
AUQ	0.3106	0.4627	0.0000	0.0000	1.0000
SIZE	21.5865	1.2374	20.7263	21.4471	22.2743
LEV	0.4786	0.2590	0.2996	0.4784	0.6315
ROA	0.0382	0.0667	0.0144	0.0381	0.0676
LOSS	0.0966	0.2954	0.0000	0.0000	0.0000
GROWTH	0.2421	0.4856	0.0144	0.1119	0.2650
EMPLOY	7.4115	1.4171	6.5806	7.4334	8.2703
FIRMAGE	14.3649	50.3315	10.0000	13.0000	17.0000
SOE	0.5186	0.4997	0.0000	1.0000	1.0000
TOP1	0.3690	0.1564	0.2443	0.3522	0.4867
COMP	11.6667	0.8131	11.1578	11.7039	12.2039
DUAL	0.1963	0.3972	0.0000	0.0000	0.0000
INDEP	0.3637	0.0524	0.3333	0.3333	0.3750
BOARD	9.1227	1.8734	8.0000	9.0000	9.0000

7.4.2 多元回归结果

表7-3报告了模型（7-1）的回归结果。由表7-3可知，DEFAULT的估计系数在1%水平上显著为负（估计系数=-0.0013；t值=-6.89），表明公司发生债务违约以后，管理层超额在职消费水平显著降低，这验证了H7-1中的有关结论。在经济显著性方面，公司发生债务违约以后，管理层超额在职消费下降37.14%，①说明公司债务违约对管理层超额在职消费的影响是重大的。控制变量的估计结果也比较合理。例如，ROA的估计系数显著为正，说明盈利水平较高的公司，管理层超额在职消费水平较高；CAFL的估计系数显著为正，说明现金流量充足的公司，管理层超额在职消费水平较高；DUAL的估计系数显著为正，说明当董事长和总经理由同一人兼任时，管理层超额在职消费水平较高。

表7-3　　　　多元回归结果：公司债务违约与管理层超额在职消费

变量符号	估计系数	t值
INTERCEPT	0.1136	77.86***
DEFAULT	-0.0013	-6.89***
SIZE	-0.0079	-10.43***
LEV	0.0249	88.56***
ROA	0.1158	82.57***
LOSS	0.0107	38.16***
CAFL	0.0468	47.86***
TROVER	0.0181	11.30***
LIQ	0.0156	46.65
TANG	-0.0205	-42.40***
GROWTH	-0.0078	-24.20***
RETURN	0.0000	0.12
FIRMAGE	0.0000	-12.16***
EMPLOY	0.0037	77.32***
DUAL	0.0015	9.04***
Firm	已控制	
Year	已控制	
Pseudo R方	0.0335	
样本量	22 768	

注：***、**、*分别表示在1%、5%、10%水平上显著，均为双尾检验。

① （-0.0013）×（1-0）÷（-0.0035）=37.14%，其中，-0.0013是回归模型中变量DEFAULT的估计系数，-0.0035是管理层超额在职消费（APERK）的均值。

表 7-4 报告了模型（7-2）的回归结果。由表 7-4 可知，DEFAULT 的估计系数在 1% 水平上显著为正（估计系数=0.0247；t 值=6.08），表明公司发生债务违约以后，管理层披露的宏观风险显著增加，这验证了 H7-2 中的有关结论。在经济显著性方面，公司发生债务违约以后，管理层披露的宏观风险增加 24.65%，①说明公司债务违约对管理层宏观信息风险披露的影响是重大的。控制变量的估计结果也比较合理。例如，ROA 的估计系数显著为负，说明当公司财务业绩较好时，宏观风险信息披露的比重较小；DUAL 的估计系数显著为正，说明当董事长和总经理由同一人兼任时，宏观风险信息披露的比重较大；INDEP 的估计系数显著为负，说明当独立董事在董事会中所占比重较大时，宏观风险信息披露的比重较小。

表 7-4　　　　　　多元回归结果：公司债务违约与宏观风险信息披露

变量符号	估计系数	t 值
INTERCEPT	0.1512	13.04***
DEFAULT	0.0247	6.08***
SIZE	−0.0052	−9.92***
LEV	−0.0097	−4.59***
ROA	−0.0861	−8.26***
LOSS	−0.0149	−6.91***
GROWTH	−0.0061	−10.67***
EMPLOY	0.0133	31.54***
FIRMAGE	−0.0001	−49.29***
SOE	−0.0085	−11.06
TOP1	0.0311	9.46***
COMP	0.0063	7.61***
DUAL	0.0024	2.41**
INDEP	−0.0141	−2.34**
BOARD	0.0011	3.84***
Firm	已控制	
Year	已控制	
Pseudo R 方	0.0916	
样本量	11 116	

注：***、**、*分别表示在 1%、5%、10% 水平上显著，均为双尾检验。

① [0.0247×（1−0）]÷（0.1002）=24.65%，其中，0.0247 是回归模型中变量 DEFAULT 的估计系数，0.1002 是宏观风险信息披露比重（DISC）的均值。

表 7-5 报 告 了 模 型 （7-3） 的 回 归 结 果 。 由 表 7-5 可 知 ， 交 互 项 DEFAULT*AUQ 的估计系数显著为负（估计系数=-0.0170；t值=-2.17），表明公司发生债务违约以后，若审计质量较高，则管理层超额在职消费的下降程度更大，这验证了H7-3中的有关结论。其他控制变量的估计结果与模型（7-1）类似，这里不再赘述。

表 7-5　　多元回归结果：审计质量、公司债务违约与管理层超额在职消费

变量符号	估计系数	t值
INTERCEPT	0.1143	12.21***
DEFAULT	0.0015	0.44
DEFAULT*AUQ	−0.0170	−2.17**
AUQ	0.0008	1.23
SIZE	−0.0079	−17.46***
LEV	0.0250	10.88***
ROA	0.1155	11.76***
LOSS	0.0107	6.16***
CAFL	0.0465	7.54***
TROVER	0.0181	17.45***
LIQ	0.0156	5.74***
TANG	−0.0203	−7.13***
GROWTH	−0.0077	−4.79
RETURN	0.0000	0.03
FIRMAGE	0.0000	−2.93***
EMPLOY	0.0037	9.21***
DUAL	0.0015	1.56
Firm	已控制	
Year	已控制	
Pseudo R方	0.0336	
样本量	22 768	

注：***、**、*分别表示在1%、5%、10%水平上显著，均为双尾检验。

表 7-6 报 告 了 模 型 （7-4） 的 回 归 结 果。 由 表 7-6 可 知， 交 互 项 DEFAULT*AUQ 的估计系数显著为负（估计系数=-0.1443；t 值=-39.79），表明公司发生债务违约以后，若审计质量较高，则宏观风险信息披露的增加程度减小，这验证了 H7-4 中的有关结论。其他控制变量的估计结果与模型（7-2）类似，这里不再赘述。

表 7-6 多元回归结果：审计质量、公司债务违约与宏观风险信息披露

变量符号	估计系数	t 值
INTERCEPT	0.1838	16.77***
DEFAULT	0.0446	9.72***
DEFAULT*AUQ	−0.1443	−39.79***
AUQ	0.0100	11.64***
SIZE	−0.0058	−11.12***
LEV	−0.0093	−4.35***
ROA	−0.0924	−8.87***
LOSS	−0.0155	−7.19***
GROWTH	−0.0061	−10.70***
EMPLOY	0.0134	31.83***
FIRMAGE	−0.0001	−48.22***
SOE	−0.0078	−10.12***
TOP1	0.0298	8.90***
COMP	0.0059	7.11***
DUAL	0.0023	2.27**
INDEP	−0.0159	−2.63***
BOARD	0.0009	3.29***
Firm	已控制	
Year	已控制	
Pseudo R 方	0.0935	
样本量	11 116	

注：***、**、*分别表示在 1%、5%、10% 水平上显著，均为双尾检验。

7.5 稳健性检验

7.5.1 管理层超额在职消费度量指标敏感性测试

为了考查本章研究结论对于管理层超额在职消费度量指标的敏感度，以确保研究结论的可靠性，借鉴现有研究的做法（陈冬华、陈信元、万华林，2005），本节重新定义了管理层超额在职消费的度量指标。具体而言，在利用回归模型估计超额在职消费时，将因变量中的管理层在职消费（PERK）定义为下列八项费用之和：业务招待费、差旅费、通讯费、出国培训费、会议费、办公费、董事会费、小车费。[①]该数据来源于公司财务报表附注，经手工整理而得。之后，按行业–年度重新估计回归模型，得出管理层超额在职消费（即模型残差）。最后，利用新定义的管理层超额在职消费度量指标重新进行回归分析。

表7-7报告了利用新定义的管理层超额在职消费指标进行回归分析的结果。由表7-7可知，在针对模型（7-1）的回归结果中，DEFAULT的估计系数显著为负（估计系数=−0.0123；t值=−9.83）；在针对模型（7-3）的回归结果中，DEFAULT*AUQ的估计系数显著为负（估计系数=−0.3886；t值=−3.42）。以上结果表明，公司发生债务违约以后，管理层超额在职消费显著减少，且当审计质量较高时，管理层超额在职消费的减少程度更大，这与本章的有关研究假设（H7-1、H7-3）相一致，说明本章的研究结论对于管理层超额在职消费度量指标的计算方法并不敏感。

7.5.2 改变样本区间

2007年之前，披露风险性信息的样本公司较少，缺失值较多。为了减小样本在年度间分布不均对研究结论可能造成的影响，对于模型（7-2）和模型（7-4），本部分将样本区间限定在2007年及之后年度，重新进行回归分析。表7-8报告了使用新样本区间进行回归估计的结果。由表7-8可知，在针对模型（7-2）的估计结果中，DEFAULT的估计系数显著为正（估计系数=0.0558，t值=7.84），表明公司发生债务违约以后，宏观风险披露的比重增加；在针对模型（7-4）的估计结果中，DEFAULT*AUQ的估计系数显著为负（估计系数=−0.1899，t值=−18.65），表明若审计质量较高，公司发生债务违约以后宏观风险信息披露的增加程度减小。上述结果表明，本章有关研究结论比较稳健，受样本区间的影响较小。

---

① 陈冬华、陈信元、万华林（2005）指出，上述项目容易成为管理层获取私人收益的捷径，例如，管理层可以通过上述项目报销私人开支，并将其转嫁至公司费用；必须承认，目前关于管理层在职消费水平的度量指标存在较大噪音，但这一方法几乎是通过公开信息度量管理层在职消费的最好办法。

表7-7	多元回归结果：重新定义管理层超额在职消费			
	模型（7-1）		模型（7-3）	
变量符号	估计系数	t值	估计系数	t值
INTERCEPT	2.2751	20.28***	2.2741	11.26***
DEFAULT	−0.0123	−9.83***	0.0975	1.02
DEFAULT*AUQ			−0.3886	−3.42***
AUQ			0.0082	0.50
SIZE	−0.1227	−17.97***	−0.1229	−11.53***
LEV	0.1422	51.83***	0.1394	2.60***
ROA	2.0599	93.63***	2.0512	7.39***
LOSS	0.1153	46.86***	0.1151	3.64***
CAFL	0.0792	4.60***	0.0732	0.49
TROVER	0.1410	96.88***	0.1409	6.46***
LIQ	−0.0936	−29.99***	−0.0931	−1.72*
TANG	−0.4827	−11.07***	−0.4811	−7.13***
GROWTH	−0.1368	−23.22***	−0.1368	−4.73***
RETURN	0.0310	13.02***	0.0312	1.68*
FIRMAGE	−0.0003	−22.04***	−0.0003	−3.41***
EMPLOY	0.0466	74.89***	0.0470	5.22***
DUAL	0.0447	27.77***	0.0438	2.06**
Firm	已控制		已控制	
Year	已控制		已控制	
Pseudo R方	0.0485		0.0492	
样本量	11 144		11 144	

注：***、**、*分别表示在1%、5%、10%水平上显著，均为双尾检验。

表 7-8	多元回归结果：采用 2007 年及之后年度的样本			
	模型（7-2）		模型（7-4）	
变量符号	估计系数	t 值	估计系数	t 值
INTERCEPT	0.1246	8.17***	0.1607	10.82***
DEFAULT	0.0558	7.84***	0.0830	10.72***
DEFAULT*AUQ			−0.1899	−18.65***
AUQ			0.0100	9.06***
SIZE	−0.0021	−2.97***	−0.0025	−3.66***
LEV	−0.0101	−3.77***	−0.0104	−3.85***
ROA	−0.1184	−9.42***	−0.1267	−10.22***
LOSS	−0.0139	−4.77***	−0.0146	−4.99***
GROWTH	−0.0072	−11.40***	−0.0071	−11.41***
EMPLOY	0.0116	21.08***	0.0116	21.25***
FIRMAGE	−0.0001	−9.27***	−0.0001	−9.77***
SOE	−0.0096	−8.15***	−0.0088	−7.48***
TOP1	0.0320	8.16***	0.0306	7.72***
COMP	0.0027	2.50**	0.0022	2.00**
DUAL	0.0051	4.01***	0.0049	3.83***
INDEP	−0.0369	−4.13***	−0.0380	−4.26***
BOARD	0.0001	0.19	−0.0001	−0.29
Firm	已控制		已控制	
Year	已控制		已控制	
Pseudo R 方	0.0975		0.1003	
样本量	9 198		9 198	

注：***、**、*分别表示在 1%、5%、10% 水平上显著，均为双尾检验。

7.5.3 Heckman 两阶段模型

如前文所述，公司对审计师的选择可能并非是随机的，例如，财务状况较好的公司更可能选择审计质量较高的会计师事务所，从而产生自选择偏差问题。若如此，本章中有关 H7-3、H7-4 的研究结论则会受到影响。鉴于此，本章借助于 Heckman 两阶段模型来缓解自选择偏差问题对研究结论可能造成的影响。借鉴现有文献的做法（Lawrence，Minutti-Meza and Zhang，2011；Yuan，Cheng and Ye，2016），本章首先通过估计如下 Probit 模型得到逆米斯比率（Inverse Mills Ratio，IMR）：

$$AUQ= \varphi_0 + \varphi_1 SIZE + \varphi_2 LEV + \varphi_3 ROA + \varphi_4 LOSS + \varphi_5 LIQ + \varphi_6 CURR + \varphi_7 TROVER + \varphi_8 GROWTH + Industry+Year+\omega \tag{7-5}$$

在模型（7-5）中，CURR 为流动比率，等于流动资产与流动负债的比值。其余变量的定义请参阅表 4-1。通过模型（7-5）的估计得到逆米斯比率后，将其作为控制变量放入到模型（7-3）和模型（7-4）中，并对模型（7-3）和模型（7-4）重新进行估计。表 7-9 报告了相关的估计结果，其中，Panel A 是关于模型（7-3）的回归结果，Panel B 是关于模型（7-4）的回归结果。由 Panel A 可知，在针对模型（7-3）的估计结果中，DEFAULT*AUQ 的估计系数显著为负（估计系数=-0.0167，t 值=-2.11），表明若审计质量较高，公司发生债务违约以后管理层超额在职消费的下降程度更大；由 Panel B 可知，在针对模型（7-4）的估计结果中，DEFAULT*AUQ 的估计系数显著为负（估计系数=-0.1441，t 值=-39.85），表明若审计质量较高，公司发生债务违约以后宏观风险信息披露的增加程度减小。

表 7-9　　　　　　　　　　　多元回归结果：Heckman 模型

Panel A：模型（7-3）

变量符号	估计系数	t 值
INTERCEPT	0.2188	9.01***
DEFAULT	0.0014	0.40
DEFAULT*AUQ	-0.0167	-2.11**
AUQ	0.0009	1.31
SIZE	-0.0113	-11.77***
LEV	0.0362	12.86***
ROA	0.1112	11.03***
LOSS	0.0096	5.56***
CAFL	0.0496	8.05***
TROVER	0.0081	8.14***

变量符号	估计系数	t值
LIQ	0.0122	4.81***
TANG	−0.0134	−4.86***
GROWTH	−0.0088	−5.48***
RETURN	−0.0001	−0.08
FIRMAGE	0.0000	−2.34**
EMPLOY	0.0026	7.80***
DUAL	0.0012	1.25
IMR	−0.0354	−6.34***
Firm	已控制	
Year	已控制	
Pseudo R方	0.0243	
样本量	22 767	

Panel B：模型（7-4）

变量符号	估计系数	t值
INTERCEPT	0.3861	19.81***
DEFAULT	0.0436	9.34***
DEFAULT*AUQ	−0.1441	−39.85***
AUQ	0.0093	10.90***
SIZE	−0.0130	−15.65***
LEV	0.0043	1.72*
ROA	−0.1234	−11.68***
LOSS	−0.0178	−8.22***
GROWTH	−0.0060	−10.54***
EMPLOY	0.0129	30.68***
FIRMAGE	−0.0001	−47.61***

续表

变量符号	估计系数	t值
SOE	−0.0083	−10.72***
TOP1	0.0283	8.42***
COMP	0.0056	6.81***
DUAL	0.0023	2.30**
INDEP	−0.0154	−2.54**
BOARD	0.0009	3.22***
IMR	−0.0532	−12.22***
Firm	已控制	
Year	已控制	
Pseudo R 方	0.0941	
样本量	11 110	

注：***、**、* 分别表示在 1%、5%、10% 水平上显著，均为双尾检验。

综合上述实证结果可知，在利用 Heckman 两阶段模型来缓解可能存在的自选择偏差问题后，本章有关研究结论依然成立。

除上述稳健性检验外，本章还进行了其他方面的稳健性检验，包括：采用审计师行业专长来度量审计质量、采用是否为"国际四大"会计师事务所来度量审计质量、删除 1% 和 99% 分位数外的异常值、在公司层面对标准误进行聚类（Cluster）调整等，本章研究结论保持不变。

7.6　本章小结

本章以我国 A 股上市公司为研究样本，从管理层超额在职消费和风险信息披露两个视角，考查了公司发生债务违约以后管理层的反应情况，以及审计质量对管理层反应的影响。研究发现：（1）公司发生债务违约以后，管理层的超额在职消费减少，且当审计质量较高时，管理层超额在职消费的减少程度更大；（2）公司发生债务违约以后，管理层更加注重对宏观风险信息的披露，具体表现为宏观风险信息披露的比重显著增加，但当审计质量较高时，宏观风险信息披露所占比重的增加程度减小。上述研究结论在度量指标敏感性测试、改变样本区间、采用 Heckman 两阶段模型缓解自选择偏差问题等一系列稳健性检验中依然成立。

　　上述研究结论表明，公司发生债务违约以后，管理层会表现出"收敛私利行为"（减少超额在职消费）和"推脱自身责任"（披露更多外部宏观风险）的两面性，因此，上市公司在制定管理层薪酬契约时，可能需要对以上两个方面均有所考虑。同时，上市公司还可以考虑通过聘请审计质量较高的审计师来实现对管理层上述行为的监督。

第8章　审计质量、公司债务违约与审计师反应

8.1　本章引言

　　作为资本市场上重要的中介组织，审计师负责对上市公司的财务报告进行审计，并对其真实性提供合理保证（Francis，2011）。在此过程中，审计师需要评估上市公司的风险水平，以为自身决策提供参考（张俊瑞、刘慧、杨蓓，2015）。如前文所述，债务违约是公司经营和财务状况恶化的信号，表明公司盈利能力显著下降，未来现金流量减少，公司风险增加（Ho and Lan，2010）。而且在业绩不佳的情况下，上市公司管理层更有可能出于私利动机而进行盈余操纵（Sweeney，1994），这增大了公司财务报告中存在重大错弊的可能性。那么，审计师是否能够认识到公司债务违约所蕴藏的风险，并做出相应的反应呢？

　　实际上，我国审计准则已经明确要求审计师在从事审计工作时加强对上市公司偿债行为的关注。例如，《中国注册会计师审计准则第1324号——持续经营》规定，审计师应当关注上市公司营运资金出现负数、资不抵债、无法偿还即将到期的借款、无法偿还到期债务等情况。而从现有文献来看，虽然学术界对审计师的风险应对行为探讨颇多，但将研究视角聚焦于公司财务困境乃至公司债务违约这一具体议题，相关研究还比较有限。须承认的是，现有文献的研究思路和研究方法为本章的研究提供了诸多可借鉴之处，一些比较有代表性的研究包括：张铁铸（2003）的研究发现，当公司被特别处理（Special treatment）后，审计师将收取更多的审计费用；方红星、张勇（2015）的研究发现，当公司的供应商/客户集中度较高时，审计师将收取更多的审计费用并出具更多的非标准无保留审计意见；Donohoe and Knechel（2014）的研究发现，对于避税程度较高的公司，审计师将收取更多的审计费用；Wang and Chui（2015）的研究发现，当公司所在行业竞争较为激烈时，审计师将收取更多的审计费用；Krishnan and Wang（2015）的研究发现，当管理层的能力较强时，审计师将收取更少的审计费用并出具更少的非持续经营审计意见。由此可见，本章的研究具有一定的现实基础和理论基础。

　　从全书的逻辑架构来看，本章的研究具有重要意义。首先，本章的研究与第

4章相呼应。第4章是基于违约"事前"的视角,探讨审计师的审计质量对公司发生债务违约可能性的影响,本章则是基于违约"事后"的视角,探讨公司发生债务违约以后审计师如何反应,这一"前"一"后"的考查有助于全面了解审计师在整个公司债务违约过程中所发挥的作用。其次,本章的研究是第5章、第6章、第7章的延续。本章与第5章、第6章、第7章同属公司债务违约经济后果方面的研究,均考查公司发生债务违约以后利益相关者的反应以及审计质量对利益相关者反应的影响,共同构成了本书第二个研究议题的主要研究内容。

本章后续内容安排如下:8.2节是理论分析与研究假设;8.3节是研究设计;8.4节是实证结果及分析;8.5节是稳健性检验;8.6节是进一步研究;8.7节是本章小结。

8.2　理论分析与研究假设

(1) 公司债务违约与审计师面临的风险

审计师在与某一客户签订审计服务契约及之后的审计工作中,面临的总体风险被称为签约风险(Engagement risk)(Colbert, Luehlfing and Alderman, 1996)。签约风险与特定的审计业务相关联,贯穿审计工作的始终,需要审计师认真评估并采取必要的应对之策(Colbert, Luehlfing and Alderman, 1996)。一般而言,签约风险包括两个组成部分:业务风险(Business risk)和审计风险(Audit risk)。业务风险由客户业务风险(Client business risk)和审计师业务风险(Auditor business risk)组成。其中,客户业务风险是指客户业绩欠佳或持续经营状况较差的风险;审计师业务风险是指由于审计师与客户存在审计业务关系而被诉讼的风险,与是否存在审计失败无关(朱小平、叶友,2003;AICPA,1994;Bell, Landsman and Shackelford,2001)。应该说,业务风险在一定程度上可以避免的,因为即使审计师按照审计准则或监管要求实施了必要的审计程序,且出具了恰当的审计意见,也可能被遭受损失的利益相关方所起诉(O'Malley,1993),因为利益受损方更在意能否获得相应赔偿,而不管错在哪一方(朱小平、叶友,2003)。特别是近年来,审计师面临的业务风险逐渐增大,非审计失败导致的审计师被诉讼案例不断增多(Ball,2009)。审计风险则是指财务报告中存在重大错报或漏报,而审计师审计后发表不恰当审计意见的可能性(中国注册会计师协会,2007①)。根据美国注册会计师协会(American Institute of Certified Public Accountants,AICPA)发布的审计风险模型,审计风险由固有风险、控制风险和检查风险三个要素组成。其中,固有风险指在不考虑被审计单位相关的内部控制

---

① 请参阅中国注册会计师协会于2007年颁布的《中国注册会计师审计准则第1101号——财务报表审计的目标和一般原则》。

政策或程序的情况下，被审计单位财务报告存在重大错报或漏报的可能性；控制风险是指被审计单位内部控制未能及时防止或发现其财务报告中错报或漏报的可能性；检查风险是指审计师通过预定的审计程序未能发现被审计单位财务报告中重大错报或漏报的可能性。应该说，审计风险与审计工作的鉴证属性密切相关，因为审计工作的重要目标之一就是对财务报告如实反映公司的经营和财务状况提供合理保证，以增加报告信息使用者对报告信息的信任程度，而如果审计师缺乏提供合理保证的能力或动机，则可能导致审计失败，使自身处于风险之中（DeFond and Zhang，2014）。例如，管理层可能会因为个人私利而进行盈余操纵，若审计师未发现（未报告）管理层此种行为而出具标准无保留审计意见，则可能被遭受损失的有关方面起诉。

笔者认为，公司债务违约会增加审计师面临的业务风险和审计风险。理由包括以下两个方面：首先，业务风险方面。债务违约通常表明公司在经营和财务方面遇到了困难，盈利能力和持续经营能力下降（Ho and Lan，2010），此时，公司易受到投资者、债权人等利益受损方的起诉。由于与公司之间存在特定的审计业务关系，审计师也可能受到牵连，即审计师面临的业务风险增加。其次，审计风险方面。债务违约是公司陷入经营和财务困境的具体表现，作为公司的经营管理者，管理层难辞其咎，所受压力明显增大（例如：股东要求尽快改善公司业绩），自身利益也可能受损（例如：与经营业绩相关联的薪酬会减少、声誉受损、被解聘的可能性增大等）。此时，为缓解压力、保护自身利益，管理层具有强烈的盈余管理动机（Sweeney，1994；Healy and Wahlen，1999）。显然，随着公司盈余管理活动的增加，审计师面临的审计风险也将增大。

（2）公司债务违约与审计收费

Simunic（1980）开创性地提出了审计收费模型，认为审计收费由审计投入成本和风险溢价两部分组成。具体模型可表示为：

E（Fee）=c×q+E（d）×E（r）

其中，E（Fee）表示审计收费；c表示审计投入的单位成本；q表示审计投入的数量。因此，cq表示审计投入总成本。[①]E（d）表示损失总额（loss exposure）；E（r）表示审计师的损失分担比例（loss-sharing ratio）。因此，E（d）×E（r）表示审计收费的风险溢价部分。

与审计师面临的总体风险相对应，后续研究进一步表明，审计收费的风险溢价部分可以进一步分解为"由审计风险引起的风险溢价"和"由业务风险引起的风险溢价"两个部分（Houston，Peters and Pratt，1999；Wang and Chui，2015）。其中，"由审计风险引起的风险溢价"是指审计师对于自身所承担的审计风险，

---

① Simunic（1980）假定 c 为 factor cost，包含利润成分，因此，cq 中包含审计师的正常利润（normal profits）。

要求被审计单位给予的一种补偿，例如，当被审计单位的盈余管理水平较高时，审计师会收取更多的审计费用（Bedard and Johnstone，2004）。"由业务风险引起的风险溢价"是指审计师对于自身所承担的业务风险，要求被审计单位给予的一种补偿，例如，当被审计单位的经营失败风险较高时，审计师会收取更多的审计费用（Bell，Landsman and Shackelford，2001）。

本章认为，公司发生债务违约以后，审计师将提高审计收费水平，具体理由如下：第一，审计投入方面。公司债务违约反映了公司经营和财务状况恶化的现实状况，未来持续经营不确定性增加，这增加了审计师发表正确审计意见的难度。为了发表正确的审计意见，审计师需要通过强化项目组人员配备、增加审计工作程序、延长审计工作时间等方法来加大质量控制和审计复核力度（冯延超、梁莱歆，2010；张俊瑞、刘慧、杨蓓，2015）。同时，公司发生债务违约以后，可能需要与债权人、政府等进行谈判，业务复杂程度有所增加，这也导致审计师在进行审计工作时需要投入更多的人力、物力、财力。根据Simunic（1980）的审计收费模型，审计师在上述活动中所投入的资源将会构成其审计收费的成本要素，增加审计师的审计收费水平。第二，风险溢价方面。如前文所述，公司债务违约增加了审计师面临的业务风险和审计风险，作为对自身所承担风险的补偿，审计师会向公司收取更多的审计费用。综合上述分析，本章提出假设H8-1：

H8-1：公司发生债务违约以后，审计师收取更多的审计费用。

（3）公司债务违约与审计意见类型

随着资本市场的发展以及法制环境的改善，人们对外部审计的期望不断提高，导致审计师对财务报告审计所负责任有逐渐增大的趋势（冯延超、梁莱歆，2010）。例如，1991年，美国"六大"会计师事务所承担的诉讼成本占其国内收入的9%，而至2007年，这一比例攀升至15.1%（Kaplan and Williams，2013）；在中国，2004年至2011年，有69名签字注册会计师因审计失败受到了中国证监会的行政处罚（谢盛纹、王洋洋，2015），特别是2014年以来，中国注册会计师协会发布了《会计师事务所综合评价办法（修订稿）》等一系列文件，进一步强化了对审计师违法违规行为的惩戒力度。应该说，外部审计已经逐渐成为一种风险较高的行业（冯延超、梁莱歆，2010）。

面对日益增长的诉讼或处罚成本，发表非标准无保留审计意见成为审计师自我保护的一种重要手段（Kaplan and Williams，2013）。例如，Carcello and Palmrose（1994）以"六大"会计师事务所的审计客户为研究样本，发现出具非标准无保留审计意见的审计师被起诉的概率显著降低；Kaplan and Williams（2013）利用更为先进的联立方程模型再次证实了Carcello and Palmrose（1994）的研究结论。本章认为，公司发生债务违约以后，审计师发表非标准无保留审计意见的概率将显著增加。理由为：公司债务违约是公司经营和财务状况恶化的重要表现（Ho and Lan，2010），意味着公司的经营和财务风险水平较高；而当公司的经营和财务风险水平较高时，审计师通常会表现得更加稳健，发表非标准无保留审计意见的概率明显增大（张俊瑞、刘慧、杨蓓，2015），这是因为出具非标准无保留审计意见有助于审计师在未来可能遭受的诉讼或处罚中提出抗辩理由，从而减轻自身责任。综合上述分析，本章提出假设 H8-2：

H8-2：公司发生债务违约以后，审计师发表非标准无保留审计意见的概率增大。

（4）审计质量的调节效应

现有研究发现，会计师事务所在风险敏感度和稳健性方面存在显著差异，审计质量较高的会计师事务所，其风险敏感度和稳健性水平也较高（Francis，2004；Gul，Wu and Yang，2013）。这主要是因为审计质量较高的会计师事务所的风险控制体系较为严格，且具有更加强烈的动机去避免审计失败和维持自身良好声誉（Francis and Wang，2008）。上述观点得到了诸多研究的支持，例如：Francis and Krishnan（1999）的研究发现，在控制住客户特征的影响后，国际四大会计师事务所的稳健性水平要显著高于非国际四大会计师事务所，主要表现为国际四大会计师事务所对发表非标准无保留意见的判断标准要求更低；Lee，Taylor and Taylor（2006）以澳大利亚 IPO 市场为研究对象，发现审计质量较高的会计师事务所具有更加稳健的风格，表现为被审计单位盈余预测的乐观偏差较小。

本章认为，公司发生债务违约以后，审计师反应程度的大小与会计事务所的审计质量相关联，具体而言：会计师事务所的审计质量越高，其稳健程度和对风险的敏感程度越高，因而当公司发生债务违约以后，其反应更加强烈。基于上述分析，本章提出假设 H8-3 和假设 H8-4：

H8-3：当审计质量较高时，审计师在公司发生债务违约以后收取的审计费用更多。

H8-4：当审计质量较高时，审计师在公司发生债务违约以后发表非标准无保留审计意见的概率更大。

8.3　研究设计

8.3.1　数据来源与样本选择

本章以 2000—2014 年我国 A 股上市公司为研究样本。样本区间之所以截至2014 年，是因为至笔者行文时，仅能取得公司债务违约至 2014 年的最新数据。公司财务数据和治理数据来源于国泰君安金融研究数据库（CSMAR），公司债务违约数据来源于 RMI 数据库。在剔除金融行业和存在缺失值的样本后，共得到

19 726（16 549）条公司–年度观测。①为了减小异常值对估计结果可能造成的影响，本章对连续变量在1%和99%水平上进行了winsorize处理。

8.3.2　实证模型与变量定义

为了考查公司债务违约对审计收费的影响（H8–1），本章构建模型（8–1）并进行回归分析。该模型参考了刘启亮、李蕙、赵超、廖义刚、陈汉文（2014），Minutti-Meza（2013）等的回归模型，但也结合了中国上市公司和资本市场的实际情况，对解释变量组中的一些变量进行了增减和修改。例如，由于中国会计师事务所的非审计服务费用不需要公开披露，数据难以取得，所以模型中未加以控制。模型（8–1）的具体形式如下：

$$AFEE=\alpha_0+\alpha_1 DEFAULT+\alpha_2 SIZE+\alpha_3 LEV+\alpha_4 ROA+\alpha_5 LOSS+\alpha_6 INV+\alpha_7 REC+\alpha_8 BTM+\alpha_9 CURR+$$
$$\alpha_{10}LIQ+\alpha_{11}ABSACC+\alpha_{12}RETURN+\alpha_{13}COMP+\alpha_{14}INDEP+Industry+Year+\xi \qquad (8-1)$$

在模型（8–1）中，被解释变量AFEE表示审计收费，由会计师事务所收取的审计费用取自然对数计算而得。DEFAULT是表示公司是否发生债务违约的虚拟变量，发生债务违约时取值为1，否则取值为0。债务违约是指公司未按照债务契约的规定，如期支付本金或利息的情形。根据H8–1，公司发生债务违约以后，审计师收取的审计费用增加，因此预计变量DEFAULT的估计系数α_1显著为正。

为了控制其他可能对审计师的审计收费产生影响的因素，本章在模型（8–1）中加入了相应的控制变量，具体如下：公司规模（SIZE），等于期末资产总额的自然对数；财务杠杆（LEV），等于期末负债总额与期末资产总额的比率；资产报酬率（ROA），等于净利润与期末资产总额的比率；是否亏损（LOSS），为虚拟变量，当净利润小于零时取值为1，否则取值为0；存货水平（INV），等于存货净值与期末资产总额的比值；应该账款水平（REC），等于应收账款净值与期末资产总额的比值；账面市值比（BTM），等于资产账面价值与市场价值的比值；流动比率（CURR），等于流动资产与流动负债的比值；流动资产比例（LIQ），等于流动资产与期末资产总额的比率；应计利润水平（ABSACC），等于净利润减去经营活动现金流量，除以期末资产总额后再取绝对值；股票收益率（RETURN），等于公司在各年度的股票收益率。高管薪酬（COMP），等于排名前三位高管薪酬的自然对数；独立董事比例（INDEP），等于独立董事人数占董事会总人数的比例。同时，本章在模型（8–1）中加入了行业固定效应（Industry）和年度固定效应（Year）。Thompson（2011）指出，同时在公司和时间维度对标准误进行聚类（Cluster）调整，能够提高估计结果的准确性。因此，在对模型（8–1）进行估计时，本章同时在公司和年度层面对标准误进行了聚类调整。

---

① 对于审计费用样本，有19 726条公司–年度观测；对于审计意见类型样本，有16 549条公司–年度观测。

为了考查公司债务违约对审计意见类型的影响（H8-2），本章构建模型（8-2）并进行回归分析。该模型参考了申慧慧、吴联生、肖泽忠（2010），陆正飞、王春飞、伍利娜（2012），方红星、张勇（2016），Minutti-Meza（2013），Ke，Lennox，and Xin（2015）等的回归模型。模型（8-2）的具体形式如下：

$$AOPIN= \beta_0 + \beta_1 DEFAULT + \beta_2 SIZE + \beta_3 LEV + \beta_4 ROA + \beta_5 LOSS + \beta_6 INV + \beta_7 REC + \beta_8 BTM + \beta_9 ABSACC + \beta_{10} FIRMAGE + \beta_{11} COMP + \beta_{12} EHOLD + \beta_{13} INDEP + \beta_{14} DUAL + Industry + Year + \zeta \qquad (8-2)$$

在模型（8-2）中，被解释变量 AOPIN 是表示审计意见类型的虚拟变量，若审计师出具标准无保留审计意见，取值为 0，否则取值为 1。DEFAULT 是表示公司是否发生债务违约的虚拟变量，发生债务违约时取值为 1，否则取值为 0。债务违约是指公司未按照债务契约的规定，如期支付本金或利息的情形。根据 H8-2，公司发生债务违约以后，审计师发表非标准无保留审计意见的概率增加，因此预计变量 DEFAULT 的估计系数 β_1 显著为正。

为了控制其他可能对审计师出具的审计意见类型产生影响的因素，本章在模型（8-2）中加入了相应的控制变量，具体如下：公司规模（SIZE），等于期末资产总额的自然对数；财务杠杆（LEV），等于期末负债总额与期末资产总额的比率；资产报酬率（ROA），等于净利润与期末资产总额的比率；是否亏损（LOSS），为虚拟变量，当净利润小于零时取值为 1，否则取值为 0；存货水平（INV），等于存货净值与期末资产总额的比值；应该账款水平（REC），等于应收账款净值与期末资产总额的比值；账面市值比（BTM），等于资产账面价值与市场价值的比值；应计利润水平（ABSACC），等于净利润减去经营活动现金流量，除以期末资产总额再取绝对值；公司年龄（FIRMAGE），等于当前年度与公司成立年度之间的时间间隔（年）；高管薪酬（COMP），等于排名前三位高管薪酬的自然对数；高管持股比例（EHOLD），等于高管持股数量与公司总股数的比值；独立董事比例（INDEP），等于独立董事人数占董事会总人数的比例；两职分离（DUAL），虚拟变量，当总经理和董事长由同一人兼任时，取值为 1，否则取值为 0。同时，本章在模型（8-2）中加入了行业固定效应（Industry）和年度固定效应（Year）。Thompson（2011）指出，同时在公司和时间维度对标准误进行聚类（Cluster）调整，能够提高估计结果的准确性。因此，在对模型（8-2）进行估计时，本章同时在公司和年度层面对标准误进行了聚类调整。

为了验证 H8-3，本章在模型（8-1）的基础上，引入审计质量与公司债务违约的交互项，构建模型（8-3）并进行回归分析。模型（8-3）的具体形式如下：

$$AFEE= \alpha_0 + \alpha_1 DEFAULT + \alpha_2 DEFAULT*AUQ + \alpha_3 AUQ + \alpha_4 SIZE + \alpha_5 LEV + \alpha_6 ROA + \alpha_7 LOSS + \alpha_8 INV + \alpha_9 REC + \alpha_{10} BTM + \alpha_{11} CURR + \alpha_{12} LIQ + \alpha_{13} ABSACC + \alpha_{14} RETURN + \alpha_{15} COMP + \alpha_{16} INDEP + Industry + Year + \xi \qquad (8-3)$$

在模型（8-3）中，变量 AUQ 表示审计质量，借鉴 Chen，Chen，Lobo and Wang（2011）的研究，以公司聘请的审计师是否为"八大"会计师事务所来进行度量，若公司聘请的审计师为"八大"会计师事务所，取值为1，表示审计质量较高，否则取值为0，表示审计质量较低。[①]会计师事务所的排名取自中国注册会计师协会各年度公布的"会计师事务所综合评价前百家信息"。[②]根据 H8-3，公司发生债务违约以后，若审计质量较高，审计师审计收费的增加程度更大，因此，预计交互项 DEFAULT*AUQ 的估计系数 α_2 显著为正。其余变量的定义同模型（8-1），此处不再赘述。在对模型（8-3）进行估计时，本章同时在公司和年度层面对标准误进行了聚类调整。

为了验证 H8-4，本章在模型（8-2）的基础上，引入审计质量与公司债务违约的交互项，构建模型（8-4）并进行回归分析。模型（8-4）的具体形式如下：

$$AOPIN= \beta_0 + \beta_1 DEFAULT + \beta_2 DEFAULT*AUQ + \beta_3 AUQ + \beta_4 SIZE + \beta_5 LEV + \beta_6 ROA + \beta_7 LOSS + \beta_8 INV + \beta_9 REC + \beta_{10} BTM + \beta_{11} ABSACC + \beta_{12} FIRMAGE + \beta_{13} COMP + \beta_{14} EHOLD + \beta_{15} INDEP + \beta_{16} DUAL + Industry+Year+\zeta \tag{8-4}$$

在模型（8-4）中，变量 AUQ 表示审计质量，借鉴 Chen，Chen，Lobo and Wang（2011）的研究，以公司聘请的审计师是否为"八大"会计师事务所来进行度量，若公司聘请的审计师为"八大"会计师事务所，取值为1，表示审计质量较高；否则取值为0，表示审计质量较低。会计师事务所的排名取自中国注册会计师协会各年度公布的"会计师事务所综合评价前百家信息"。根据 H8-4，公司发生债务违约以后，若审计质量较高，审计师发表非标准无保留审计意见概率更大，因此，预计交互项 DEFAULT*AUQ 的估计系数 β_2 显著为正。其余变量的定义同模型（8-2），此处不再赘述。在对模型（8-4）进行估计时，本章同时在公司和年度层面对标准误进行了聚类调整。

表8-1列示了本章实证模型中所涉及变量的详细定义。

[①] 之所以用"八大"会计师事务所，而非"国际四大"会计师事务所来度量审计质量，是因为"国际四大"会计师事务所在我国审计市场上所占的市场份额偏小（约为5%），而"八大"会计师事务所在我国审计市场上所占的市场份额较大（20%以上），涵盖范围广泛，具有良好的代表性。作为稳健性检验，本章亦采用是否为"国际四大"会计师事务所来度量审计质量，研究结论保持不变。

大量的研究发现，规模较大的会计师事务所的审计质量更高。例如，DeFond，Wong and Li（2000）的研究发现，在中国，与规模较小的会计师事务所相比，规模较大的会计师事务所更易于发表非标准无保留审计意见，表明规模较大的会计师事务所具有更高的专业胜任能力和审计独立性。DeFond and Zhang（2014）在关于审计质量研究的综述性论文中指出，审计师规模是度量审计质量一个较为成熟的指标。张宏亮、文挺（2016）基于中国资本市场数据对该指标的适用性进行了检验，实证结果支持了 DeFond and Zhang（2014）的观点。

如本书第2章所述，在研究审计质量的经济后果时，对于审计质量的度量，通常采用投入类指标而非产出类指标，例如，Chen，Chen，Lobo and Wang（2011）在研究审计质量对公司权益融资成本的影响时，采用是否为"八大"会计师事务所来度量审计质量。此时，若选用审计质量的产出类度量指标则欠妥。一般而言，当研究审计质量的影响因素时，常选用产出类指标，例如，Chi，Huang，Liao and Xie（2009）在研究审计师强制轮换政策对审计质量的影响时，采用异常应计利润的绝对值来度量审计质量。

[②] 该排名自2002年开始，2000年和2001年的排名用2002年的排名代替。

表8-1	变量定义
变量符号	变量名称与变量定义
AFEE	审计收费，等于审计师收取的审计费用的自然对数
AOPIN	审计意见类型，虚拟变量，非标准无保留审计意见取值为1，否则取值为0
DEFAULT	债务违约，虚拟变量，公司发生债务违约取值为1，否则取值为0
AUQ	审计质量，虚拟变量，八大会计师事务所取值为1，否则取值为0
SIZE	公司规模，等于期末资产总额的自然对数
LEV	财务杠杆，等于期末负债总额与期末资产总额的比率
ROA	资产报酬率，等于净利润与期末资产总额的比率
LOSS	是否亏损，虚拟变量，亏损企业取值为1，否则取值为0
INV	存货，存货净值与期末资产总额的比率
REC	应收账款，应收账款净值与期末资产总额的比率
BTM	账面市值比，资产账面价值与市值的比率
CURR	流动比率，流动资产与流动负债的比率
LIQ	流动资产，等于流动资产总额与期末资产总额的比率
ABSACC	应计利润水平，等于净利润减去经营活动现金流量，除以期末资产总额后再取绝对值
RETURN	股票收益率，等于个股年度收益率
FIRMAGE	公司年龄，等于公司成立年度到当前年度的时间间隔（年）
COMP	高管薪酬，排名前3名的高管薪酬总额的自然对数
EHOLD	高管持股比例，等于高管持股数量与公司总股数的比率
DUAL	两职合一，虚拟变量，当董事长和总经理由同一人兼任时取值为1，否则取值为0
INDEP	独立董事比例，等于独立董事人数占董事会总人数的比例
Industry	行业固定效应
Year	年度固定效应

8.4 实证结果及分析

8.4.1 描述性统计

表8-2报告了实证模型中主要变量的描述性统计结果。其中，Panel A 报告了模型（8-1）和模型（8-3）中有关变量的描述性统计结果，Panel B 报告了模型（8-2）和模型（8-4）中有关变量的描述性统计结果。由 Panel A 可知，AFEE 的均值为13.2272，中位数为13.1224，四分位数下限为12.8479，四分位数上限为13.5278，说明会计师事务所的平均收费水平较高，约为555 264.58元[①]。DEFAULT 的均值为0.0214，中位数为0，说明约有2.14%的样本公司发生过债务违约。AUQ 的均值为0.3197，中位数为0，四分位数下限为0，四分位数上限为1，说明约有31.97%的上市公司选择审计质量较高的审计师进行财务报告审计，这一结果与 Chen，Chen，Lobo and Wang（2011）的统计结果类似。其余变量的分布状况也较为合理，例如，ROA 的均值为0.0303，中位数为0.0323，四分位数下限为0.0111，四分位数上限为0.0594，说明我国上市公司总体处于盈利状态，资产报酬率约在3%以上；LOSS 的均值为0.1127，中位数为0，四分位数下限为0，四分位数上限为0，说明我国上市公司约有11.27%处于亏损状态；INV 的均值为0.1663，中位数为0.1281，四分位数下限为0.0653，四分位数上限为0.2135，说明我国上市公司持有的存货约占其总资产的16%。ABSACC 的均值为0.1941，中位数为0.0436，四分位数下限为0.0198，四分位数上限为0.0825，这与之前研究的统计结果相类似（朱松，2013）。

由 Panel B 可知，AOPIN 的均值为0.0494，中位数为0，四分位数下限为0，四分位数上限为0，说明在本章所研究的样本区间内，约有4.94%的上市公司收到了审计师出具的非标准无保留审计意见。DEFAULT 的均值为0.0177，中位数为0，说明约有1.77%的样本公司发生过债务违约。AUQ 的均值为0.3606，中位数为0，四分位数下限为0，四分位数上限为1，说明约有36.06%的上市公司选择审计质量较高的审计师进行财务报告审计，这一结果与 Chen，Chen，Lobo and Wang（2011）的统计结果类似。其余变量的分布状况也较为合理，例如，ROA 的均值为0.0341，中位数为0.0342，四分位数下限为0.0123，四分位数上限为0.0629，说明我国上市公司总体处于盈利状态，资产报酬率约在3%以上；LOSS 的均值为0.1030，中位数为0，四分位数下限为0，四分位数上限为0，说明我国约有10%的上市公司处于亏损状态；FIRMAGE 的均值为14.1007，中位数

[①] exp（13.2272）=555 264.58。

表8-2　　　　　　　　　　　　　　　变量的描述性统计

Panel A：模型（8-1）和模型（8-3）中有关变量

变量符号	均值	标准差	四分位数下限	中位数	四分位数上限
AFEE	13.2272	0.5971	12.8479	13.1224	13.5278
DEFAULT	0.0214	0.1447	0.0000	0.0000	0.0000
AUQ	0.3197	0.4664	0.0000	0.0000	1.0000
SIZE	21.5936	1.1871	20.7809	21.4644	22.2560
LEV	0.4838	0.2355	0.3204	0.4817	0.6287
ROA	0.0303	0.0677	0.0111	0.0323	0.0594
LOSS	0.1127	0.3163	0.0000	0.0000	0.0000
INV	0.1663	0.1540	0.0653	0.1281	0.2135
REC	0.1126	0.1061	0.0300	0.0855	0.1642
BTM	0.9885	0.9090	0.4292	0.7168	1.2313
CURRENT	2.1377	4.0298	0.9423	1.3550	2.1017
LIQ	0.5443	0.2113	0.3890	0.5551	0.7024
ABSACC	0.1941	15.3152	0.0198	0.0436	0.0825
RETURN	0.2453	0.7691	−0.2502	0.0121	0.4964
COMP	11.5550	0.9559	10.9376	11.6442	12.2148
INDEP	0.3377	0.0970	0.3333	0.3333	0.3750

Panel B：模型（8-2）和模型（8-4）中有关变量

变量符号	均值	标准差	四分位数下限	中位数	四分位数上限
AOPIN	0.0494	0.2168	0.0000	0.0000	0.0000
DEFAULT	0.0177	0.1319	0.0000	0.0000	0.0000
AUQ	0.3606	0.4802	0.0000	0.0000	1.0000
SIZE	21.7136	1.2324	20.8587	21.5730	22.4030
LEV	0.4784	0.2387	0.3071	0.4795	0.6312
ROA	0.0341	0.0647	0.0123	0.0342	0.0629

变量符号	均值	标准差	四分位数下限	中位数	四分位数上限
LOSS	0.1030	0.3040	0.0000	0.0000	0.0000
INV	0.1695	0.1573	0.0660	0.1307	0.2158
REC	0.1053	0.1006	0.0258	0.0798	0.1553
BTM	1.0146	0.9546	0.4270	0.7220	1.2610
ABSACC	0.2142	16.7197	0.0198	0.0438	0.0815
FIRMAGE	14.1007	5.0036	11.0000	14.0000	18.0000
COMP	11.7834	0.8343	11.2802	11.8357	12.3294
EHOLD	0.0402	0.1124	0.0000	0.0000	0.0023
INDEP	0.3647	0.0537	0.3333	0.3333	0.3846
DUAL	0.1987	0.3991	0.0000	0.0000	0.0000

为 14，四分位数下限为 11，四分位数上限为 18，说明我国上市公司的平均成立时间在 10 年以上；DUAL 的均值为 0.1987，中位数为 0，四分位数下限为 0，四分位数上限为 0，说明在约 19.87% 的上市公司中，董事长和总经理由同一人兼任。

8.4.2 多元回归结果

表 8-3 报告了模型（8-1）的回归结果。由表 8-3 可知，DEFAULT 的估计系数在 1% 水平上显著为正（估计系数=0.0771；t 值=3.92），表明公司发生债务违约以后，审计师将收取更多的审计费用，这验证了 H8-1 中的有关结论。在经济显著性方面，公司发生债务违约以后，审计师收取的审计费用增加 8.02%，[①]说明公司债务违约对审计师审计收费的影响是重大的。控制变量的估计结果也比较合理。例如，SIZE 的估计系数显著为正，说明对于规模较大的公司，审计师会收取更多的审计费用；LEV 的估计系数显著为正，说明对于财务杠杆较高的公司，审计师会收取更多的审计费用；LOSS 的估计系数显著为正，说明对于亏损公司，审计师会收取更多的审计费用；REC 的估计系数显著为正，说明对于应收账款较多的公司，审计师会收取更多的审计费用。

表 8-4 报告了模型（8-2）的回归结果。由表 8-4 可知，DEFAULT 的估计系数在 1% 水平上显著为正（估计系数=0.9887；wald 值=28.31），表明公司发生债务

---

① [exp（0.0771*1）- exp（0.0771*0）]/exp（0.0771*0）= 8.02%。

表8-3	多元回归结果：公司债务违约与审计费用	
变量符号	估计系数	t值
INTERCEPT	4.8423	44.11***
DEFAULT	0.0771	3.92***
SIZE	0.3503	68.60***
LEV	0.0315	6.45***
ROA	0.0133	8.41***
LOSS	0.0944	9.42***
INV	−0.1714	−5.55***
REC	0.1322	3.59***
BTM	−0.0288	−4.20***
CURR	−0.0047	−4.98***
LIQ	0.0583	2.29**
ABSACC	0.0016	1.07
RETURN	−0.0108	−1.94*
COMP	0.0755	14.28***
INDEP	0.1797	2.97***
Industry	已控制	
Year	已控制	
Pseudo R方	0.5579	
样本量	19 726	

注：***、**、*分别表示在1%、5%、10%水平上显著，均为双尾检验。

违约以后，审计师发表非标准无保留审计意见的概率显著增加，这验证了H8-2中的有关结论。在经济显著性方面，公司发生债务违约以后，审计师发表非标准无保留审计意见的概率增加168.77%，①说明公司债务违约对审计师发布非标准无保留审计意见的影响是重大的。控制变量的估计结果也比较合理。例如，SIZE的估计系数显著为负，说明对于规模较大的公司，审计师出具非标准无保留审计意见的可能性较小；LEV的估计系数显著为正，说明对于财务杠杆较高的公司，审计师出具非标准无保留审计意见的可能性较大；ROA的估计系数显著为负，说明对于盈利水平较高的公司，审计师出具非标准无保留审计意见的可能性较

---

① exp（0.9887）－ 1 = 168.77%。

小；LOSS 的估计系数显著为正，说明对于亏损公司，审计师出具非标准无保留审计意见的可能性较大。

表 8-4   多元回归结果：公司债务违约与审计意见

变量符号	估计系数	wald 值
INTERCEPT	9.8454	44.59***
DEFAULT	0.9887	28.31***
SIZE	−0.5628	73.09***
LEV	3.5877	29.31***
ROA	−5.3188	45.74***
LOSS	0.8412	32.95**
INV	−2.7093	31.51***
REC	0.1291	0.07
BTM	0.0090	0.02
ABSACC	0.1586	2.52
FIRMAGE	0.0361	10.06***
COMP	−0.2438	10.48***
EHOLD	−0.0007	0.00
INDEP	0.6177	0.47
DUAL	−0.1615	1.45
Industry	已控制	
Year	已控制	
Pseudo R 方	0.4326	
样本量	16 549	

注：***、**、*分别表示在1%、5%、10%水平上显著，均为双尾检验。

表 8-5 报告了模型（8-3）的回归结果。由表 8-5 可知，交互项 DEFAULT*AUQ 的估计系数显著为正（估计系数=0.1315；t值=2.32），表明公司发生债务违约以后，若审计师的审计质量较高，则审计收费的增加程度更大，这验证了 H8-3 中的有关结论。其他控制变量的估计结果与模型（8-1）类似，这里不再赘述。

表8–5	多元回归结果：审计质量、公司债务违约与审计费用	
变量符号	估计系数	t值
INTERCEPT	4.9994	57.38***
DEFAULT	0.0533	2.26**
DEFAULT*AUQ	0.1315	2.32**
AUQ	0.5466	25.82***
SIZE	0.2990	63.08***
LEV	0.8073	36.08***
ROA	−0.0746	−2.03**
LOSS	0.0921	7.88***
INV	−0.2549	−8.05***
REC	−0.0409	−1.14
BTM	−0.0129	−2.18***
CURR	0.0003	0.46
LIQ	0.1739	6.96***
ABSACC	0.0825	2.49**
RETURN	−0.0103	−2.78***
COMP	0.1245	27.36***
INDEP	0.2646	7.17***
Industry	已控制	
Year	已控制	
Pseudo R方	0.5749	
样本量	19 726	

注：***、**、*分别表示在1%、5%、10%水平上显著，均为双尾检验。

表 8-6 报 告 了 模 型 （8-4） 的 回 归 结 果 。 由 表 8-6 可 知 ， 交 互 项
DEFAULT*AUQ 的估计系数显著为正（估计系数=0.4326；wald值=2.66），表明公
司发生债务违约以后，若审计质量较高，则审计师出具非标准无保留审计意见的
概率更大，这验证了H8-4中的有关结论。其他控制变量的估计结果与模型（8-
2）类似，这里不再赘述。

表 8-6　　　　多元回归结果：审计质量、公司债务违约与审计意见

变量符号	估计系数	wald 值
INTERCEPT	−3.1792	5.17**
DEFAULT	1.5400	40.43***
DEFAULT*AUQ	0.4326	2.66*
AUQ	−0.2535	6.00**
SIZE	−0.0280	0.22
LEV	2.9464	19.10***
ROA	0.0136	0.01
LOSS	1.8777	17.45***
INV	−2.4246	23.80***
REC	0.1398	0.08
BTM	−0.3732	19.37***
ABSACC	0.1194	3.49*
FIRMAGE	0.0177	2.60
COMP	−0.0474	0.36
EHOLD	−0.5838	0.62
INDEP	−0.2455	0.07
DUAL	−0.0594	0.19
Industry	已控制	
Year	已控制	
Pseudo R 方	0.4791	
样本量	16 549	

注：***、**、*分别表示在1%、5%、10%水平上显著，均为双尾检验。

8.5　稳健性检验

8.5.1　审计意见类型度量指标敏感性测试

如前文所述，面对公司债务违约，审计师会通过发表非标准无保留意见来降低自身所面临的风险。在已有研究中，亦有学者将审计意见类型区分为持续经营

审计意见和非持续经营审计意见（Going-concern opinion）两种类型，且发现审计师能够通过发表非持续经营审计意见来减少自身所面临的风险（Carcello and Palmrose，1994；Kaplan and Williams，2013）。借鉴这些研究的做法，本节将审计意见类型区分为持续经营审计意见和非持续经营审计意见两类，具体而言，当审计师发表非持续经营审计意见时，变量 GC 取值为 1，否则取值为 0。之后，进一步考查在公司发生债务违约以后，审计师是否会发表更多的非持续经营审计意见。

由于按照我国审计准则的规定，审计意见类型并不包括非持续经营审计意见，因此，有关持续经营审计意见和非持续经营审计意见的数据，系笔者手工整理自上市公司年报中的审计报告。关于持续经营审计意见和非持续经营审计意见的划分，借鉴张俊瑞、刘彬、程子健、汪方军（2014）的做法，当审计报告中出现"公司持续经营能力存在不确定性""对公司持续经营能力存在疑虑""公司持续经营能力存在风险"等字样时，将审计意见归类为非持续经营审计意见，否则归类为持续经营审计意见。

表 8-7 报告了以 GC 为因变量时，模型（8-2）和模型（8-4）的回归结果。由表 8-7 可知，对于模型（8-2），DEFAULT 的估计系数显著为正（估计系数=1.0256；wald 值=15.39），表明公司发生债务违约以后，审计师出具非持续经营审计意见的概率明显增大，这与 H8-2 相一致；对于模型（8-4），交互项 DEFAULT*AUQ 的估计系数显著为正（估计系数=1.1230；wald 值=5.08），表明公司发生债务违约以后，审计质量越高，审计师出具非持续经营审计意见的概率越大，这与 H8-4 相一致。综合上述实证结果可知，本章有关研究结论对审计意见类型的划分标准并不敏感，研究结论较为可靠。

8.5.2　Heckman 两阶段模型

如之前章节所述，公司对审计师的选择可能并非是随机的，例如，财务状况较好的公司可能会选择审计质量较高的会计师事务所，从而导致自选择偏差问题。若如此，本章中有关 H8-3、H8-4 的研究结论则会受到影响。鉴于此，本章借助于 Heckman 两阶段模型来缓解自选择偏差问题对研究结论可能造成的影响。借鉴现有文献的做法（Lawrence，Minutti-Meza and Zhang，2011；Yuan，Cheng and Ye，2016），本章首先通过估计如下 Probit 模型得到逆米斯比率（Inverse Mills Ratio，IMR）：

$$AUQ = \varphi_0 + \varphi_1 SIZE + \varphi_2 LEV + \varphi_3 ROA + \varphi_4 LOSS + \varphi_5 LIQ + \varphi_6 CURR + \varphi_7 TROVER + \varphi_8 GROWTH + Industry + Year + \omega \tag{8-5}$$

在模型（8-5）中，CURR 为流动比率，等于流动资产与流动负债的比值。其余变量的定义请参阅表 4-1。通过模型（8-5）的估计得到逆米斯比率后，将其

表 8-7　　　　　　多元回归结果：审计意见度量指标敏感性测试

变量符号	模型（8-2）		模型（8-4）	
	估计系数	wald 值	估计系数	wald 值
INTERCEPT	15.5473	37.06***	6.3895	14.59***
DEFAULT	1.0256	15.39***	1.7158	30.77***
DEFAULT*AUQ			1.1230	5.08**
AUQ			−0.3115	2.58
SIZE	−0.8324	54.61***	−0.5341	38.50***
LEV	3.6966	148.98***	4.2716	53.96***
ROA	−2.8338	6.01***	1.5454	1.25
LOSS	1.6270	47.36***	1.1309	27.19***
INV	−1.8964	4.36**	−1.8892	11.14***
REC	−0.1159	0.02	−0.1621	0.04
BTM	0.2469	8.69***	−0.1547	1.59
ABSACC	−0.0045	33.97***	0.0148	0.04
FIRMAGE	0.0296	1.89	0.0138	0.83
COMP	−0.4243	11.35***	−0.0204	0.04
EHOLD	−24.7658	1.39	0.0008	0.00
INDEP	0.6604	0.17	1.5217	1.64
DUAL	0.2182	0.97	−0.1691	0.80
Industry	已控制		已控制	
Year	已控制		已控制	
Pseudo R 方	0.1755		0.1854	
样本量	16 549		16 549	

注：***、**、*分别表示在1%、5%、10%水平上显著，均为双尾检验。

作为控制变量放入到模型（8-3）和模型（8-4）中，并对模型（8-3）和模型（8-4）重新进行估计。表 8-8 报告了相关的估计结果，其中，Panel A 是关于模型（8-3）的回归结果，Panel B 是关于模型（8-4）的回归结果。由 Panel A 可知，对于模型（8-3），DEFAULT*AUQ 的估计系数显著为正（估计系数=0.0547，

t值=2.83），表明若审计质量较高，公司发生债务违约以后审计师收取的审计费用更多；由 Panel B 可知，对于模型（8-4），DEFAULT*AUQ 的估计系数显著为正（估计系数=0.5491，wald 值=3.69），表明若审计质量较高，公司发生债务违约以后审计师出具非标准无保留审计意见的概率更大。

表 8-8　　　　　　　　　　多元回归结果：Heckman 模型

Panel A：模型（8-3）

变量符号	估计系数	t 值
INTERCEPT	7.0680	17.93***
DEFAULT	0.0686	6.35***
DEFAULT*AUQ	0.0547	2.83***
AUQ	0.5647	90.04***
SIZE	0.2467	16.67***
LEV	0.7105	11.15***
ROA	−0.0385	−2.04**
LOSS	0.1020	21.62***
INV	−0.2704	−30.16***
REC	0.0229	2.01**
BTM	−0.0088	−6.30***
CURR	−0.0020	−12.13***
LIQ	0.1772	26.60***
ABSACC	0.0465	2.81***
RETURN	−0.0122	−8.35***
COMP	0.0801	45.34***
INDEP	0.1884	13.97***
IMR	−0.3412	−72.52***
Industry	已控制	
Year	已控制	
Pseudo R 方	0.5822	
样本量	19 726	

续表

Panel B：模型（8-4）

变量符号	估计系数	wald 值
INTERCEPT	−0.0918	0.01
DEFAULT	2.0818	22.67***
DEFAULT*AUQ	0.5491	3.69*
AUQ	0.1455	1.95
SIZE	−0.1787	0.54
LEV	3.4749	10.77***
ROA	−1.0722	3.04
LOSS	1.1612	38.65***
INV	−2.5014	28.06***
REC	0.3832	0.65
BTM	0.0351	0.29
ABSACC	1.1030	2.93*
FIRMAGE	−0.0006	2.06
COMP	−0.2515	10.06***
EHOLD	−0.6755	0.80
INDEP	0.4116	0.21
DUAL	−0.1531	1.32
IMR	2.7338	2.69*
Industry	已控制	
Year	已控制	
Pseudo R 方	0.4809	
样本量	16 549	

注：***、**、*分别表示在1%、5%、10%水平上显著，均为双尾检验。

综上结果可知，在利用Heckman两阶段模型来缓解可能存在的自选择偏差问题后，本章有关研究结论依然成立。

　　除上述稳健性检验外，本章还进行了其他方面的稳健性检验，包括：采用审计师行业专长来度量审计质量、采用是否为"国际四大"会计师事务所来度量审计质量、删除 1% 和 99% 分位数外的异常值、在公司层面对标准误进行聚类（Cluster）调整等，本章研究结论保持不变。

8.6　进一步研究

8.6.1　公司债务违约与业务风险/审计风险

　　如前文所述，审计师在与某一客户签订审计服务契约及之后的审计工作中，面临的总体风险被称为签约风险（Engagement risk）（Colbert，Luehlfing and Alderman，1996），而签约风险又可分为业务风险（Business risk）和审计风险（Audit risk）两个组成部分。因此，从理论上来讲，业务风险或审计风险的增加都能够增大审计师面临的风险水平。基于这一认知，前文指出：公司债务违约会增大审计师面临的业务风险和审计风险，进而导致审计师收取更多的审计费用，发表更多的非标准无保留审计意见。显然，这主要是基于既有理论的一种逻辑推演。在现实中，公司债务违约究竟通过影响何种风险而引发审计师在审计收费和审计意见方面的反应，是一个有待进一步检验的实证问题。

　　首先，本节检验了公司债务违约与业务风险（BUSRISK）之间的关系，具体实证模型如下：

$$BUSRISK=\theta_0+\theta_1 DEFAULT+\theta_2\sum CONTROLS+Industry+Year+\phi \qquad (8-6)$$

　　在模型（8-6）中，BUSRISK 表示业务风险水平，借鉴 Stanley（2011）的做法，采用资产报酬率（ROA）、经营活动现金流量（CAFL）、资产负债率（LEV）、是否亏损（LOSS）四个指标从多个角度来进行度量。显然，ROA、CAFL 的取值越大，表示业务风险越小；LEV、LOSS 的取值越大，表示业务风险越大。DEFAULT 为虚拟变量，公司发生债务违约时取值为 1，否则取值为 0。CONTROLS 为控制变量，包括：SIZE、LEV、ROA、CAFL、CUR、LIQ、DUAL、INDEP，这些变量的定义同前文。需要注意的是，控制变量随因变量的不同而有所变化。回归结果见表 8-9。其中，Panel A 报告了以 ROA、CAFL 为因变量时的回归结果，Panel B 报告了以 LEV、LOSS 为因变量时的回归结果。由 Panel A 可知，在以资产报酬率（ROA）、经营活动现金流量（CAFL）为因变量时，DEFAULT 的估计系数显著为负（估计系数=-0.0145，-0.0286；t 值=-2.27，-5.46）；由 Panel B 可知，在以资产负债率（LEV）、是否亏损（LOSS）为因变量时，DEFAULT 的估计系数显著为正（估计系数=0.2482，0.5315；t/wald 值=12.61，12.16）。上述回归结果表明，对于发生债务违约的公司，审计师面临着较高的业务风险水平。

表 8-9　　　　　　　　　多元回归结果：公司债务违约与业务风险

Panel A：以 ROA 和 CAFL 为因变量

变量符号	ROA		CAFL	
	估计系数	t 值	估计系数	t 值
INTERCEPT	−0.1717	−14.26***	0.0214	1.62
DEFAULT	−0.0145	−2.27**	−0.0286	−5.46***
SIZE	0.0104	18.12***	0.0017	2.90***
LEV	−0.1154	−25.39***	−0.0070	−1.82*
ROA			0.3665	26.53***
CAFL	0.2203	28.99***		
CURR	−0.0007	−5.35***	0.0001	0.47
LIQ	0.0630	21.95***	−0.0763	−22.46***
DUAL	0.0001	0.09	−0.0012	−0.85
INDEP	−0.0183	−2.10**	−0.0203	−2.03**
Industry	已控制		已控制	
Year	已控制		已控制	
Pseudo R 方	0.3249		0.1946	
样本量	19 726		19 726	

Panel B：以 LEV 和 LOSS 为因变量

变量符号	LEV		LOSS	
	估计系数	t 值	估计系数	wald 值
INTERCEPT	−0.3535	−6.56***	6.9940	10.91***
DEFAULT	0.2482	12.61***	0.5315	12.16***
SIZE	0.0411	17.66***	−0.4057	21.02***
LEV			2.8231	33.57***
ROA	−1.3884	−26.35***		
CAFL	−0.0503	−1.80*	−7.1658	34.22***
CURR	−0.0166	−5.78***	−0.0050	0.08
LIQ	0.0610	3.89***	−2.8072	30.25***
DUAL	−0.0156	−3.72***	−0.0552	0.60
INDEP	0.0117	0.41	−0.4351	0.68
Industry	已控制		已控制	
Year	已控制		已控制	
Pseudo R 方	0.3991		0.2676	
样本量	19 726		19 726	

注：***、**、*分别表示在1%、5%、10%水平上显著，均为双尾检验。

之后，本节检验了公司债务违约与审计风险（AUDRISK）之间的关系。具体实证模型如下：

$$AURISK=\eta_0+\eta_1DEFAULT+\eta_2SIZE+\eta_3LEV+\eta_4ROA+\eta_5CF+\eta_6RETURN+\eta_7FIRMAGE+\eta_8DUAL+$$
$$\eta_9INDEP+Year+\mu \tag{8-7}①$$

在模型（8-7）中，AUDRISK 表示审计风险水平，借鉴 Ghosh and Tang（2015）的做法，以异常应计利润的绝对值来加以度量。本节分别通过修正的琼斯模型、经过业绩调整的修正琼斯模型计算得到异常应计利润数值，再取其绝对数（两个对应的变量分别为：DACC、DACC_adj）。其他变量的定义同前文。回归结果见表 8-10。由表 8-10 可知，变量 DEFAULT 的估计系数显著为正（估计系数=0.0199，0.0247；t 值=4.19，5.52），表明对于发生债务违约的公司，审计师面临着较高的审计风险水平。

表 8-10　　　　　　　　多元回归结果：公司债务违约与审计风险

变量符号	DACC 估计系数	DACC t 值	DACC_adj 估计系数	DACC_adj t 值
INTERCEPT	0.1650	15.60***	0.1615	15.80***
DEFAULT	0.0199	4.19***	0.0247	5.52***
SIZE	−0.0069	−14.53***	−0.0067	−14.69***
LEV	0.0468	14.20***	0.0443	14.21***
ROA	0.0105	0.59	0.0505	2.98***
LOSS	0.0232	10.67***	0.0213	10.23***
CAFL	−0.0557	−4.55***	−0.0623	−5.29***
INV	0.0432	10.83***	0.0404	10.47***
REC	−0.0161	−2.89***	−0.0229	−4.32***
RETURN	0.0094	8.66***	0.0091	8.78***
FIRMAGE	0.0002	1.60	0.0002	2.06**
DUAL	0.0030	2.55**	0.0027	2.34**
INDEP	0.0242	2.77***	0.0223	2.67***
Year	已控制		已控制	
Pseudo R 方	0.1172		0.1071	
样本量	19 726		19 726	

注：***、**、*分别表示在 1%、5%、10% 水平上显著，均为双尾检验。

① Reichelt and Wang（2010）和 Minutti-Meza（2013）指出，由于在估计异常应计利润时已考虑行业因素的影响，因此，在回归模型中无需再控制行业固定效应。依其做法，本节没有在模型（8-7）中加入行业固定效应。

综上结果可知，公司债务违约会同时增大审计师面临的业务风险和审计风险，进而引发审计师的风险应对行为，即收取更多审计费用、出具更多非标准无保留审计意见。

8.6.2 客户重要性的调节效应

长期以来，关于客户重要性与审计师行为决策之间的关系，一直是学术界关注的热点议题（曹强、胡南薇、王良成，2012）。但截至目前，关于客户重要性对审计师行为决策的影响，学术界仍未达成一致意见。一种观点认为，由于对重要客户的审计收费是审计师经济收入的重要来源，因此，审计师容易对重要客户产生经济依赖，削弱审计师的独立性，进而导致审计师向客户妥协，损害审计质量（DeAngelo，1981；Chen，Sun and Wu，2010）。例如，陆正飞、王春飞、伍利娜（2012）的研究发现，对于小规模会计师事务所而言，重要的集团客户将削弱其审计独立性，具体表现为出具非标准无保留审计意见的可能性明显减小。曹强、胡南薇、王良成（2012）的研究发现，对于重要客户，审计师出具非标准无保留意见的可能性较小，但随着客户风险的增大，客户重要性与审计师出具非标准无保留审计意见之间的负相关关系会有所减弱。Sharma，Sharma and Ananthanarayanan（2011）的研究发现，客户对审计师的重要程度越大，审计师所越能够容忍客户高水平的盈余管理。另外，还有一些学者的研究为这一观点提供了较为间接的证据，这些学者认为，投资者能够认识到审计师对重要客户的经济依赖性会损害审计师独立性，因而会降低对公司的估值水平。例如，Krishnan，Sami，Zhang（2005）及 Francis and Ke（2006）的研究发现，当公司支付给审计师较高的非审计服务费用时，盈余反应系数（Earnings response coefficients）较低；Khurana and Raman（2006）的研究发现，较高的审计费用还会导致权益融资成本的增加。

另外一种观点则认为，由于对重要客户的审计收费在审计师的经济收入中所占比重较大，因此，重要客户更可能使审计师陷入严重的诉讼风险之中。出于降低风险的考虑，审计师更加不可能向重要客户妥协，从而提高审计独立性和审计质量（Chen，Sun and Wu，2010）。例如，Reynolds and Francis（2000）的研究发现，审计师对重要客户的要求会更加严格，表现为重要客户的异常应计利润水平较低。Chen，Sun and Wu（2010）的研究发现，2001年以后，随着我国法律制度环境的完善，客户重要程度越高，审计师发表非标准无保留审计意见的概率越大。

那么，将上述研究成果与本章的研究议题相结合，一个自然的问题是：公司发生债务违约以后，审计师的反应是否会随着客户重要性水平的不同而有所差异呢？若存在差异，对于重要客户，审计师的反应是更加强烈还是有所弱化呢？为回答这一问题，本章建立如下的实证模型来进行相关检验：

$$AFEE= \alpha_0 + \alpha_1 DEFAULT + \alpha_2 DEFAULT*CIMP + \alpha_3 CIMP + \alpha_4 SIZE + \alpha_5 LEV + \alpha_6 ROA + \alpha_7 LOSS +$$
$$\alpha_8 INV + \alpha_9 REC + \alpha_{10} BTM + \alpha_{11} CURR + \alpha_{12} LIQ + \alpha_{13} ABSACC + \alpha_{14} RETURN + \alpha_{15} COMP + \alpha_{16} INDEP +$$
$$Industry+Year+\xi \tag{8-8}$$

$$AOPIN= \beta_0 + \beta_1 DEFAULT + \beta_2 DEFAULT*CIMP + \beta_3 CIMP + \beta_4 SIZE + \beta_5 LEV + \beta_6 ROA + \beta_7 LOSS +$$
$$\beta_8 INV + \beta_9 REC + \beta_{10} BTM + \beta_{11} ABSACC + \beta_{12} FIRMAGE + \beta_{13} COMP + \beta_{14} EHOLD + \beta_{15} INDEP + \beta_{16} DUAL +$$
$$Industry+Year+\zeta \tag{8-9}$$

在模型（8-8）和模型（8-9）中，变量 CIMP 表示客户重要性水平，借鉴现有研究的做法（Reynolds and Francis，2000），以某一上市公司营业收入的自然对数值占会计师事务所所有客户营业收入自然对数值的比重来度量客户的重要性水平，所占比例越大，表示上市公司对审计师的重要程度越大，具体计算公式如下：

$$CIMP_{ijt} = \frac{LnSale_{it}}{\sum_{i=1}^{n} LnSale_{it}}$$

上式中，$CIMP_{ijt}$ 表示上市公司 i 对会计师事务所 j 在年度 t 的重要性水平；$LnSale_{it}$ 表示上市公司 i 在年度 t 的营业收入的自然对数值；n 表示在会计师事务所 j 在年度 t 所审计的上市公司的数量。[①]

模型（8-8）和模型（8-9）中其他变量的定义同模型（8-1）和模型（8-2），此处不再赘述。在对模型（8-8）和模型（8-9）进行估计时，同时在公司和年度层面对标准误进行了聚类调整。

表 8-11 报告了模型（8-8）和模型（8-9）的回归结果。其中，Panel A 报告了模型（8-8）的有关回归结果，Panel B 报告了模型（8-9）的有关回归结果。由 Panel A 可知，交互项 DEFAULT*CIMP 的估计系数显著为正（估计系数 = 0.7877；t 值=2.83），表明公司发生债务违约以后，若客户重要性程度较高，审计师将收取更多的审计费用。由 Panel B 可知，交互项 DEFAULT*CIMP 的估计系数显著为正（估计系数=6.3321；wald 值=2.82），表明公司发生债务违约以后，若客户重要性程度较高，审计师发表非标准无保留审计意见的可能性更大。

表 8-11　　　　　　　　　　多元回归结果：客户重要性的调节效应

Panel A：模型（8-3）

变量符号	估计系数	t 值
INTERCEPT	4.8090	43.69***
DEFAULT	0.0354	1.51

① 借鉴现有研究的做法（曹强、胡南薇、王良成，2012；Chen，Sun and Wu，2010），本章还采用上市公司的资产总额、审计费用总额为基础来计算客户重要性程度，研究结论保持不变。

Panel A: 模型（8-3）

变量符号	估计系数	t值
DEFAULT*CIMP	0.7877	2.83***
CIMP	−0.2409	−4.80***
SIZE	0.3522	69.01***
LEV	0.0352	4.12***
ROA	0.0143	6.56***
LOSS	0.0926	9.23***
INV	−0.1661	−5.39***
REC	0.1388	3.79***
BTM	−0.0294	−4.27***
CURR	−0.0047	−4.93***
LIQ	0.0557	2.20**
ABSACC	0.0011	0.54
RETURN	−0.0106	−1.92*
COMP	0.0750	14.19***
INDEP	0.1801	2.98***
Industry	已控制	
Year	已控制	
Pseudo R方	0.5591	
样本量	19 726	

Panel B: 模型（8-4）

变量符号	估计系数	wald值
INTERCEPT	10.3247	58.61***
DEFAULT	0.7554	9.31***
DEFAULT*CIMP	6.3321	2.82*
CIMP	0.2633	0.09
SIZE	−0.5508	78.38***

续表

变量符号	估计系数	t 值
LEV	3.4467	10.91***
ROA	−1.1127	3.31*
LOSS	1.3742	80.78***
INV	−2.5803	28.67***
REC	0.3252	0.46
BTM	0.0283	0.19
ABSACC	1.1424	3.19*
FIRMAGE	−0.0006	2.25
COMP	−0.2623	12.40***
EHOLD	−0.6534	0.74
INDEP	0.5146	0.33
DUAL	−0.1454	1.19
Industry	已控制	
Year	已控制	
Pseudo R 方	0.4399	
样本量	16 549	

注：***、**、*分别表示在1%、5%、10%水平上显著，均为双尾检验。

综合上述实证结果可知，公司发生债务违约以后，审计师的反应会随着客户重要性程度的增加而变得更加强烈。

8.7　本章小结

本章以我国A股上市公司为研究对象，从审计收费和审计意见的视角出发，考查了公司发生债务以后审计师的反应，以及审计质量对审计师反应的影响。实证结果显示，公司发生债务违约以后，作为风险应对措施，审计师会提高审计收费水平，并出具更多的非标准无保留审计意见。同时，当审计质量较高时，审计师的上述反应会更加强烈。进一步的，本章发现公司债务违约同时增大了审计师面临的业务风险和审计风险，从而导致了审计师的上述风险应对行为。最后，本章还发现，对于重要客户，一旦发生债务违约，审计师的反应将更加强烈。本章主要研究结论在度量指标敏感性测试、Heckman两阶段模型等一系列稳健性检验中依然成立。

　　本书的第5章、第6章、第7章分别探讨了公司发生债务违约以后，债权人、投资者以及管理层的反应，发现了诸如债务融资成本上升、权益融资成本上升、管理层策略性信息披露等一系列经济后果。应该说，债权人、投资者、管理层与公司债务违约的联系相对紧密，与之相关的经济后果也较为直接。相对而言，审计师的反应则比较间接。但是，考虑到审计收费的上升会导致公司成本的增加，以及被出具非标准无保留审计意见会进一步引起股票价格下跌、融资成本上升、更加严厉的监管处罚等一系列严重的负面经济后果（周楷唐、麻志明、吴联生，2016；Menon and Williams，2010；Chen，He，Ma and Stice，2016），上市公司需要对债务违约以后审计师的反应予以充分重视。

第 9 章　结　论

本章主要对前文各章节的研究内容进行全面总结，具体安排如下：首先，对本书的主要研究结论进行归纳，并以此为基础，提出政策建议；接着，阐述本书的特色与创新之处；之后，指出本书在研究过程中存在的局限和不足；最后，对未来研究进行展望。

9.1　研究结论

近年来，我国公司债务规模持续增大，占 GDP 的比例不断攀升。随着债务规模的持续增长，我国公司债务违约事件也日渐增多，并在资本市场上引发了强烈反应。应该说，我国公司正面临着严峻的债务违约形势。因此，当前对公司债务违约问题展开探讨，非常切合实际且有必要。本书以审计质量为研究视角，从违约"事前"和违约"事后"两个方面，考查了资本市场上重要的中介组织——审计师对公司债务违约的影响。本书的主要研究结论如下：

（1）关于审计质量对公司发生债务违约与否的影响。研究发现，高质量审计有助于降低公司发生债务违约的概率，但二者间的关系受到公司产权性质的影响，具体而言，在国有企业里，由于预算软约束的存在，高质量审计对公司发生债务违约概率的降低作用显著弱化。考虑到潜在的内生性问题，本书采用 PSM 配对、行业-年度-规模配对、Heckman 两阶段模型、固定效应模型等一系列方法进行了稳健性检验，实证结果显示，有关研究结论依然成立。进一步研究的结果显示，当公司的信息环境较差、治理水平较低时，审计质量对公司发生债务违约概率的降低作用更加明显，这验证了高质量审计通过其信息功能和治理功能来降低公司发生债务违约概率的作用机制。

（2）关于公司发生债务违约以后利益相关者的反应，以及审计质量对利益相关者反应的影响。研究发现：①公司发生债务违约以后，债权人（银行）会减小贷款供给规模并要求更高的利息水平；当审计质量较高时，贷款供给规模的减小程度和利息水平的增加程度均较小。②公司债务违约宣告期间，投资者会给予债务违约事件负面评价，表现为显著为负的累计超额回报率，且在公司发生债务违约以后，投资者所要求的必要报酬率（即公司权益融资成本）上升；当审计质量较高时，投资者在债务违约宣告期间的负面评价程度及债务违约之后投资者所要求的必要报酬率的上升程度均较小。③公司发生债务违约以后，管理层会降低超额在职消费水平，同时，对于风险信息披露，更加强调公司外部的宏观风险；当审计质量较高时，管理层超额在职消费的下降程度更大，风险信息披露中宏观风险比重的上升程度减小。④公司发生债务违约以后，审计师会收取更多的审计费用、发表更多的非标准无保留审计意见；当审计质量较高时，审计师在审计收费和审计意见方面的反应会更加强烈。进一步的研究表明：公司债务违约同时增大了审计师面临的业务风险和审计风险，进而引发了审计师在审计收费和审计意见方面的上述反应；对于重要客户，一旦发生债务违约，审计师的反应会更加强烈。上述研究结论在度量指标敏感性测试、改变样本区间、Heckman 两阶段模型等一系列稳健性检验中依然成立。

9.2 政策建议

基于本书的主要研究结论，提出如下政策建议：

（1）进一步推动审计行业的发展。随着我国资本市场和审计行业的发展壮大，外部审计在促进资本市场健康有序发展方面发挥着越来越重要的作用。本书以公司债务违约为研究场景，亦发现了支持这一观点的具体证据（如：高质量审计有助于减小公司发生债务违约的可能性）。因此，进一步推动审计行业的发展壮大对于降低微观企业债务违约风险，进而降低系统性债务违约风险具有重要意义。2007 年 5 月，中国注册会计师协会发布了《中国注册会计师协会关于推动会计师事务所做大做强的意见》，提出培育一批规模大、实力强、国际化水平高的会计师事务所；2009 年 10 月，财政部发布了《关于加快发展我国注册会计师行业的若干意见》，提出通过必要的扶持政策和鼓励措施，引导会计师事务所协调发展和走向国际，促进审计行业又快又好发展；2016 年 12 月，中国注册会计师协会发布了《注册会计师行业发展规划（2016—2020 年）》，明确了今后一段时期内审计行业的发展方向。以此为契机，会计师事务所和有关部门应制定具体的发展规划，或为审计行业的发展营造良好的外部环境（如：促进国际交流与合作、管控行业内不正当竞争行为等），促进审计行业进一步发展壮大。

（2）强化公司风险意识，建立健全公司债务违约预警体系。目前，我国公司的债务规模已达到国内生产总值的 1.6 倍，远超 OECD 建议的安全水平（90%）。应该说，我国公司正面临着严峻的债务违约形势。实际上，中央将降低企业杠杆率作为未来一段时期内政府工作的重要任务，也凸显了管控公司债务违约风险的紧迫性。本书从利益相关者反应这一微观视角出发，证实了债务违约确实会引发诸多负面经济后果（如：融资规模缩小、融资成本上升等）。因此，上市公司应强化风险意识，从多个视角出发，全面评估债务违约可能导致的负面经济后果。

在这一过程中，上市公司除需要努力改善经营管理、提升业绩水平外，还可建立健全相应的债务违约预警体系，动态评估债务违约风险的大小，以及时采取应对之策。

（3）进一步提高公司信息披露质量，完善公司治理结构。本书的研究表明，审计通过其信息功能和治理功能的发挥，降低了公司发生债务违约的可能性。从另外一个角度来思考这一问题：审计能够通过改善公司信息环境和公司治理水平来对公司债务违约产生影响，说明我国上市公司的信息披露和治理结构可能还存在一些不足之处。因此，监管部门应进一步完善上市公司信息披露和公司治理方面的有关制度，使上市公司的信息环境和治理水平得到进一步提高。

（4）确立政府在公司债务违约过程中的恰当角色。本书的研究发现，对于公司债务违约，政府存在"兜底"行为（特别是对于国有企业），从而弱化了审计质量的影响。本书认为，对公司债务违约的管控，政府发挥着不可或缺的重要作用，但其管控的着力点应置于规范企业融资行为、强化银行风控体系、调控利率水平、稳妥化解过剩产能等方面；同时，政府应减少对公司债务违约进行"兜底"的行为，因为这可能会在一定程度上阻碍市场机制发挥作用，不利于资源的优化配置。

9.3 研究特色与创新

本书的特色与创新之处主要体现在研究选题、研究视角、研究方法和研究结论等方面。

（1）本书的研究选题与当前我国的社会经济现实紧密相连，体现了以探讨实际问题为导向的选题特点。近年来，我国公司的负债规模迅速增长，违约风险呈增大趋势。2015年12月召开的中央经济工作会议和2017年3月召开的十二届全国人大五次会议均明确指出，要把降低企业杠杆率、控制金融风险作为未来一段时期内政府工作的重点。在此背景之下，本书选择对公司债务违约相关议题进行考查，体现了着眼于探讨实际问题的研究导向。

（2）本书以审计质量为研究视角，探讨了资本市场上重要的中介组织——审计师对公司债务违约的影响。从现有文献来看，关于公司债务违约的影响因素，学者们主要关注于公司财务状况、股价表现、宏观经济状况等方面，尚未有研究关注到审计师的影响。

（3）本书从利益相关者反应这样一个更为广阔的视角出发，较为系统地考查了公司债务违约的经济后果。关于公司债务违约的经济后果，现有研究主要考查了公司债务违约对公司投资、员工聘用等少数几个方面的影响，研究视角局限于公司自身的经营或财务决策。与现有研究不同，本书以利益相关者反应为切入点，探讨了公司债务违约所导致的经济后果，这有利于对公司债务违约的经济后果做出全面、准确的评价。

（4）本书利用我国A股上市公司的大样本数据，对公司债务违约相关议题进行了实证检验，并采用Heckman两阶段模型、倾向得分匹配（PSM）等一系列方法来解决潜在的内生性问题。国内现有关于公司债务违约的研究，主要采用案例分析方法，内生性问题也比较严重。

（5）本书在研究结论方面有一些新发现，且这些发现具有重要的政策含义。首先，审计师的审计质量对公司债务违约具有重要影响，包括违约事前对违约概率的降低作用以及违约事后对利益相关者负面反应的弱化作用。这表明，当前有关部门大力推动审计行业发展的举措具有重要现实意义；其次，公司债务违约的经济后果是多方面的，债务违约发生以后，各利益相关者均会做出反应，且这些反应对于公司而言大多较为负面。鉴于此，对于债务违约，公司应充分重视，并努力提升业绩、改善信息环境和治理水平；政府部门应进一步加强管控，如：规范企业融资行为、强化银行风控体系、充分发挥审计师等市场中介组织的积极作用等，以降低公司乃至系统性的债务违约风险，促进资本市场健康有序发展。

9.4 研究局限

本书的研究尚存在一些不足之处，主要体现为以下三点：

（1）在研究公司发生债务违约以后利益相关者的反应时，本书仅选取债权人、投资者、管理层、审计师作为研究对象，而没有研究其他利益相关者在公司发生债务违约以后的反应。应该说，考虑到与公司债务违约联系的直接、紧密程度以及本书的研究主题，选取债权人、投资者、管理层、审计师作为研究对象具有合理性。但其他利益相关者，如：监管部门、供应商、客户、政府、消费者等，也应该会对公司偿债问题有所关注并在公司发生债务违约后做出反应，因此，探讨这些利益相关者在公司发生债务违约以后的反应存在一定的必要性。

（2）本书将各利益相关者视为一个整体，而未做出更为细致的区分（如：投资者可细分为个人投资者、机构投资者等子类）。实际上，即使是同一类利益相关者，其内部也可能存在诸多差异，并在公司发生债务违约以后做出不同的反应。

（3）本书对公司债务违约问题的探讨暗含如下假定：若公司有能力偿付债务，则公司会尽力偿付债务而不会发生债务违约。与现实相比，这种假定可能比较严格。

以上研究局限和不足之处有待于在后续研究中加以改进。

9.5 研究展望

基于所阅文献和本书已开展的研究，笔者认为，未来值得进一步研究的议题如下：

（1）探讨资本市场上其他中介组织对公司债务违约的影响。关于市场中介组织对公司债务违约的影响，尚属于一个新兴研究领域，已有文献探讨了分析师对公司债务违约的影响，本书则探讨了审计师对公司债务违约的影响。未来研究可沿袭这一思路，进一步探讨诸如媒体、投资银行、资产评估机构等市场中介组织对公司债务违约的影响。

（2）探讨其他利益相关者在公司发生债务违约以后的反应。如本章研究局限部分所言，公司其他利益相关者，如供应商、客户、政府、消费者等，也应该会对公司偿债问题有所关注并在公司发生债务违约以后做出反应，因此，有必要对这些利益相关者在公司发生债务违约以后的反应进行考查，从而能够更加准确地揭示公司债务违约经济后果的全貌。

（3）在探讨公司发生债务违约以后利益相关者的反应时，对各利益相关者进行细分，考查利益相关者异质性的影响。如本章研究局限部分所言，本书的研究将各利益相关者视为一个整体，而未做出更为细致的区分。实际上，即使是同一类利益相关者，其内部也可能存在诸多差异，从而对公司债务违约做出不同的反应。例如，对于投资者，可以进一步细分为个人投资者和机构投资者；对于管理层，可以进一步细分为总经理、首席财务官和其他管理人员等。

（4）基于中国的制度、经济背景，进行一些与公司债务违约话题有关的研究。作为新兴市场国家，我国在制度背景、经济环境等方面与西方国家存在较大差异。因此，在探讨公司债务违约相关议题时，可着眼于中国特有的制度背景和现实状况来展开。例如，可以探讨公司产权性质、非正式制度安排（如社会关系网络）等对公司债务违约的影响。

参考文献

[1] 曹强,胡南薇,王良成. 客户重要性、风险性质与审计质量——基于财务重述视角的经验证据[J]. 审计研究,2012(6):60-70.

[2] 陈超,李镕伊. 审计能否提高公司债券的信用评级[J]. 审计研究,2013(3):59-66.

[3] 陈德球,刘经纬,董志勇. 社会破产成本、公司债务违约与信贷资金配置效率[J]. 金融研究,2013(11):68-81.

[4] 陈冬华,陈信元,万华林. 国有企业中的薪酬管制与在职消费[J]. 经济研究,2005(2):92-101.

[5] 陈汉文,韩洪灵. 审计理论[M]. 北京:机械工业出版社,2009.

[6] 陈汉文,韩洪灵. 实证审计理论[M]. 北京:中国人民大学出版社,2012.

[7] 陈宏辉. 利益相关者管理:企业伦理管理的时代要求[J]. 经济问题探索,2003(2):68-71.

[8] 陈宋生,陈海红,潘爽. 审计结果公告与审计质量——市场感知和内隐真实质量双维视角[J]. 审计研究,2014(2):18-26.

[9] 陈韵宇,林东杰,熊小林. 内部控制与风险信息披露[J]. 中山大学研究生学刊:社会科学版,2014(1):126-136.

[10] 褚剑,方军雄. 政府审计能够抑制国有企业高管超额在职消费吗[J]. 会计研究,2016(9):82-89.

[11] 邓建平,曾勇. 金融关联能否缓解民营企业的融资约束[J]. 金融研究,2011(8):78-92.

[12] 樊纲,王小鲁,朱恒鹏. 中国市场化指数——各地区市场化相对进程[M]. 北京:经济科学出版社,2009.

[13] 方红星,张勇. 供应商/客户关系型交易、盈余管理与审计师决策[J]. 会计研究,2016(1):79-86.

[14] 冯慧群. 私募股权投资对控股股东"掏空"的抑制效应[J]. 经济管理,2016(6):41-58.

[15] 冯延超,梁莱歆. 民营企业政治关联、雇员规模与薪酬成本[J]. 中国工业经济,2010(10):127-137.

[16] 高敬忠,韩传模,王英允. 公司诉讼风险与管理层盈余预告披露方式选择——来自中国A股上市公司的经验证据[J]. 经济与管理研究,2011(10):102-112.

[17] 关健,李世辉,李伟斌. 中小企业投资类利益相关者关系质量、扭亏战略与财务脱困的实证研究[J]. 会计研究,2011(7):52-58.

[18] 韩丽荣,高瑜彬,胡玮佳. 审计理论研究[M]. 北京:清华大学出版社,2014.

[19] 郝东洋,王静. 审计师行业专长降低了公司权益资本成本吗?——基于法制环境与产权

性质的分析[J]. 财经研究,2015(7):132-144.

[20] 何德旭,张雪兰. 利益相关者治理与银行业的社会责任——兼论我国商业银行推进利益相关者治理的选择[J]. 金融研究,2009(7):75-91.

[21] 贺建刚,孙铮,周友梅. 金字塔结构、审计质量和管理层讨论与分析——基于会计重述视角[J]. 审计研究,2013(6):68-75.

[22] 后青松,袁建国,张鹏. 企业避税行为影响其银行债务契约吗——基于A股上市公司的考察[J]. 南开管理评论,2016(4):122-134.

[23] 胡丹,冯巧根. 信息环境、审计质量与IPO抑价——以A股市场2009-2011年上市的公司为例[J]. 会计研究,2013(2):78-85.

[24] 江轩宇,伊志宏. 审计行业专长与股价崩盘风险[J]. 中国会计评论,2013(2):133-150.

[25] 雷光勇,范蕾. 市场化程度、内部人侵占与审计监督[J]. 财贸经济,2009(5):61-67.

[26] 黎文靖,杨丹. 管理层为何自愿披露劳动力成本上涨风险信息?——来自中国上市公司的经验证据[J]. 财经研究,2013(10):91-105.

[27] 李海燕,厉夫宁. 独立审计对债权人的保护作用——来自债务代理成本的证据[J]. 审计研究,2008(3):81-93.

[28] 李琳,刘凤委,卢文彬. 基于公司业绩波动性的股权制衡治理效应研究[J]. 管理世界,2009(5):145-151.

[29] 李敏才,刘峰. 社会资本、产权性质与上市资格[J]. 管理世界,2012(11):110-123.

[30] 李姝,赵颖,童婧. 社会责任报告降低了企业权益资本成本吗?——来自中国资本市场的经验证据[J]. 会计研究,2013(5):64-70.

[31] 李维安,唐跃军. 上市公司利益相关者治理机制、治理指数与企业业绩[J]. 管理世界,2005(9):127-136.

[32] 李维安,王世权. 利益相关者治理理论研究脉络及其进展探析[J]. 外国经济与管理,2007(4):10-17.

[33] 李小荣,董红晔,张瑞君. 企业CEO权力影响银行贷款决策吗[J]. 财贸经济,2015(7):81-95.

[34] 李志强,郑琴琴. 利益相关者对企业社会责任履行的影响——基于成本收益的经济学分析[J]. 企业经济,2012(3):15-20.

[35] 梁上坤,陈冬,胡晓莉. 外部审计师类型与上市公司费用粘性[J]. 会计研究,2015(2):79-86.

[36] 廖冠民,卢闯,陈勇. 股权结构、财务困境成本与困境公司绩效[J]. 南开管理评论,2006(6):68-73.

[37] 廖义刚,杨小燕,黄洁. 债务治理、高质量审计与公司价值?——来自我国A股上市公司的经验证据[J]. 江西财经大学学报,2012(4):29-31.

[38] 林钟高,郑军,卜继栓. 环境不确定性、多元化经营与资本成本[J]. 会计研究,2015(2):36-43.

[39] 刘冰,方政. 公司内部治理机制与股权融资成本——股权性质差异条件下的影响因素分析[J]. 经济管理,2011(12):135-140.

[40] 刘桂良,牟谦. 审计市场结构与审计质量:来自中国证券市场的经验证据[J]. 会计研究,2008(6):85-92.

[41] 刘慧龙,张敏,王亚平,等. 政治关联、薪酬激励与员工配置效率[J]. 经济研究,2010(9):134-138.

[42] 刘继红. 国有股权、盈余管理与审计意见[J]. 审计研究,2009(9):32-39.

[43] 刘启亮,李蕙,赵超,等. 媒体负面报道、诉讼风险与审计费用[J]. 会计研究,2014(6):81-88.

[44] 刘文军. 审计师的地理位置是否影响审计质量[J]. 审计研究,2014(1):79-87.

[45] 龙振海,胡奕明. 终极控制权、审计师行业专长与盈余稳健性[J]. 财经研究,2011(8):59-68.

[46] 卢文彬,官峰,张佩佩,等. 媒体曝光度、信息披露环境与权益资本成本[J]. 会计研究,2014(12):66-71.

[47] 陆正飞,王春飞,伍利娜. 制度变迁、集团客户重要性与非标准审计意见[J]. 会计研究,2012(10):71-78.

[48] 孟焰,袁淳,吴溪. 非经常性损益、监管制度化与ST公司摘帽的市场反应[J]. 管理世界,2008(8):33-39.

[49] 米黎钟,毕玉升,王效俐. 违约边界条件下的次级债定价研究[J]. 财贸经济,2007(5):100-103.

[50] 牟韶红,李启航,陈汉文. 内部控制、产权性质与超额在职消费——基于2007-2014年非金融上市公司的经验研究[J]. 审计研究,2016(4):90-98.

[51] 彭一浩. 信用贷款、制度环境与会计信息质量[D]. 上海:复旦大学,2010.

[52] 冉明东,王艳艳,杨海霞. 受罚审计师的传染效应研究[J]. 会计研究,2016(12):85-91.

[53] 申慧慧,吴联生,肖泽忠. 环境不确定性与审计意见:基于股权结构的考察[J]. 会计研究,2010(12):57-64.

[54] 申慧慧,于鹏,吴联生. 国有股权、环境不确定性与投资效率[J]. 经济研究,2012(7):113-126.

[55] 施建军,张文红,杨静,等. 绿色创新战略中的利益相关者管理——基于江苏紫荆花公司的案例研究[J]. 中国工业经济,2012(11):123-134.

[56] 谭楚月,段宏. 审计质量只能替代吗? ——来自实证研究的结论分析[J]. 会计研究,2014(7):89-95.

[57] 唐松,孙铮. 政治关联、高管薪酬与企业未来经营绩效[J]. 管理世界,2014(5):93-105.

[58] 田利辉. 国有股权对上市公司绩效影响的U型曲线和政府股东两手论[J]. 经济研究,2005(10):48-58.

[59] 童锦治,黄克珑,林迪珊. 企业避税、融资成本与资金配置效率——基于我国上市公司数据的检验[J]. 中南财经政法大学学报,2015(6):74-81.

[60] 王兵,辛清泉,杨德明. 审计师声誉影响股票定价吗——来自IPO定价市场化的证据[J]. 会计研究,2009(11):73-81.

[61] 王成方,刘慧龙. 国有股权与公司IPO中的审计师选择行为及动机[J]. 会计研究,2014(6):89-95.

[62] 王春飞,吴溪,曾铁兵. 会计师事务所总分所治理与分所首次业务承接——基于中国注册会计师协会报备数据的分析[J]. 会计研究,2016(6):87-94.

[63] 王端旭,潘奇. 企业慈善捐赠带来价值回报吗——以利益相关者满足程度为调节变量的上市公司实证研究[J]. 中国工业经济,2011(7):118-128.

[64] 王放,李哲,董小红. 职业生涯关注激励与高管在职消费的替代关系研究[J]. 管理科学,2015(4):23-35.

[65] 王辉. 公司治理评价体系中的利益相关者指标[J]. 南开管理评论,2003(3):24-25.

[66] 王鹏,周黎安. 中国上市公司外部审计的选择及其治理效应[J]. 中国会计评论,2006(2):321-344.

[67] 王霞,张敏,于富生. 管理者过度自信与企业投资行为异化——来自我国证券市场的经验证据[J]. 南开管理评论,2008(2):77-84.

[68] 王艳艳,于李胜,安然. 非财务信息披露是否能够改善资本市场信息环境？——基于社会责任报告披露的研究[J]. 金融研究,2014(8):178-191.

[69] 王艳艳,于李胜. 国有银行贷款与股价同步性[J]. 会计研究,2013(7):42-49.

[70] 王云,李延喜,宋金波,等. 企业生命周期视角下盈余管理方式研究——基于债务契约理论[J]. 管理评论,2016(12):75-91.

[71] 王志芳,油晓峰. 我国上市公司债务代理成本的实证分析[J]. 财政研究,2009(7):74-77.

[72] 魏锋. 外部审计和现金股利的公司治理角色:替代抑或互补[J]. 审计研究,2012(4):76-82.

[73] 魏志华,王贞洁,吴育辉,等. 金融生态环境、审计意见与债务融资成本[J]. 审计研究,2012(3):98-105.

[74] 温素彬,方苑. 企业社会责任与财务绩效关系的实证研究——利益相关者视角的面板数据分析[J]. 中国工业经济,2008(10):150-160.

[75] 吴迪. 为什么债务违约利好中国经济[J]. IT管理世界,2014(6):17.

[76] 吴溪,张俊生. 上市公司立案公告的市场反应及其含义[J]. 会计研究,2014(4):10-18.

[77] 伍利娜,王春飞,陆正飞. 企业集团审计师变更与审计意见购买[J]. 审计研究,2013(1):70-78.

[78] 伍利娜,郑晓博,岳衡. 审计赔偿责任与投资者利益保护——审计保险假说在新兴资本

市场上的检验[J]. 管理世界,2010(3):32-43.

[79] 谢德仁,郑登津,崔宸瑜. 控股股东股权质押是潜在的"地雷"吗? ——基于股价崩盘风险视角的研究[J]. 管理世界,2016(5):128-140.

[80] 谢盛纹,蒋煦涵,闫焕民. 高质量审计、管理层权力与代理成本[J]. 当代财经,2015(3):109-118.

[81] 谢盛纹,王洋洋. 签字注册会计师惩戒与审计质量——基于中国证监会2004-2011年行政处罚的证据[J]. 会计论坛,2015(2):24-38.

[82] 熊剑,王金. 债权人能够影响高管薪酬契约的制定吗——基于我国上市公司债务成本约束的视角[J]. 南开管理评论,2016(2):42-51.

[83] 徐政旦,谢荣,朱荣恩,等. 审计研究前沿[M]. 上海:上海财经大学出版社,2002.

[84] 杨德明,赵璨. 国有企业高管为什么会滋生隐性腐败?[J]. 经济管理,2014(10):64-74.

[85] 杨瑞龙,周业安. 论利益相关者合作逻辑下的企业共同治理机制[J]. 中国工业经济,1998(1):38-45.

[86] 杨瑞龙,周业安. 一个关于企业所有权安排的规范性分析框架及其理论含义[J]. 经济研究,1997(1):12-22.

[87] 姚少华,潘敏. 债权人利益保护的不完备契约理论分析[J]. 商业研究,2005(21):195-199.

[88] 叶康涛,祝继高. 银根紧缩与信贷资源配置[J]. 管理世界,2009(1):22-28.

[89] 游家兴,刘淳. 嵌入性视角下的企业家社会资本与权益资本成本——来自我国民营上市公司的经验证据[J]. 中国工业经济,2011(6):109-119.

[90] 于团叶,张逸伦,宋晓满. 自愿性信息披露程度及其影响因素研究——以我国创业板公司为例[J]. 审计与经济研究,2013(2):68-78.

[91] 余明桂,李文贵,潘红波. 管理者过度自信与企业风险承担[J]. 金融研究,2013(1):149-163.

[92] 曾颖,陆正飞. 信息披露质量与股权融资成本[J]. 经济研究,2006(2):69-79.

[93] 张宏亮,文挺. 审计质量替代指标有效性检验与筛选[J]. 审计研究,2016(4):67-75.

[94] 张娟,黄志忠,李明辉. 签字注册会计师强制轮换制度提高了审计质量吗——基于中国上市公司的实证研究[J]. 审计研究,2011(5):82-89.

[95] 张俊瑞,刘彬,程子健,等. 上市公司对外担保与持续经营不确定性审计意见关系研究——来自沪深主板市场A股的经验证据[J]. 审计研究,2014(1):62-70.

[96] 张俊瑞,刘慧,杨蓓. 未决诉讼对审计收费和审计意见类型的影响研究[J]. 审计研究,2015(1):67-74.

[97] 张龙平. 注册会计师审计控制系统研究[M]. 大连:东北财经大学出版社,1994.

[98] 张敏,马黎珺,张雯. 企业慈善捐赠的政企纽带效应——基于我国上市公司的经验证据[J]. 管理世界,2013(7):163-171.

[99] 张鹏.债务契约理论[M].上海:上海财经大学出版社,2003.

[100] 张铁铸.年报审计市场及会计师事务所收费行为研究[J].审计与经济研究,2003(5):25-29.

[101] 张晓玟,马文睿.生命周期、企业所有权与投资-现金流敏感性——来自非上市中小微企业的实证研究[J].投资研究,2014(12):110-125.

[102] 赵刚,梁上坤,王玉涛.会计稳健性与银行借款契约——来自中国上市公司的经验证据[J].会计研究,2014(12):18-24.

[103] 郑登津,闫天一.会计稳健性,审计质量和债务成本[J].审计研究,2016(2):74-81.

[104] 郑志刚,孙娟娟,Rui Oliver.任人唯亲的董事会文化和经理人超额薪酬问题[J].经济研究,2012(12):111-124.

[105] 周楷唐,麻志明,吴联生.持续经营审计意见是否具有额外价值?——来自债务融资的证据[J].会计研究,2016(8):81-88.

[106] 周晓苏,高敬忠.公司财务风险、盈余预告消息性质与管理层盈余预告披露——基于我国A股2004—2007年数据的检验[J].当代财经,2009(8):108-115.

[107] 朱松.债券市场参与者关注会计信息质量吗[J].南开管理评论,2013(3):16-25.

[108] 朱小平,刘西友.代理理论、审计质量与公司治理——来自中国上市公司的经验证据[J].山西财经大学学报,2009(9):110-117.

[109] 朱小平,叶友.审计风险、商业风险、业务关系风险、经营失败与审计失败[J].审计研究,2003(3):8-13.

[110] 祝继高,王春飞.金融危机对公司现金股利政策的影响研究——基于股权结构的视角[J].会计研究,2013(2):38-44.

[111] ABOODY D, KASZNIK R.CEO stock option awards and the timing of corporate voluntary disclosures[J]. Journal of Accounting and Economics,2000,29(1):73-100.

[112] AHN S, CHOI W.The role of bank monitoring in corporate governance:evidence from borrowers' earnings management behavior[J]. Journal of Banking and Finance,2009,33(2):425-434.

[113] ALTMAN E I.Financial ratios,discriminant analysis and the prediction of corporate bankruptcy[J]. The Journal of Finance,1968,23(4):589-609.

[114] ARMSTRONG C S, BARTH M E, JAGOLINZER A D, et al.Market reaction to the adoption of IFRS in Europe[J]. The Accounting Review,2010,85(1):31-61.

[115] ASHBAUGH-SKAIFE H, COLLINS D W, LAFOND R.The effects of corporate governance on firms' credit ratings[J]. Journal of Accounting and Economics,2006,42(1):203-243.

[116] AYYAGARI M, DEMIRGÜÇ-KUNT A, MAKSIMOVIC V.Formal versus informal finance:evidence from China[J]. Review of Financial Studie,2010,23(8):3048-

3097.

[117] BALL R. Market and political / regulatory perspectives on the recent accounting scandals[J]. Journal of Accounting Research,2009,47(2):277-323.

[118] BALL R,BROWN P.An empirical evaluation of accounting income numbers[J]. Journal of Accounting Research,1968,6(2):159-178.

[119] BALSAM S,KRISHNAN J,YANG J S.Auditor industry specialization and earnings quality[J]. Auditing:A Journal of Practice and Theory,2003,22(2):71-97.

[120] BALVERS R J,MCDONALD B,MILLER R E.Underpricing of new issues and the choice of auditor as a signal of investment banker reputation[J]. The Accounting Review,1988,63(4):605-622.

[121] BASU S.The conservatism principle and the asymmetric timeliness of earnings[J]. Journal of Accounting and Economics,1997,24(1):3-37.

[122] BEAVER W H.Financial ratios as predictors of failure[J]. Journal of Accounting Research,1966,4:71-111.

[123] BEDARD J C,JOHNSTONE K M.Earnings manipulation risk,corporate governance risk, and auditors' planning and pricing decisions[J]. The Accounting Review, 2004,79(2):277-304.

[124] BEHN B K,CHOI J,KANG T. Audit quality and properties of analyst earnings forecasts[J]. The Accounting Review,2011,83(2):327-349.

[125] BELL T,LANDSMAN W,SHACKELFORD D.Auditors' perceived business risk and audit fees:analysis and evidence[J]. Journal of Accounting Research,2001, 39(1):35-43.

[126] BEN-NASR H,GHOUMA H,ALAMI E M.Auditor choice and corporate bond ratings: International evidence[J]. International Journal of Economics and Finance, 2013,6(1):183.

[127] BERTRAND M,MULLAINATHAN S.Enjoying the quiet life? Corporate governance and managerial preferences[J]. Journal of Political Economy,2003,111(5):1043-1075.

[128] BEYER A,COHEN D A,LYS T Z,et al.The financial reporting environment:review of the recent literature[J]. Journal of Accounting and Economic,2010,50(2):296-343.

[129] BHOJRAJ S,SENGUPTA P. Effect of corporate governance on bond ratings and yields:the role of institutional investors and outside directors[J]. The Journal of Business,2003,76(3):455-475.

[130] CALLEN J L, X FANG. Crash risk and the auditor - client relationship[J]. Contemporary Accounting Research,2017,34(3):1715-1750.

[131] CAMPELLO M,GAO J. Customer concentration and loan contract terms[J].

Journal of Financial Economics,2017,123(1):108-136.

[132] CARCELLO J,PALMROSE Z V.Auditor litigation and modified reporting on bankrupt clients[J]. Journal of Accounting Research,1994,32(Supplement):1-30.

[133] CHANG X,GYGAX A F,OON E,et al.Audit quality,auditor compensation and initial public offering underpricing[J]. Accounting and Finance,2008,48(3):391-416.

[134] CHAVA S,ROBERTS M R.How does financing impact investment? The role of debt covenants[J]. The Journal of Finance,2008,63(5):2085-2121.

[135] CHEN C J P,SU X,WU X.Auditor changes following a Big 4 merger with a local Chinese firm: a case study[J]. Auditing:A Journal of Practice and Theory,2010, 29(1):41-72.

[136] CHEN H,CHEN J Z,LOBO G J,et al.Association between borrower and lender state ownership and accounting conservatism [J]. Journal of Accounting Research, 2010,48(5):973-1014.

[137] CHEN H, CHEN J Z, LOBO G J, et al. Effects of audit quality on earnings management and cost of equity capital: evidence from China[J]. Contemporary Accounting Research,2011,28(3):892-925.

[138] CHEN P F, HE S, MA Z, et al. The information role of audit opinions in debt contracting[J]. Journal of Accounting and Economics,2016,61(1): 121-144.

[139] CHEN S,SUN S Y J,WU D.Client importance,institutional improvements,and audit quality in China: an office and individual auditor level analysis[J]. The Accounting Review,2010,85(1):127-158.

[140] CHEN Z,LI O Z,ZOU H.Directors' and officers' liability insurance and the cost of equity[J]. ,Journal of Accounting and Economics,2016,61(1):100-120.

[141] CHENG M, SUBRAMANYAM K R. Analyst following and credit ratings [J]. Contemporary Accounting Research,2008,25(4):1007-1044.

[142] CHI W,HUANG H,LIAO Y,et al.Mandatory audit-partner rotation,audit quality and market perception:evidence from Taiwan[J]. Contemporary Accounting Research, 2009,26(2):359-391.

[143] CHU L,MATHIEU R,MBAGWU C.The impact of corporate governance and audit quality on the cost of private loans[J]. Accounting Perspectives, 2009, 8 (4): 277-304.

[144] CHUNG R, FIRTH M, KIM J B. Institutional monitoring and opportunistic earnings management[J]. Journal of Corporate Finance,2002,8(1):29-48.

[145] CLARKSON M E..A stakeholder framework for analyzing and evaluating corporate social performance[J]. Academy of Management Review 20(1):92-117.

[146] COLBERT J L,LUEHLFING M S,ALDERMAN C W.Engagement risk[J]. The CPA

Journal,1996,66:54-56.

[147] CORNELL B, SHAPIRO A C. Corporate stakeholders and corporate finance [J]. Financial Management,1987,16(1):5-14.

[148] DANG LI, FANG Q. Audit quality and owner-manager agency costs: Evidence from China[J]. International Journal of Business Innovation and Research,2011,5(1): 46-58.

[149] DATAR S M, FELTHAM G A, HUGHES J S. The role of audits and audit quality in valuing new issues[J]. Journal of Accounting and Economics,1991,14(1):3-49.

[150] DE S, SEN P K. Legal liabilities, audit accuracy and the market for audit services[J]. Journal of Business Finance and Accounting,2002,29(3-4):353-410.

[151] DEANGELO L E. Auditor size and audit quality [J]. Journal of Accounting and Economics,1981,3(3):183-199.

[152] DEFOND M L, ZHANG J. A review of archival auditing research[J]. Journal of Accounting and Economics,2014,58(2):275-326.

[153] DEFOND, M L, WONG T J, LI S. The impact of improved auditor independence and the flight from audit quality: the Chinese experience[J]. Journal of Accounting and Economic,2000,28(3):269-305.

[154] DEFOND M, ERKENS D H, ZHANG J. Do client characteristics really drive the Big N audit quality effect? New evidence from propensity score matching[J]. Management Science,forthcoming.

[155] DHALIWAL D S, GLEASON C A, HEITZMAN S, et al. Auditor fees and cost of debt[J]. Journal of Accounting,Auditing and Finance,2008,23(1):1-22.

[156] DHALIWAL D, JUDD J S, SERFLING M, et al. Customer concentration risk and the cost of equity capital[J]. Journal of Accounting and Economics,2016,61(1):23-48.

[157] DICHEV I D, SKINNER D J. Large - sample evidence on the debt covenant hypodissertation[J]. Journal of Accounting Research,2002,40(4):1091-1123.

[158] DONG Y, LI O Z, LIN Y, et al. Does information processing cost affect firm-specific information acquisition?Evidence from XBRL Adoption[J]. Journal of Financial and Quantitative Analysis,2016,51(2):435-462.

[159] DONOHOE M P, KNECHEL W R. Does corporate tax aggressiveness influence audit pricing?[J]. Contemporary Accounting Research,2014,31(1):284-308.

[160] DOPUCH N, HOLTHAUSEN R W, LEFTWICH R W. Abnormal stock returns associated with media disclosures of 'subject to' qualified audit opinions [J]. Journal of Accounting and Economics,1986,8(2):93-117.

[161] DUAN J C, FULOP A. Estimating the structural credit risk model when equity prices are contaminated by trading noises[J]. Journal of Econometrics, 2009, 150(2):

288-296.

[162] DUFFIE D, SAITA L, WANG K. Multi - period corporate default prediction with stochastic covariates[J]. Journal of Financial Economics,2007,83(3):635-665.

[163] DUNN K A, MAYHEW B W.Audit firm industry specialization and client disclosure quality[J]. Review of Accounting Studies,2004,9(1):35-58.

[164] DYE R A. Auditing standards, legal liability, and auditor wealth [J]. Journal of Political Economy,1993,101(5):887-914.

[165] ENGLE R F,GRANGER C W J.Co-integration and error correction: representation, estimation, and testing[J]. Econometrica: Journal of the Econometric Society, 1987,55(2):251-276.

[166] FALATO A, LIANG N. Do creditor rights increase employment risk? evidence from loan covenants[J]. The Journal of Finance,2016,71(6):2545-2590.

[167] FAMA E F. Multi-period consumption-investment decisions [J]. The American Economic Review,1970,60(1):163-174.

[168] FAN J P H,WONG T J.Do external auditors perform a corporate governance role in emerging markets? Evidence from East Asia[J]. Journal of Accounting Research, 2005,43(1):35-72.

[169] FRANCIS J R, KRISHNAN J.Accounting accruals and auditor reporting conservatism [J]. Contemporary Accounting Research,1999,16(1): 135-165.

[170] FRANCIS J R. What do we know about audit quality? [J]. British Accounting Review,2004,36(4):345-368.

[171] FRANCIS J R.A framework for understanding and researching audit quality [J]. Auditing:A Journal of Practice and Theory,2011,30(2):125-152.

[172] FRANCIS J R, KE B.Disclosure of fees paid to auditors and the market valuation of earnings surprises[J]. Review of Accounting Studies,2006,11(4):495-523.

[173] FRANCIS J R,WANG D.The joint effect of investor protection and Big 4 audits on earnings quality around the world[J]. Contemporary Accounting Research,2008, 25(1):157-191.

[174] FRANCIS J R, WILSON E R.Auditor changes: A joint test of theories relating to agency costs and auditor differentiation[J]. The Accounting Review,1988,63(4): 663-682.

[175] FRANCIS J R,KRISHNAN J.Accounting accruals and auditor reporting conservatism [J]. Contemporary Accounting Research,1999,16(1): 135-165.

[176] FRANCIS J,LAFOND R,OLSSON P,et al.The market pricing of accruals quality[J]. Journal of Accounting and Economics,2005,39(2): 295-327.

[177] FRANZ D R,HASSABELNABY H R,LOBO G J.Impact of proximity to debt covenant

violation on earnings management[J]. Review of Accounting Studies,2014,19(1): 473-505.

[178] FREEMAN R E.Strategic management: a stakeholder approach[M]. Cambridge: Cambridge University Press,1984.

[179] GHOSH A A, TANG C Y.Assessing financial reporting quality of family firms: The auditors' perspective[J]. Journal of Accounting and Economics, 2015, 60 (1): 95-116.

[180] GHOUL S E, GUEDHAMI O, PITTMAN J A, et al.Cross-country evidence on the importance of auditor choice to corporate debt maturity [J]. Contemporary Accounting Research,2016,33(2):718-751.

[181] GODFREY J M,HAMILTON J.The impact of R&D intensity on demand for specialist auditor services[J]. Contemporary Accounting Research,2005,22(1):55-93.

[182] GUL F A,WU D,YANG Z.Do individual auditors affect audit quality? Evidence from archival data[J]. The Accounting Review,2013,88(6):1993-2023.

[183] GUL F A, KIM J B, QIU A A.Ownership concentration, foreign shareholding, audit quality,and stock price synchronicity: evidence from China[J]. Journal of Financial Economics,2010,95(3):425-442.

[184] GUL F A,CHENG L T W,LEUNG T Y.Perks and the informativeness of stock prices in the Chinese market[J]. Journal of Corporate Finance,2011,17(5):1410-1429.

[185] HACKENBRACK K E,JENKINS N T,PEVZNER M.Relevant but delayed information in negotiated audit fees[J]. Auditing: A Journal of Practice and Theory, 2014, 33 (4):95-117.

[186] HASAN I,HOI C K,WU Q,et al.Beauty is in the eye of the beholder: The effect of corporate tax avoidance on the cost of bank loans [J]. Journal of Financial Economics,2014,113(1):109-130.

[187] HEALY P M,WAHLEN J M.A review of the earnings management literature and its implications for standard setting[J]. Accounting Horizons,1999,13(4):365-383.

[188] HEALY P M, PALEPU K G.Information asymmetry, corporate disclosure, and the capital markets: a review of the empirical disclosure literature [J]. Journal of Accounting and Economics,2001,31(1):405-440.

[189] HOUSTON R W, PETERS M F, PRATT J H.The audit risk model,business risk and audit-planning decisions[J]. The Accounting Review,1999,74(3):281-298.

[190] HURD T R. Credit risk modeling using time-changed Brownian motion [J]. International Journal of Theoretical and Applied Finance,2009,12(8):1213-1230.

[191] HUTTON A P,MARCUS A J,TEHRANIAN H.Opaque financial reports,R2,and crash risk[J]. Journal of Financial Economics,2009,94(1):67-86.

[192] JARROW R, TURNBULL S. Credit risk: Drawing the analogy[J]. Risk Magazine, 1992,5(9):63-70.

[193] JENSEN M C, MECKLING W H. Theory of the firm: managerial behavior, agency costs and ownership structure[J]. Journal of Financial Economics, 1976,3(4): 305-360.

[194] JENTER D, KANAAN F. CEO turnover and relative performance evaluation[J]. The Journal of Finance, 2015,70(5):2155-2184.

[195] JONES J J. Earnings management during import relief investigations[J]. Journal of Accounting Research, 1991,29(2):193-228.

[196] KANAGARETNAM K, LEE J, LIM C Y, et al. Relation between auditor quality and corporate tax aggressiveness: Implications of cross-country institutional differences [J]. Auditing: A Journal of Practice and Theory, 2016,35(4):105-135.

[197] KAPLAN S E, WILLIAMS D D. Do going concern audit reports protect auditors from litigation? A simultaneous equations approach[J]. The Accounting Review, 2013,88 (1):199-232.

[198] KE B, LENNOX C S, XIN Q. The effect of China's weak institutional environment on the quality of Big 4 audits[J]. The Accounting Review, 2015,90(4):1591-1619.

[199] KHAN M, WATTS R L. Estimation and empirical properties of a firm-year measure of accounting conservatism[J]. Journal of Accounting and Economics, 2009,48(2): 132-150.

[200] KHURANA I K, RAMAN K K. Litigation risk and the financial reporting credibility of Big 4 versus non-Big 4 audits: evidence from Anglo-American countries[J]. The Accounting Review, 2004,79(2):473-495.

[201] KHURANA I K, RAMAN K K. Do investors care about the auditor's economic dependence on the client?[J]. Contemporary Accounting Research, 2006,23(4): 977-1016.

[202] KIM J B, SONG B Y. Auditor quality and loan syndicate structure[J]. Auditing: A Journal of Practice and Theory, 2011,30(4):71-99.

[203] KIM J B, SONG B Y, TSUI J S L. Auditor size, tenure, and bank loan pricing[J]. Review of Quantitative Finance and Accounting, 2013,40(1):75-99.

[204] KIM J B, LEE J J, PARK J C. Audit quality and the market value of cash holdings: The case of office-level auditor industry specialization[J]. Auditing: A Journal of Practice and Theory, 2015,34(2):27-57.

[205] KORNAI J. Economics of Shortage[M]. Amsterdam: North-Holland, 1980.

[206] KRISHNAN G V, WANG C. The relation between managerial ability and audit fees and going concern opinions[J]. Auditing: A Journal of Practice and Theory, 2015,

34(3):139-160.

[207] KRISHNAN J,SCHAUER P C.Differences in quality among audit firms[J]. Journal of Accountancy,2001,192(1):85.

[208] KRISHNAN J,LI C,WANG Q.Auditor industry expertise and cost of equity[J]. Accounting Horizons,2013,27(4):667-691.

[209] KRISHNAN J,SAMI H,ZHANG Y.Does the provision of nonaudit services affect investor perceptions of auditor independence?[J]. Auditing:A Journal of Practice and Theory,2005,24(2):111-135.

[210] LAI K W.The cost of debt when all-equity firms raise sfinance:The role of investment opportunities,audit quality and debt maturity[J]. Journal of Banking and Finance,2011,35(8):1931-1940.

[211] LANG M H,LUNDHOLM R J.Voluntary disclosure and equity offerings:reducing information asymmetry or hyping the stock?[J]. Contemporary Accounting Research,2000,17(4):623-662.

[212] LAWRENCE A,MINUTTI-MEZA M,ZHANG P.Can Big 4 versus non-Big 4 differences in audit-quality proxies be attributed to client characteristics?[J]. The Accounting Review,2011,86(1):259-286.

[213] LEE C W J,GU Z.Low balling,legal liability and auditor independence[J]. The Accounting Review,1998,73(4):533-555.

[214] LEUZ C,VERRECCHIA R E.The economic consequences of increased disclosure[J]. Journal of Accounting Research,2000,38(5):91-124.

[215] LI C,XIE Y,ZHOU J.National level,city level auditor industry specialization and cost of debt[J]. Accounting Horizons,2010,24(3):395-417.

[216] LIN J Y,TAN G.Policy burdens,accountability and soft budget constraint[J]. American Economic Review,1999,89(2):426-431.

[217] MANSI S A,MAXWELL W F,MILLER D P.Does auditor quality and tenure matter to investors?evidence from the bond market[J]. Journal of Accounting Research, 2004,42(4):755-793.

[218] MENON K,WILLIAMS D D.Investor reaction to going concern audit reports[J]. The Accounting Review,2010,85(6):2075-2105.

[219] MERTON R C.On the pricing of corporate debt:the risk structure of interest rates[J]. The Journal of Finance,1974,29(2):449-470.

[220] MINUTTI-MEZA M.Does auditor industry specialization improve audit quality?[J]. Journal of Accounting Research,2013,51(4):779-817.

[221] MOORE G H.Business cycle indicators[M]. NJ:Princeton Univ,Press,1961.

[222] NEWMAN D P,PATTERSON E R,SMITH J R.The role of auditing in investor

protection[J]. The Accounting Review,2005,80(1):289−313.

[223] NINI G,SMITH D C,SUFI A.Creditor control rights and firm investment policy[J]. Journal of Financial Economics,2009,92(3):400−420.

[224] NINI G,SMITH D C,SUFI A.Creditor control rights,corporate governance,and firm value[J]. Review of Financial Studies,2012,25(6):1713−1761.

[225] O'MALLEY S.Legal liability is having a chilling effect on the auditor's role[J]. Accounting Horizons,1993,7(2):82−87.

[226] OWHOSO V E,MESSIER W F,LYNCH J G.Error detection by industry-specialized teams during sequential audit review[J]. Journal of Accounting Research,2002, 40(3):883−900.

[227] PICHLER P,WILHELM W.A theory of the syndicate:form follows function[J]. The Journal of Finance,2001,56(6):2237−2264.

[228] PITTMAN J A,FORTIN S.Auditor choice and the cost of debt capital for newly public firms[J]. Journal of Accounting and Economics,2004,37(1):113−136.

[229] REICHELT K J,WANG D.National and office-specific measures of auditor industry expertise and effects on audit quality[J]. Journal of Accounting Research, 2010,48(3):647−686.

[230] RENNIE M,SENKOW D,RENNIE R,et al.Deregulation of the private corporation audit in Canada:Justification,lobbying,and outcomes[J]. Research in Accounting Regulation,2003,16:227−241.

[231] REYNOLDS J K,FRANCIS J R.Does size matter? the influence of large clients on office-level auditor reporting decisions[J]. Journal of Accounting and Economics, 2000,30(3):375−400.

[232] ROBIN A J,ZHANG H.Do industry-specialist auditors influence stock price crash risk?[J]. Auditing:A Journal of Practice and Theory,2015,34(3):47−79.

[233] ROBIN A,WU Q,ZHANG H.Auditor quality and debt covenants[J]. Contemporary Accounting Research,2017,34(1):154−185.

[234] SEGAL B,SEGAL D. Are managers strategic in reporting non-earnings news? Evidence on timing and news bundling[J]. Review of Accounting Studies,2016,21 (4):1203−1244.

[235] SHARMA V D,SHARMA D S,ANANTHANARAYANAN U.Client importance and earnings management:the moderating role of audit committees[J]. Auditing:A Journal of Practice and Theory,2011,30(3):125−156.

[236] SHI C.On the trade-off between the future benefits and riskiness of R&D:a bondholders' perspective[J]. Journal of Accounting and Economics,2003,35(2): 227−254.

[237] SIMUNIC D A.The pricing of audit services：theory and evidence[J]. Journal of Accounting Research,1980,18(1)：161-190.

[238] SIMUNIC D A,STEIN M T.Impact of litigation risk on audit pricing：a review of the economics and the evidence[J]. Auditing：A Journal of Practice and Theory,1996, 15(Supplement)：119-134.

[239] STANLEY J D.Is the audit fee disclosure a leading indicator of clients' business risk? [J]. Auditing：A Journal of Practice and Theory,2011,30(3)： 157-179.

[240] SUFI A. Information asymmetry and financing arrangements：evidence from syndicated loans[J]. The Journal of Finance,2007,62(2)：629-668.

[241] SWEENEY A P.Debt-covenant violations and managers' accounting responses[J]. Journal of Accounting and Economics,1994,17(3)：281-308.

[242] THOMPSON S B.Simple formulas for standard errors that cluster by both firm and time[J]. Journal of Financial Economics,2011,99(1)：1-10.

[243] VALTA P.Competition and the cost of debt[J]. Journal of Financial Economics, 2012,105(3)：661-682.

[244] VASHISHTHA R.The role of bank monitoring in borrowers' discretionary disclosure： evidence from covenant violations[J]. Journal of Accounting and Economics, 2014,57(2)：176-195.

[245] WALLACE W.The economic role of the audit in free and regulated markets：a review [J]. Research in Accounting Regulation,1987,(1)：7-34.

[246] WANG Y,CHUI A C W.Product market competition and audit fees[J]. Auditing：A Journal of Practice and Theory,2015,34(4)：139-156.

[247] WARNER J B,WATTS R L,WRUCK K H.Stock prices and top management changes [J]. Journal of Financial Economics,1988,20(1-2)：461-492.

[248] WATTS R L,ZIMMERMAN J L.Agency problems,auditing,and the theory of the firm：some evidence[J]. The Journal of Law and Economics,1983,26(3)： 613-633.

[249] WHEELER S.Inclusive communities and dialogical stakeholder-a methodology for authentic corporate citizenship[J]. Australian Journal of Corporate Law,1998,9：1-12.

[250] WHITED T M.Debt, liquidity constraints, and corporate investment：evidence from panel data[J]. The Journal of Finance,1992,47(4)：1425-1460.

[251] WILLENBORG M.Empirical analysis of the economic demand for auditing in the initial public offerings market[J]. Journal of Accounting Research,1999,37(1)： 225-238.

[252] WILSON T C.Portfolio credit risk[J]. Economic Policy Review,1998,10(3)：71-82.

[253] YUAN R,CHENG Y,YE K.Auditor industry specialization and discretionary accruals：

the role of client strategy[J]. The International Journal of Accounting,2016,51(2):217-239.

[254] ZEITUN R,TIAN G G.Does ownership affect a firm´s performance and default risk in Jordan? [J]. Corporate Governance: The International Journal of Business in Society,2007,7(1):66-82.

[255] ZHANG J. The contracting benefits of accounting conservatism to lenders and borrowers[J]. Journal of Accounting and Economics,2008,45(1):27-54.

[256] ZMIJEWSKI M E. Methodological issues related to the estimation of financial distress prediction models[J]. Journal of Accounting Research,1984,22:59-82.

索 引